MARTIN SCHMITZ VERLAG

Bibliografische Information Der Deutschen Bibliothek
Die Deutsche Bibliothek verzeichnet diese Publikation in der Nationalbibliografie; detaillierte bibliografische Daten sind im Internet über https://portal.dnb.de/ abrufbar.

ISBN 978-3-927795-68-6

Satz/Cover: Sybille Fuchs Grafik
Autorenfoto: Reanimate Arne van Lessen
Collage S. 154: Pelle Felsch
Druck: Grafische Werkstatt von 1980 GmbH | Kassel

CHRISTIAN KESSLER

DER SCHMELZMANN IN DER LEICHENMÜHLE

VIERZIG GRÜNDE,
DEN TRASHFILM ZU LIEBEN

Inhalt

6. Freßfilme

7. Musikfilme

8. Politische Filme

9. Ingwerfilme

10. Filme, die sonst nirgendwo reinpassen

Am Anfang war das Kino. Es erblickte das Licht der Welt auf dem Rummelplatz, im Schatten der Schiffsschaukel. Sein Vater war die Geisterbahn, seine Mutter der Stand mit den Lebkuchenherzen. Es wuchs und gedieh schneller, als es selbst die optimistischsten Wahrsager vorausgesehen hätten. Kaum 20 Jahre dauerte es, bis es richtig gehen gelernt und eine eigene Filmsprache entwickelt hatte. Natürlich nahm es kaum jemand ernst, denn es war ja noch so klein. Aber es wußte schon ganz früh, daß es Cowboy werden wollte – ja! Und Pirat – ja! Und ein Detektiv mit einer echten Pistole – au ja! Und – na ja – ein Künstler wohl auch, mit einer Baskenmütze auf dem Kopf und einem Baguette im Po. Aber erst einmal wollte es all das andere, und es scherte sich nicht darum, was die anderen Leute sagten. Das Genrekino war entstanden. Cowboys kämpften mit Indianern, schwarzbrennende Mordbuben ließen blaue Bohnen regnen, Enterhaken flogen, und Dämonen aus der Hölle ließen das Blut in den Adern erstarren.

Gut 30 Jahre später lernte das Kino sprechen. Und wie das immer so ist – mit der Sprache kam die Verantwortung. Zensurbehörden erschienen, die da sagten, was sich für junge Menschen geziemt. Eine professionelle Filmkritik war auch auf einmal da, denn wer im Kreise der Erwachsenenwelt ernstgenommen werden will, muß die Regeln kennen und befolgen. Nicht alles, was gut gemeint ist, ist nämlich auch gut gemacht. Der Reiz des Novums war schon lange verflogen. Nicht nur die Techniker und die Marktstrategen waren professionell geworden – das Publikum war es auch. Jetzt mußte ständig Neues her, um die Kinnladen der Zuschauer auf dem Boden auftrumpfen zu lassen. Und die Kinnladen trumpften, denn das Kino gab sich alle Mühe, den Menschen zu gefallen. Es führte drollige Kunststücke auf, es schlug Purzelbäume, es ritt auf Drachenschwänzen und erzählte wilde Geschichten. Die Menschen klatschten begeistert Beifall, und das Kino war glücklich.

120 Jahre später schrieb ich ein Buch, das sich „Wurmparade auf dem Zombiehof" nannte. Es erzählte von meiner Liebe zu diesem Satansbraten, zu diesem Wildfang, die besonders dann erblüht, wenn er sich nicht an die Regeln hält. Wenn die Leute murren: „Mit dir kann man wirklich nirgendwo hingehen!" Der Rebell ohne Grund war immer mein Freund gewesen, zumindest auf der Leinwand. Wenn Filme ihr Heil im Desperadotum suchen, wenn sie „ex gregis" nach ihrem Glück fahnden, außerhalb der Herde, dann ist die Wahrscheinlichkeit sehr groß, daß man überrascht wird von ihnen. Viele dieser filmischen Absonderlichkeiten sind nicht schön, keine Frage. Ich habe unzählige Zelluloidbelichtungen gesehen, bei denen mir nichts mehr einfiel, außer vielleicht: „Ich habe besseren Film auf Zähnen gesehen." Und doch entdeckte ich hier und da die Grazie des kompromittierten Ganges, die seltsame Würde der Betrunkenen, wenn sie ein wenig zu viel vom Leckeren gehabt haben, als gut für sie war. Die Gründe für das Streunen im Abseits sind sehr unterschiedlich. Manchmal ist es der Mangel an Geld oder Talent, der den Film ins Büßergewand zwingt. Manchmal steckt aber auch eine eigentümliche Weltsicht dahinter, die – wenn man sie mal für einen Moment nicht verlacht und sich selbst nicht ganz so ernst nimmt – die eigene Sicht der Dinge in Frage stellen kann, all die Regelhaftigkeit, die einem von allen Seiten zugemutet wird. Es gibt Filme, die wirken auf den arglosen Betrachter wie ein Marathon-Tanzturnier, bei dem jemand einen Sack mit Trockenerbsen ausgeschüttet hat. Wer an der Ästhetik des Tanzes interessiert ist, sich an einem Schönheitsbegriff festklammert, der sich an Ebenmaß und Perfektion orientiert, der wird an diesem Spektakel keine Freude haben. Wer aber

im Tanzen die Loslösung von der Schwerkraft feiert, der wird bei dem entgleisten Tanzturnier sein Halleluja finden, denn losgelöst wird da, daß es eine wahre Pracht ist!

Es freut mich sehr, daß der erste Band mit Absonderlichkeiten seine Leserinnen und Leser gefunden hat. So bin ich noch einmal auf meinen Dachboden geklettert und habe dort einige sehr alte Truhen geöffnet. Ich habe Speckecken gelüftet und Staubschwaden geschluckt. Schließlich kam ich wieder heraus mit 40 weiteren Wegbegleitern aus alter Zeit. Es handelt sich dabei um einige bekanntere Sachen, die ich im ersten Band schlicht vergessen hatte. Russ Meyer oder Herschell Gordon Lewis durften eigentlich nicht fehlen. Das Versäumnis sei hiermit nachgeholt. Andere Filme dürften den meisten Lesern unbekannt sein. Oder habt Ihr schon einmal von dem einzigen Vampirfilm der Welt gehört, der in Gebärdensprache gedreht wurde? Oder dem Horrorfilm aus den 60ern, in dem Captain Kirk die Kunstsprache Esperanto spricht?

Ich danke ganz herzlich all jenen, die mir Zuspruch gespendet haben und zahlreich zu meinen Lesungen erschienen sind. Das hier habt Ihr Euch selbst eingehandelt! 40 gute Freunde, von denen einige zwei Nasen haben oder drei Augen. Alle besitzen aber ihren ganz spezifischen Charme. Und das ist etwas, das man sich mit noch so viel Geld nicht kaufen kann: Charme. Wie die Residents so schön sangen: „Ein halber Mund mag nicht viel sein, doch ist er ein halber Kuß." Dieses Buch besteht aus vierzig halben Küssen. Das macht zwanzig ganze Küsse. Ob Ihr diese Küsse lieber von Brad Pitt und Angelina Jolie bekommen möchtet oder vom Schmelzmann, bleibt Euch überlassen. Viel Vergnügen!

Christian Keßler, Bremen im August 2015

FASTER, PUSSYCAT! KILL! KILL!

RUSS MEYER'S

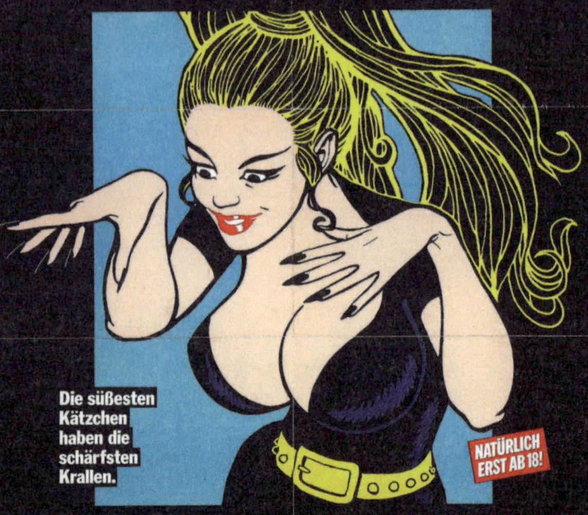

DIE SATANSWEIBER

VON TITTFIELD

mit TURA SATANA (Varla) und HAJI (Rosie)
LORI WILLIAMS (Billie) · SUSAN BERNARD (das liebe Mädchen) · STUART LANCASTER (das alte Schwein) · PAUL TRINKA (der Sohn)
DENNIS BUSH (der Gemüsebauer) · RAY BARLOW (Tommy) · MICKEY FOXX (der dumme Tankwart)
Regie: RUSS MEYER · Drehbuch: JACK MORAN · Eine EVE Produktion · Verleih:

IN EINEM RUSS MEYER FILM GIBT ES IMMER ETWAS HERAUSRAGENDES!

1. Teil
Raumfilme

Unkenntliche Weiten

Seit Georges Méliès 1902 eine Rakete in das Auge des Mondes fliegen ließ, ist in den Zuschauern eine Ahnung von dem entstanden, was Kino zu leisten vermag, um alte Menschheitsträume zu erfüllen. Ist man im Alltag an die schnöde Erde gekettet, so führt die Reise auf der Leinwand weit weg, zur Wahrheit hinter den Sternen. Das Science-Fiction-Kino hatte viele Gesichter, die den Menschen mit seinen Hoffnungen und mit seinen Ängsten konfrontierten. Die Zukunft, das ist das, was war, was ist und was sein wird. Das Kino wurde zum Muppet-Labor, in dem die Zukunft bekanntlich bereits heute gemacht wird. Gestern wurde sie heute gemacht. Morgen wird sie heute gemacht werden, die Zukunft.

Ein besonders populäres Subgenre der Science Fiction - zuerst in der Literatur, später aber auch im Kino - war die „Space Opera", die Reise zu fernen Welten. Irgendwann zeigte Stanley Kubrick eindrucksvoll auf, daß der Wunsch nach der Reise in die Ferne eigentlich nur einer Reise in uns selbst gleichkommt, zu all den unterdrückten und halbvergessenen Wundern, die da wohnen. Aber das war philosophische Feingeisterei, die Fragen beantwortete, die sich niemand wirklich gestellt hatte. Was die Menschen sehen wollten, das waren Monster mit Tentakeln! Versklavte Seleniten! Marsmädchen, die Brüste hatten, wie es sie auf der Erde nicht gab! Extraterrestrische Hochzivilisationen, die von Gaswesen bewohnt werden, die schon viel weiter sind als wir Menschen! Leben, das zu Licht wird! Im Kino war das möglich, da wurde ja schließlich auch Licht zu Leben.

Im amerikanischen Kino begann der Weltraumreigen ungefähr 1950, als es in Irving Pichels DESTINATION MOON hieß: „Rakete Mond startet!" (So lautete der deutsche Titel.) In den Folgejahren stieß man immer wieder in die abgelegenen Ecken der Milchstraße vor, manchmal im Kaisergewand, wie im ebenso intelligenten wie aufwendigen ALARM IM WELTALL (FORBIDDEN PLANET, 1956), manchmal aber auch, tja, eher in straßbesetzten Lumpen, wie im 1959 entstandenen WELTRAUMSCHIFF MR-1 GIBT KEINE ANTWORT (THE ANGRY RED PLANET, 1959). Und um den soll es hier erst einmal gehen.

Der Kontakt zu Weltraumschiff MR-1 liegt seit zwei Monaten auf Eis. Der Verbleib der vierköpfigen Besatzung – Kommandant, Opa-Wissenschaftler (mit Pfeife), Tochter-Wissenschaftlerin (mit Kurven) und Techniker (lustiger Sidekick) – ist ungewiß. Man weiß nur, daß sie irgendwo um den Mars herumgurken muß. Auf einmal empfängt Erde ein Signal von den verschollenen Astronauten. Nevada läßt sich nicht lumpen: Man setzt den „Hauptsteuerungskreisel" in Betrieb, sendet ein ominöses Aktivierungssignal an das Raumschiff, und einer Landung auf der Erde steht nichts mehr im Wege! (Warum man dieses Aktivierungssignal nicht schon während der vorangegangenen zwei Monate gesendet hat, ist eine Frage, die sich wirklich nur schlichte Gemüter stellen können. Man muß bei einem Aktivierungssignal, das bis zum Mars reicht, eben wissen, wo genau das Schiff steckt. Ist doch klar, menno!) Von den Astronauten ist nur noch der Kommandant übrig, der aber über und über mit giftgrüner Schlotze bedeckt ist, die nur oberflächlich nach Götterspeise Waldmeister ausschaut. Ebenfalls am Leben ist Iris Ryan, Wissenschaftlerin. Sie schaut mehr nach Schaft aus als nach Wissen, aber das ist nicht ihr Fehler. In einem anderen Leben wäre sie eine passable Strapsmaus gewesen. Da ihr Unterbewußtsein sämtliche sie überfordernden Erinnerungen ausgeblendet hat (wozu offenbar auch das Schauspieltalent gehört), bedient man sich der „Narkosynthese", um die verschütteten Informationen freizulegen: Spritze in den Arm, Rückblende ahoi! Der geheime Star des Filmes ist Komiker Jack Kruschen, der den lustigen Sidekick spielt. Er ist zwar völlig unlustig und wird in der deutschen Kinosynchro von Gerd „Ernie" Duwner gesprochen, ist aber ein erstklassiges Beispiel für das, was eine Freundin von mir einmal als „debilen Kindmann" bezeichnete. In amerikanischen SF-Filmen jener Tage waren die Helden nämlich durchweg markante Militärs, Männer der Tat, die vor Testosteronüberschuß fast explodierten. Um aber die Männlichkeit dieser virilen Stopfen zusätzlich herauszuarbeiten, wurden ihnen häufig Kanonen wie Sammy (so heißt er im Film) an die Seite gestellt, die wohl gleichsam als Identifikationsangebote für das präpubertäre Segment des Zielpublikums gedacht waren, für all jene also, die der Hauptdarstellerin Naura Hayden noch nicht an den brennenden Busch wollten. Sammy ist ein erwachsenes Kind, das aus irgendeinem Grund bei dieser Multimillionendollar-NASA-Mission als Techniker ausgewählt wurde, wohl auch, weil er eine tolle „Ultraschallwaffe" gebaut hat, die er Cleo nennt. Mit der spricht er auch, und sein Funkgerät küßt er in einer Szene. Den „debilen Kindmann" zeichnet aus, daß er von allen anderen Männern betatscht werden darf, ein herablassendes Schulterklopfen hier, ein neckisches Armzwacken da. In einer Szene stützt sich der virile Stopfen sogar auf ihm ab! Selbst der Opa darf ihn gestisch demütigen nach Lust und Laune. Sammy kriegt das aber gar nicht mit, der möchte einfach nur spielen. Vielleicht ist er auch latent homosexuell. In einer Szene meint er versonnen: „Mich würde mal das andere Ufer interessieren ..."

Gerald Mohr als Colonel „Köhnel" O´Banyon gibt seinen Helden als völlige Flitzpiepe, ständig überheblich grinsend, an Iris oder eben an Sammy herumnestelnd. Er liebt es, maskulin zu posieren. In einer

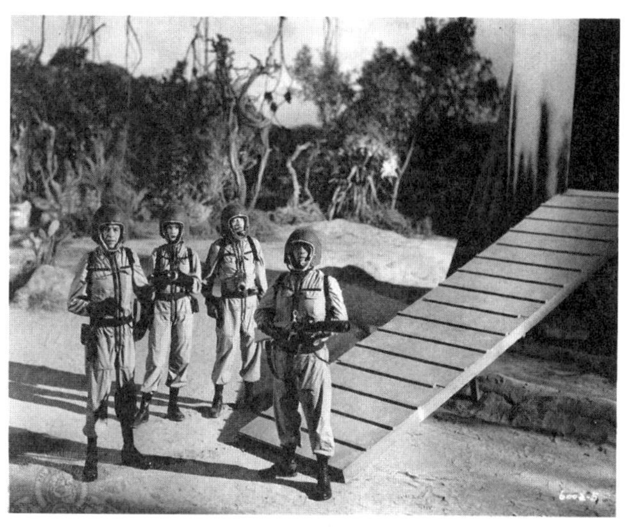
6002-5

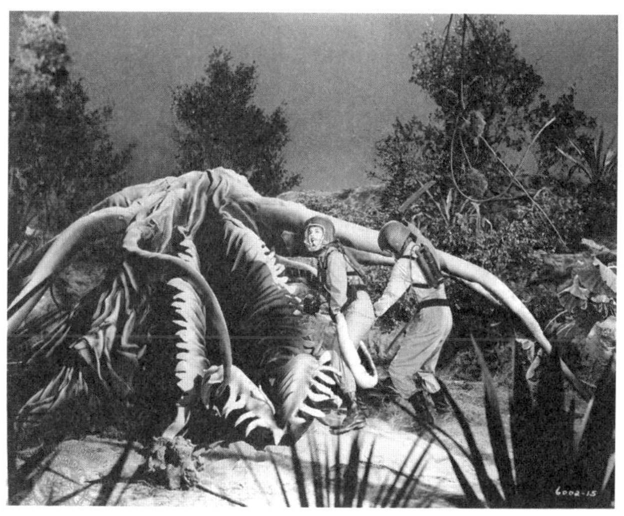
6002-15

Szene bekommt er sogar Gelegenheit, den Reißverschluß seines Raumanzuges bis zum Schambein zu öffnen und sizilianisch anmutenden Wildwuchs hervorquellen zu lassen. Er sieht am besten aus in den Szenen, in denen er mit Götterspeise zugepackt ist. Les Tremayne gibt einen seiner üblichen Wissenschaftler. Man hat immer ein wenig Angst, daß er sich an seiner Pfeife verschluckt, die er als typisches Wissenschaftlerrequisit jener Tage dabei hat.

Was Iris angeht, so kann sie vielleicht ganz gut tanzen, aber als Wissenschaftlerin ist sie - wie bereits angemerkt - eine ziemliche Fehlbesetzung. Sie spielt wie ein hölzerner Indianer, hat dicke Hupen, ein ausladenes Hinterteil und möglicherweise Basedow. Ganz merkwürdige Augen. Außerdem sagt sie immer wissenschaftliche Sachen wie: „Bei dem Namen kann man wirklich Angst bekommen: Mars - Kriegsgott des Alterstums!" Gesprochen wird sie von Marianne Wischmann, also Miss Piggy.

Überhaupt gibt die deutsche Synchro ziemlich Vollgas: „Erschießen, was sich bewegt, alles andere mitnehmen!" lautet die Direktive eines Expeditionsteilnehmers. Auch gut: „Wenn sich etwas bewegt, schreien!" Zur Rolle der Frau in alten SF-Filmen habe ich ja schon in der Wurmparade einiges geschrieben. Was typischen 50er-Jahre-Sexismus angeht, ist IN DEN KRALLEN DER VENUS (QUEEN OF OUTER SPACE, 1958) natürlich ungeschlagen. Aber auch THE ANGRY RED PLANET gibt in dieser Hinsicht dem Affen im Manne Zucker. Besonders hübsch die spaßig gemeinte Szene, in der die schöne Iris verschämt einen Parfümflacon hervorholt und sich etwas davon ins Gesicht tupft, Wissenschaftlerin, die sie ist. Natürlich bekommen das alle im Schiff mit, lächeln einander männerbündisch zu und versäumen es lediglich, sich auch noch zuzuzwinkern oder in die Seite zu knuffen: „Weiber, höhöhö!"

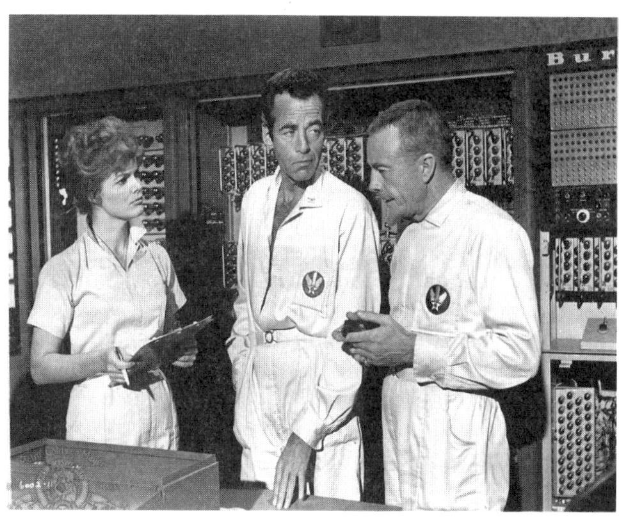

Die Besatzung stellt also so etwas dar wie „Lieber Onkel Bill" im Weltraum. Der Mars wird gekennzeichnet vom revolutionären „Cinemagic"-Verfahren, das den Realfilm (=Schauspieler) und die Zeichnungen (=Marslandschaft) in einen merkwürdigen, an Filmnegativ erinnernden Schimmer taucht, was schon ganz hübsch ausschaut. Das Verfahren entstand übrigens infolge eines Mißgeschickes im Labor, bei dem es versehentlich zu einem Entwicklungsfehler kam. Die Produzenten fanden den Effekt aber schniek und behielten ihn einfach bei. So konnte man die schlechten Spezialeffekte nicht mehr so deutlich sehen. Und ja, die Spezialeffekte sind natürlich schlecht, aber sie sind auch gleichzeitig kreativ und funktionieren gut im Rahmen des hier obwaltenden Irrsinns. Am berühmtesten ist die riesige Rattenspinne, eine Marionette mit deutlich sichtbaren Fäden, die es immerhin auf ein Plattencover der Rockband „The Misfits" geschafft hat. Es gibt eine fleischfressende Pflanze, irgendwo zwischen Venusfliegenfalle und Tintenfisch. („Eine niedere Form von neuromuskulärer Vegetation!") Es gibt eine riesige Amöbe mit lustigem Kreiselauge, die sich in vielfarbige Götterspeise verwandeln kann. Und es gibt ein dreiäugiges Monster, das ein entfernter Verwandter von Lulatsch aus der „Sesamstraße" sein muß. Kurzum, es gibt viel zu kucken, und langweilig ist der Film keine Sekunde.

WELTRAUMSCHIFF MR1 erscheint mir als sehr passender Einstieg in dieses Buch. Er ist hübsch antiquiert, besitzt ein angemessenes Tempo und sorgt für sympathische Lachfältchen um die Mundwinkel. Aber ziehen wir die Schraube doch einfach mal etwas an. Statt eines Marshmallows gibt es jetzt Pizza aus dem Dreierpack: Pizza Brescia, die einzige Pizza der Welt mit Pferdesex!

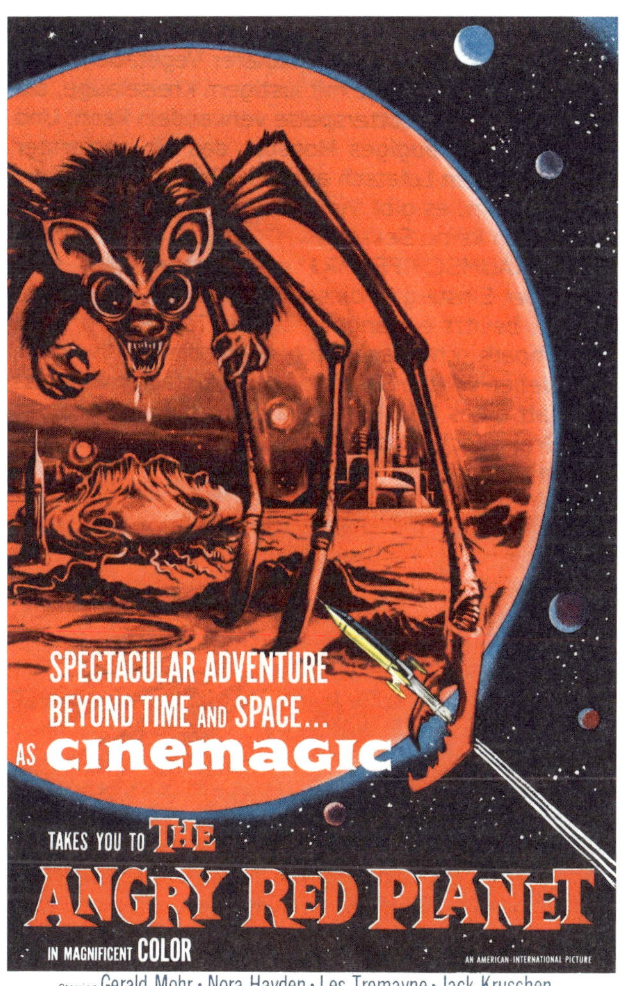
SPECTACULAR ADVENTURE
BEYOND TIME AND SPACE...
AS cinemagic
TAKES YOU TO THE
ANGRY RED PLANET
IN MAGNIFICENT COLOR
AN AMERICAN-INTERNATIONAL PICTURE
Starring Gerald Mohr · Nora Hayden · Les Tremayne · Jack Kruschen
Directed by Ib Melchior · Produced by Sid Pink and Norman Maurer · Screenplay by Sid Pink and Ib Melchior · A Sino Production

Angriff der Klokrieger

Wir schreiben das Jahr 1980, Erdzeit. Wir haben gerade eine Vorstellung vom zweiten Teil der Lucas-Sternenkrieger-Saga gesehen, DAS IMPERIUM SCHLÄGT ZURÜCK. Der Film hat uns befriedigt, aber rumpfunterhalb bubbert der Sud. Wir wollen Action. Wir werden von unserem Bockshorn gejagt. Wir sind jung, und wir wollen Musik. Wir kennen aber keine Frauen. Hmmh, was tun? Erst einmal eine Pizza kaufen, bei Alfonso, unserem Freßitaliener. Die Pizza schmeckt sehr schlecht. Aus lauter Verzweiflung ergeben wir uns dem Alkoholismus und vertilgen einige Flaschen Pils. Wir werden schedderig im Schädel. „Was ist so wünschenswert an diesem Zustand?" denken wir, als auf einmal ein besonders übler Zeitgenosse an uns heranschleicht und uns mit einem handgeschnitzten Eichenknüppel bewußtlos schlägt. Bevor wir vollständig in der Schwärze unseres Selbst versinken, träumen wir einen Film. Und die Chancen stehen recht gut, daß es sich dabei um DIE BESTIE AUS DEM WELTRAUM (LA BESTIA NELLO SPAZIO, 1980) handelt!

Wir erinnern uns: George Lucas landete mit KRIEG DER STERNE (STAR WARS, 1977) einen intergalaktischen Überknaller, der das Kino, wie wir es kennen, veränderte. Okay, seitdem hat er mit computergeneriertem Blödsinn wieder einen Kinderfasching daraus gemacht (ANGRIFF DER KLONKRIEGER – weia!), aber damals war es eindeutig die kommende Sache, es war der dicke Julius. Erzählerisch ein simpler Rückgriff auf klassische Märchentradition, ästhetisch ein bißchen Leni Riefenstahl, ein bißchen Kubrick, und den Rest besorgten die Spezialeffektekünstler von „Industrial Light & Magic". Gekostet hat das Ganze gerade einmal 10 Millionen Dollar, was aus der heutigen Sicht geradezu unglaublich dünkt. Dafür bezah-

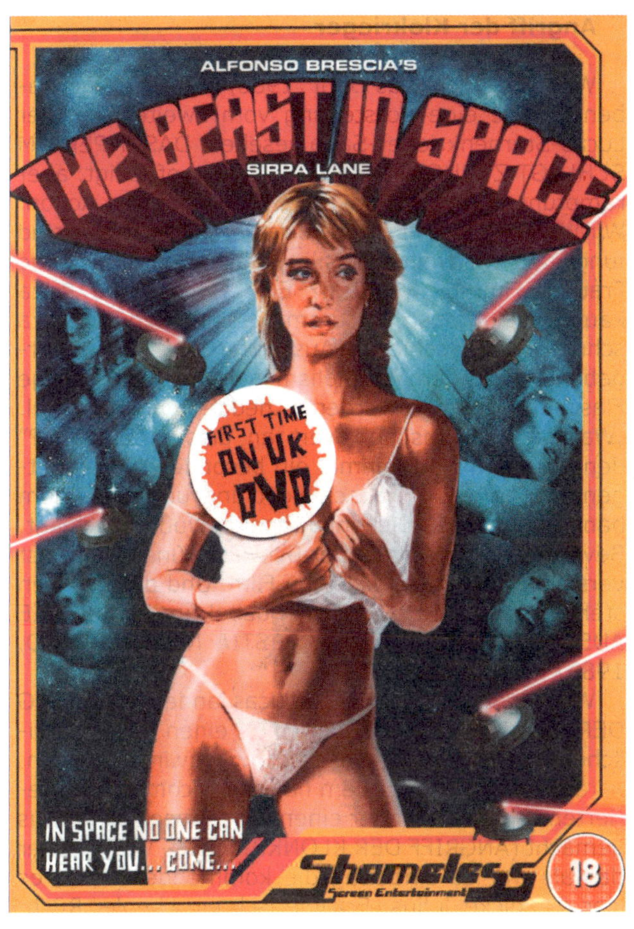
ALFONSO BRESCIA'S
THE BEAST IN SPACE
SIRPA LANE
FIRST TIME ON UK DVD
IN SPACE NO ONE CAN HEAR YOU... COME...
Shameless Screen Entertainment
18

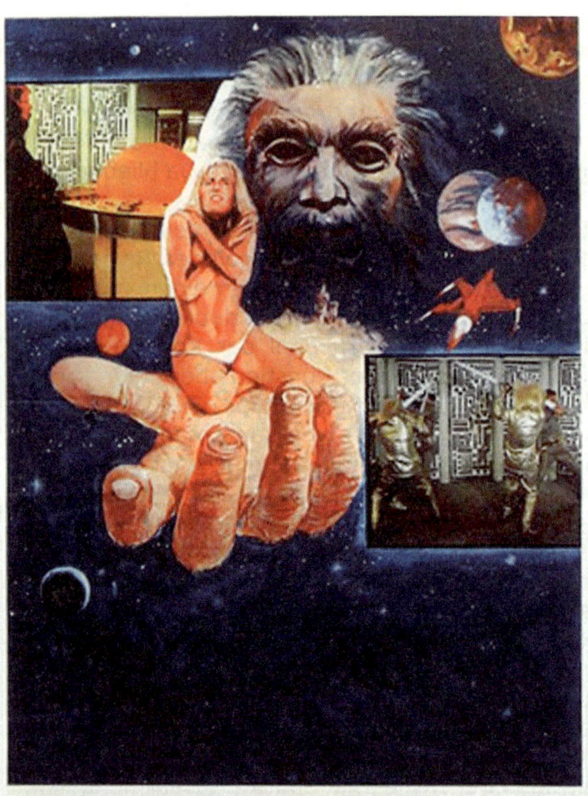
SHIRPA LANE
LA BESTIA NELLO SPAZIO
VASSILLI KARIS
ROBERT HUNDAR
VENANTINO VENANTINI
AL BRADLEY

len die heute nicht einmal die Kaffeekasse. KRIEG DER STERNE war damals genau das, was 10-jährige Steppkes wie ich sehen wollten. Es war rasant, es war aufregend, und der Angriff auf den Todesstern am Schluß erfüllte alles, was man sich als präpubertärer Raufbold vom Leben erhoffen kann. Da blieben keine Wünsche offen.

Die italienische Filmindustrie las meine Gedanken. Sie las dort, daß man einen gewaltigen Reibach machen kann, wenn man den Mythenreigen von Lucas´ begnadeter Breitwandblödiade duplizieren könnte, nur bitte für einen Bruchteil der Kosten. Douglas Trumbull war ein großer Künstler, aber Erwin Mumpe kann das auch, und er arbeitet für einen Pappenstiel. Die Weiten des Weltalls, die kann man sich ja auch einfach denken. Das sind ja einfach nur Weiten. Die sind eben draußen vor der Tür, wie bei Wolfgang Borchert. Was wichtig ist, ist der dramatische Konflikt. Das sind Menschen, die mit ihren jeweiligen Hoffnungen und Verhexungen aufeinanderprallen. Die sich aneinander erweisen. Alfonso Brescia hatte seit den frühen 60er Jahren Genrefilme gemacht, Sandalenfilme, Western, Thriller. Er war ein alter Hase. Von neuen Konzepten hatte er genau so wenig Ahnung wie ich. Er dachte sich, daß Spezialeffekte nicht alles sind. In rascher Folge produzierte er insgesamt fünf Weltraumopern, die mit Spucke zusammengeleimt wurden und sich völlig auf die dramatische Wucht verließen, die in ihnen eingesperrt war. Davon kamen immerhin vier bei uns heraus: SPACE ODYSSEY, BATTLE OF THE STARS und KRIEG DER ROBOTER. Und, tja, DIE BESTIE AUS DEM WELTRAUM. Das sind richtige Elendswerke. Dieselben mottenstichigen Spezialeffekte werden gnadenlos wieder und wieder vorgeführt, was immer die Storyline gerade vorgab. Mal ging es um eine drohende Meteoritenkollision, mal wurde die Erde an außerirdische Sklavenhändler verschachert, mal passierte irgendwas, das ich jetzt schon wieder vergessen habe. Die Filme waren bodenlos, die Geschichten waren langweilig.

Was Brescia bei DIE BESTIE AUS DEM WELTRAUM geritten hat, weiß ich heute noch nicht. Der Film ist nicht besser gemacht als die anderen Jammerepen, keine Frage, aber es wurde da alles hineingeballert, was man sich vorher nie im Leben getraut hätte. Die ganzen Star-Trek-Nerds mit ihren angeklebten Spock-Ohren aus Plastik bekamen hier das, was sie sich immer insgeheim erhofft hatten: Hardcoresex mit Pferden, Satyre mit dicken Dildos, und natürlich wieder die Roboter mit den goldenen Perücken. Worum geht´s?

Captain Madison bekommt den Auftrag, einen Planeten namens Lorigon anzufliegen, auf dem Autalium vermutet wird, ein fürchterlich wichtiges und fürchterlich seltenes Metall. Der Planet gilt als unbewohnt, doch als er mit seinem Raumschiff dort eindüst, gerät er in einen Schußwechsel mit dem intergalaktischen Glücksritter und Schwerenöter Juan, so daß er zusammen mit seiner Mannschaft abschmiert und auf dem Planeten notlanden muß. Ab da folgt alles der Storyline von Shakespeares „Der Sturm", nur daß bei dem unsterblichen Barden keine Spielzeugroboter in Ritterrüstung herumgelaufen sind, die in Birkenwäldchen Frauen vergewaltigen. Soweit ich mich erinnere, jedenfalls. Vielleicht soll der Roboter (ein gewisser Zockor, der ständig putzige Sachen sagt wie: „Ich werde gleich in die totale Havarie eintreten!") Brescias Version von Prospero sein. Caliban wäre dann der Satyr Onaf, gespielt von Italowesternveteran Robert Hundar, der in einer Schlüsselszene die Hose herunterläßt und nicht nur zwei mächtige Bocksbeine enthüllt, sondern auch einen riesigen Penis aus Gummi, mit dem er dann Miranda, äh, Sandra kompetent durchnudelt.

Ich fürchte, daß ich mich etwas schwer damit tue, die Handlung des Filmes angemessen wiederzugeben. Mit dem Hauptdarsteller, Vassili Karis, habe ich mich in Rom mal ordentlich bezecht. Das war sehr lustig. Auch mit dem Darsteller des Juan, Venantino Venantini, hatte ich schon einmal das Vergnügen. Daß ich gleich zwei Mitwirkende an diesem Film getroffen habe, gibt mir jetzt etwas zu denken. Andere treffen Orson Welles und Andrej Tarkowskij. Diesen beiden Legenden wäre aber vermutlich nicht die Anfangsszene von BESTIE eingefallen, die man eigentlich nur in der deutschen Fassung (Schier-Synchro!) richtig würdigen kann: In der Bar einer Raumstation reißt Captain Madison die schöne Sandra auf und textet sie mit Anmachsprüchen zu, bei denen sich einem die Fußnägel aufrollen. Er hat aber Erfolg, und das ist gut so, denn Sandra wird gespielt von der Finnländerin Sirpa Lane, die einige Jahre zuvor in Walerian Borowczyks LA BÊTE zu sehen war, einer grandiosen Ode an aristokratische Zoophilie. In jenem Film gibt es eine Passage, in der Frau Lane durch einen Wald gejagt und zum Opfer der titelgebenden Bestie wird. In DIE BESTIE AUS DEM WELTRAUM handelt es sich um ein mickriges Birkenwäldchen, von dem die Gute träumt. Sie erzählt Karis zwar von einem zauberhaften Wald mit Bäumen, die Tentakel haben und riesigen Meeresalgen ähneln, aber das ist nicht ganz das, was wir sehen, während sie dies beschreibt. („Der Himmel war scharlachrot!" Nö, isser nich.) In jenem Wäldchen soll später auch noch eine etwa 10-minütige Pornopassage stattfinden, in der der Dildo des Satyrs in den Overdrive schaltet. (Sirpa hat da allerdings auf einmal angegrautes Schamhaar. Es handelt sich also nicht um ihre Mumu. Die einzige Darstellerin, die sich in der Tat naßforsch vor der Kamera abmüht, ist Italiens größter Pornostar jener Tage, Marina Frajese. Ihr Rollenname lautet übrigens Frieda Henkel.) Die deutschen Videofassungen entbehren dieser zehn Minuten fast vollständig, aber ich möchte sagen, daß das niemanden in die Verzweiflung treiben sollte. Die Hose, die sich von selbst aufknöpft, wird hier nicht erfunden. Viel wichtiger als die drastischen Begegnungen ist die deutsche Synchro, die uns so schöne Dialogzeilen schenkt wie: „Ich hätte Lust, auf alles zu schießen, obwohl ich eine totale Trägheit verspüre!" Captain Madison hat spät im Film einen kurzen Moment der Erleuchtung: „Ich hatte einen furchtbaren Traum: Ich war eine Art Hampelmann!" Im „Geheimnisvollen Filmclub Buio Omega" wäre der Film ein Kandidat für den Film des Jahres, das ist mal sicher!

Puh, habe ich etwas vergessen? Erwähnen muß ich unbedingt die tolle Blubbermusik von Marcello Giombini, der hier als „Pluto Kennedy" firmiert! Genaugenommen steht im Vorspann „Plutokennedy", und so hört sich das auch an. Giombini hatte in den 70er Jahren einige durchaus erfolgreiche Synthesizer-Platten aufgenommen, die teilweise extrem experimentellen Charakters waren. Es ist also anzunehmen, daß die pulsierenden, nicht von dieser Welt stammenden Rhythmen das Resultat einer dieser Sessions waren und hier ihre finale Bestimmung fanden. Ich würde die Musik für mein Leben gern auf CD rausbringen. „Pluto Kennedy´s 20 Golden Ufo Greats". „From Mars To Pluto Kennedy – Rockin´ Galaxy Greats". „Ina´s Würstchen-Paradies". Der Möglichkeiten sind viele. Aber ich habe leider kein Geld.

Rätselhafte Ereignisse in der Spielwarenabteilung

Manch einer, der sich den Film ROBOTER DER STERNE betrachtet, wird sich fragen: Ist das alles? Habe ich dafür jahrelang die Schulbank gedrückt, eine erstklassige Hochschulbildung genossen und schließlich den Pulitzerpreis eingesackt, um am Ende des Tages bei diesem Film zu landen? Habe ich dafür die Schrecken des Geschlechtsverkehrs bezwungen, habe ich dafür die Miesepetrigkeit von Menschen erduldet, die ihre eigene Unfähigkeit zu einer positiven Lebenseinstellung mit einem reflexhaften wie unverbindlichen „Homo homini lupus" aufzuwerten versuchen, habe ich dafür hektoliterweise miesen Kaffee gesoffen und mich durch unzählige graue Tage geknechtet, ohne zu wissen, ob das alles einen Sinn ergibt? Die Antwort kann nur lauten: Ja! Genau dafür ist dies alles geschehen!

Man kann aus diesem Film eine ganze Menge lernen, zum Beispiel, daß man Kindern kein LSD geben soll. Wo genau ROBOTER DER STERNE herkam, ist ungewiß. Sein Ursprung liegt in Japan. Dort wurde einst eine Science-Fiction-Serie für Kinder produziert, die den Titel SÛPÂ ROBOTTO MAHA BARONU (1974) trug, in deren Zentrum ein roter Riesenroboter namens „Mach Baron" stand. Tatsächlich handelte es sich um eine Fortsetzung der Serie SÛPÂ ROBOTTO REDDO BARON (1973). Wie der Roboter in jener Serie hieß, sollte man auch mit oberflächlichen Japanischkenntnissen erraten können. Ob der Baron nun rot oder mach war – asiatische Verleiher aus einem anderen Land (vermutlich Hongkong oder Taiwan) kauften die Serie, griffen sich die Storylines und die Spezialeffekte heraus und pfriemelten einen anderthalbstündigen Kinofilm zusammen. Die Rahmenhandlung wurde mit einheimischen Darstellern neu gedreht. Das Resultat wurde dann u.a. nach Deutschland verhökert, wo es als ROBOTER DER STERNE 1975 das Licht der Projektoren erblickte.

Inwieweit ROBOTER DER STERNE inhaltlich dem Original entspricht, möchte ich nicht beurteilen. Die deutsche Synchronisation macht den Eindruck, als hätte das Berliner Studio gerade den Geburtstag der Kinder eines Mitarbeiters ausgerichtet. Die Feier fand dann im Aufnahmeraum statt. Ich vermute, daß man auf die Geschichte des Ursprungsmaterials einfach pfiff und frei nach Nase formulierte. Der Film erhielt bei uns eine etwas überzogen scheinende Freigabe ab 16 Jahren. Es bereitet mir eine gewisse morbide Freude, mir Jungspunde vorzustellen, die sich gerade in den Krallen der Pubertät befinden und nur Sexsexsex im Kopf haben. In der ehemaligen Kinderstube riecht es wie in einer Champignonzucht, der Papierkorb quillt über vor benutzten Taschentüchern, obwohl doch niemand einen Schnupfen hat. Und dann geht der junge Mann ins Kino und kuckt ROBOTER DER STERNE! Ich behaupte mal, daß die Pubertät ohnehin ein gewaltiger Mist ist. Da kann man auch dem frei flottierenden Spielzeuginferno dieses Filmes ein Auge leihen. Endlich mal etwas anderes als diese öden Tierpornos und Gangbangvideos aus dem Internet!

ROBOTER DER STERNE würde in der vorliegenden Fassung auch einen Vierjährigen intellektuell unterfordern. Das spricht, wohlgemerkt, nicht gegen den Film. Man kann nicht die ganze Zeit über Schopenhauer und Rilke lesen. Man muß auch mal die Seele baumeln lassen. Der Schurke des Filmes ist ein böser Mann mit einer Frisur, deren Stil ich als „Problematische Zuckerwatte" bezeichnen würde. Man könnte auch sagen, er sieht so aus, als habe man das Schamhaar des Weihnachtsmannes auf das Zehnfache aufgeblasen und ihm dann auf den Kopf gesetzt. (Dem Schurken, nicht dem Weihnachts-

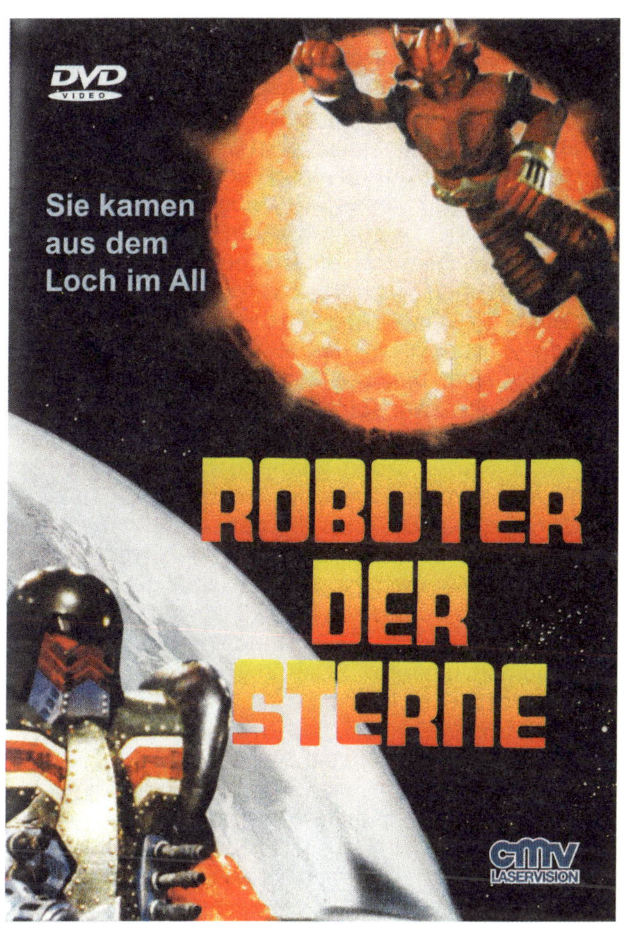
DVD
VIDEO
Sie kamen
aus dem
Loch im All
ROBOTER
DER
STERNE
CMV
LASERVISION

mann!) Zudem schillern die Haare in den prächtigsten Farben. Wenn „Der große Koordinator" wütend wird, sind sie knallrot, wenn er sich in gemäßigteren Gemütszuständen befindet, grün, blau oder lila. Wenn jemand hineingepinkelt hat, gelb. Dieser schlimme Mann hat Zugriff auf das Spezialmetall Titanium 99, aus dem riesige Killerroboter zu bauen er nicht müde wird. Wer will ihn aufhalten? Zum Glück gibt es eine Heldenphalanx rund um einen Professor, der ebenfalls eine sehr lustige Frisur besitzt. Genaugenommen gilt das auch für seine Untergebenen. Ich glaube nicht, daß die in Hongkong oder Taiwan so volles, glattes, buschiges Haar besitzen. Ich halte das mal frech für Perücken, und zwar solche, die fast über das Gesicht rüberrutschen. Leute mit so einer Frisur dürften mit mir nicht einmal reden. Es handelt sich freilich um erstklassige Mienenschneider, echte Burgschauspieler. Und gequatscht wird die ganze Zeit über, mein lieber Scholli. Ein Spießrutenlauf albernster Kalauer, die gerade dadurch begeistern, daß sie meistens extrem unkomisch sind. „Macht sie fettich!" lautet der Kampfruf der Heroen, und er ist gefühlte hunderttausendmal zu hören. „Stoß´ zu, eisgrauer Vater!" ist mein persönliches Lieblingszitat.

Der Film präsentiert so etwas wie die Rückkehr des Menschen in den Mutterleib. Man vergißt die Mülleimer mit den Taschentüchern und das darin befindliche Erbgut, das nicht werden durfte. Man vergißt die frohen Tage der unbeschwerten Kindheit, als man noch mit allen schön gespielt hat, auch mit dem blöden Bruno. Man vergißt auch die Zeit, in der es noch keine Worte gab, noch keine Begrifflichkeiten. Alles wird Farbe und Bewegung, alles ist bunt und schön, abgesehen natürlich von dem, was einem das Erdbeereis wegnehmen will. Die Erwachsenen sind die unangefochtenen Autoritätspersonen. Der Riesenroboter der Helden heißt weder Schopenhauer noch

Rilke, sondern „Magischer Ballermann". Auf seiner Gürtelschnalle prangt nämlich ein riesiges „MB", das früher mal für „Mach Baron" stand. Und bevor man sich fragt, wieso ein Roboter einen Gürtel braucht, wird gewirbelt und gezwirbelt, daß es nur so eine Art hat. MB verfügt über abschießbare Fäuste, über einen Drehkopf, der einen Flammenwerfer enthält, und wenn alles nicht fruchtet, dann gibt es immer noch die gefürchteten Deltastrahlen. Die Schurkenroboter sind ebenfalls ziemliche Kanonen. Hier merkt man übrigens, daß der Film als Zusammenschnitt einer Fernsehserie begann, denn offenbar wurden sämtliche Highlights (Boßkämpfe, würde man heute sagen!) der einzelnen Folgen in den Film hineingepunzt, was natürlich für kaum abreißende Action sorgt. Ein Roboter verschießt Laserstrahlenräder; ein anderer hat bizarre Drillbohrerarme; wieder ein anderer verfügt über Froststrahlen. Was auch immer der Feind aufbietet, die Helden machen Kleinholz aus den widrigen Nattern. Das Ganze übrigens zu schmissiger Musik, die stark an italienische Agentenfilme aus den 60er Jahren erinnert. Ich nehme stark an, daß es die Roboter damals auch als Franchise-Produkte gab, denn sie sehen exakt so aus wie die Biester, die es schon zu meiner Zeit für Kinder jeden Alters gab. Erneut: Einen 16-Jährigen, der mit so etwas spielt, hätte man auch damals schon für ziemlich wunderlich gehalten. So wunderlich etwa wie einen 23-Jährigen, der seinen Eltern seine 103 Jahre alte Verlobte vorstellt. Aber was soll man mit Konventionen machen? Richtig – man soll auf sie pfeifen!

Die Bösewichte des Filmes haben auch eine Bodentruppe, die merkwürdigerweise wie ein Footballspielerteam gekleidet ist. Keine Ahnung, was das soll. Vermutlich antiamerikanische Ressentiments, die noch aus der unmittelbaren Nachkriegszeit stammen. Der Hauptheld heißt übrigens Kai, hat Christian

Brückner als Sprecher, und wenn Robert de Niro in TAXI DRIVER so ausgesehen hätte, dann hätte aus dem Film richtig was werden können. Kais Freundin heißt Sue, und sie hat einen kleinen Bruder namens Charly, der zu jener Sorte unerträglicher Blagen gehört, die von asiatischen Produktionen dieser Art als Identifikationsangebote gereicht wurden. Vorlaute Streber, die nur nerven, von manchen aber niedlich gefunden werden. Wie ein Filmrezensent mal in Sektlaune über ebensolche Kinderdarsteller meinte: Er sei trotzdem gegen das Verbrennen von Kindern. Da ein Identifikationsangebot nicht reicht, gibt es auch noch einen debilen Hanswurst, der von allen Specki genannt wird und wohl so etwas wie einen genialen Erfinder darstellen soll. Er ist aber weder Jules Verne noch Daniel Düsentrieb. Er ist Specki.

Ich meine, die spezifischen Charakteristika dieses Spektakels nunmehr angemessen herausgearbeitet zu haben. Es handelt sich um groben 70er-Jahre-Unfug mit viel Rums und Päng, dessen Dialoge eine schallende Ohrfeige für intellektuelle Feinbeine darstellen. Wer aber den Kinderbuchklassiker mit Petzi und dem Bumstier genauso mag wie ich, wird seinen Spaß daran haben. Ich hoffe nur, daß er mit 16 Jahren noch andere Dinge im Kopf haben wird als diesen hanebüchenen Kindergeburtstag. Das wird sonst mit der Sozialisation sehr schwer.

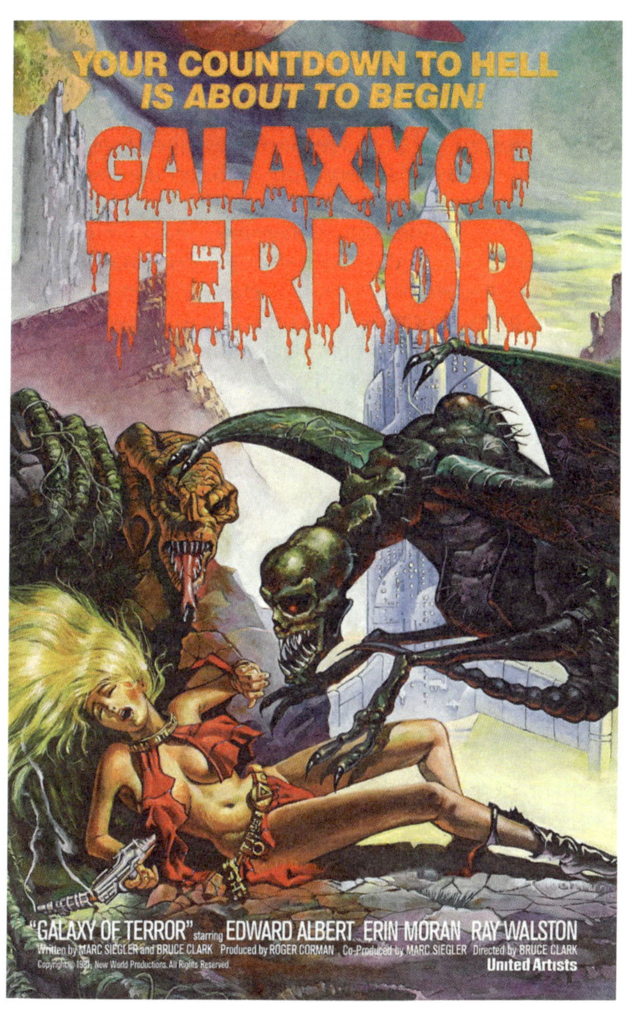
YOUR COUNTDOWN TO HELL
IS ABOUT TO BEGIN!
GALAXY OF
TERROR
"GALAXY OF TERROR" starring EDWARD ALBERT ERIN MORAN RAY WALSTON
Written by MARC SIEGLER and BRUCE CLARK Produced by ROGER CORMAN Co-Produced by MARC SIEGLER Directed by BRUCE CLARK
Copyright © 1981, New World Productions. All Rights Reserved.
United Artists

Mein Onkel vom Murks

Die Verheißung von Abenteuer und grenzenloser Freiheit, die der Weltraum dem Menschen zu versprechen schien, ließ nicht erst Federn, als 1969 die ersten Schritte auf dem Mond getätigt wurden. Was einstmals nur geträumt war, hier geschah´s, und es war - wenn man das Fett wegschneidet - nicht viel spannender als, sagen wir mal, ein Spaziergang auf einer Geröllhalde. Glamour, Tentakelmonster, nichts von alledem. Das Weltall schrumpfte und wurde auf einmal ganz klein. Auch filmische Science Fiction veränderte sich maßgeblich, vor allem, was den verwendeten Maßstab anging. Dabei gab es zum einen die Tendenz, Raumfahrt und Wissenschaft auf streng realistische Weise darzustellen, was Filme wie VERSCHOLLEN IM WELTRAUM oder ANDROMEDA - TÖDLICHER STAUB AUS DEM ALL versuchten.

Andere Regisseure wiederum bemühten eine verstärkt psychedelische Sichtweise, die auch gerne mit mystisch aufgeladenem Brimborium angereichert wurde. Der Genuß des damals sehr populär gewordenen bewußtseinserweiternden Naschwerks mag hieran nicht ganz unschuldig sein. Der Riesenerfolg von KRIEG DER STERNE beruhte ja nicht zuletzt auf seinem Bekenntnis zu altmodischen und irgendwie tröstlichen Prinzipien wie „Selbst ist der Mann". Klare Ursache-Wirkung-Ketten, kein postmodernes Römpömpöm. Der Mensch war nicht mehr nur ein bloßes Staubkorn im Auge der Unendlichkeit, sondern wurde wieder zum Gestalter seines Geschicks, zum geheimen Zentrum des Universums, ätsch.

ALIEN machte es ähnlich und servierte ein mit erheblichem künstlerischen wie monetären Aufwand gestaltetes Update der alten Monsterspektakel aus den 50ern. Diese Filme rückten die Rolle des Menschen im Universum wieder zurecht, was dramaturgisch gesehen ja auch durchaus Sinn ergibt. Um Staubkörner zittert man nicht.

Gerade ALIEN erzeugte eine Unzahl von Imitatoren, die sich budgetmäßig doch eher an seinen Vorbildern (wie etwa Edward L. Cahns rattenscharfem B-Schocker IT! THE TERROR FROM BEYOND SPACE, 1959) abarbeiteten. Die meisten von diesen kostenreduzierten Monsterfilmen waren trivial, grell und drollig. Sie profitierten von dem Umstand, daß es wesentlich einfacher ist, Hochspannung auf engstem Raum zu produzieren als in der endlosen Weite des Weltraums. Da sich niemand die Mitarbeit eines H.R. Giger leisten konnte, waren es stattdessen junge Hoffnungsvolle, die mit wenig Geld und viel Chuzpe eine fremde Welt zusammenbastelten, die im Idealfall mit überaus unerfreulichen Bewohnern gesegnet war. Eines der besten dieser Low-Budget-Exemplare der frühen 80er war die Roger-Corman-Produktion PLANET DES SCHRECKENS (GALAXY OF TERROR, 1981), einem Reißer, dem es trotz Wurmstichigkeit an allen Ecken und Enden gelingt, aus edelstem Edamer ein hinreißendes Partymenü zu basteln.

Die Prämisse des Filmes ist komplett von ALIEN geklaut: Ein Raumschiff ist auf einem Planeten namens Morganthus verschollen. Der „allmächtige Gebieter", dessen Gesicht von einem roten Gewaber unkenntlich gemacht wird (was ihn etwas wie Leute in Talkshows erscheinen läßt, die nicht erkannt werden wollen), stellt sofort ein Expeditionsteam zusammen, um dort nach dem Rechten zu sehen.

Und was für ein Expeditionsteam das ist! Zuerst einmal haben wir Edward Albert, Sohn des Hollywood-Urgesteins Eddie Albert – ein hübscher Mann, der mit seinem zeittypischen Schnurrbart wie geschaffen wäre für den TV-Arzt Bruce Bennings, der mehr Fanpost bekommt als alle anderen Fernsehärzte zusammen, besonders nach Folge 587, als seine

Geliebte, die holde Rowena Kensington, mit ihrem Ferrari tödlich verunglückt. Als Antipode steht ihm Zalman King gegenüber, der einst als Held von Jeff Liebermans „Rapunzel, laß´ dein Haar herunter"-Schocker BLUE SUNSHINE brillierte. Später sollte er massiven Erfolg mit seichten Softsex-Schmonzetten wie 9 1/2 WOCHEN und WILDE ORCHIDEE haben. Hier spielt er das Arschloch der Crew, gefühllos und streitlustig. Man weiß einfach, daß dieser Mann nur Ärger stiften wird. Robert Englund ist dabei, hier noch ohne Freddy-Krueger-Maske, aber mit seiner tollen Nase. Sid Haig spielt einen ständig mit zackigen Kristallen herumfuchtelnden Krieger. Dem Mann habe ich es sehr gegönnt, nach all den bösen Gangstern und Chefs von Frauengefängnissen, die er in den 70ern gespielt hat, mit seinem Captain Spaulding in Rob Zombies HAUS DER 1000 LEICHEN einer neuen Generation ans Herz zu wachsen. Fabelhafter Schauspieler! Auch an Bord ist die famose Grace Zabriskie, zeitlebens festgelegt auf exzentrische Rollen, weil sie sehr – nun ja – intensiv ausschaut. So eine Art weiblicher Udo Kier. Kein Wunder, daß David Lynch sie so häufig verwendete. Hier hat sie eingegraute Haare und ist auch ansonsten auf alte Vettel geschminkt. (Im Interview sagte sie über PLANET DES SCHRECKENS, daß die Schauspieler während des Drehs zu sagen pflegten, der Film handele von Korridoren und Tentakeln. Das bringt es auf den Punkt!) Schließlich ist da auch noch Ray Walston, einer von Hollywoods bekanntesten Charakterdarstellern, gern verwendet in Komödien. Als Kind war ich immer begeistert von seiner Fernsehserie „Mein Onkel vom Mars". Hier spielt er den Koch. Den Koch. Den Koch. Ich kann das gar nicht häufig genug sagen. Das ist ungefähr so, als hätte man Marlon Brando zur Verfügung, und der spielt dann den Hausmeister. (Ich rede wohlgemerkt vom jungen Marlon Brando, nicht vom alten. Irgendwann sah der dann ja auch aus wie ein Hausmeister. Das Leben spielt uns übel mit.)

Die Expedition auf dem Planeten geht dann auch sehr bald aus dem Leim: Monster tauchen auf und metzeln die Crewmitglieder zuschanden. Dies geschieht auf teilweise recht gschmackige Weise. Keine Ahnung, wie der Film damals ein „Ab 16" bekommen hat. Allein die Szene, in der die blonde Sexbombe Dameia von einer zehn Meter großen Made vergewaltigt wird, ist schon ziemlich icky-pfuh-bah. (Bei den Designern hieß dieser Mordstrumm übrigens launig „Maggie The Maggot"!) Auch die sehr schönäugige Alluma hat Pech mit Tentakeln. Der absolute Trumpf des Filmes sind aber die schicken Bauten. Das Produktionsdesign lag in den Händen des damals noch weitgehend unbekannten James Cameron, unterstützt von Robert SLITHIS Skotak, und was diese beiden und ihre Helferlein da zusammengebastelt haben, ist dafür, daß der Film gerade mal ein Zwanzigstel von ALIEN gekostet hat, schon ziemlich knorke. Zudem leistet sich der Film designertechnisch einige echte Highlights. Während der Großteil der genretypischen Krauchszenen vermutlich in ein und demselben Korridor gedreht und somit kostensparend realisiert wurde, gibt es einige ambitionierte Sets, die Erinnerungen an ALARM IM WELTALL und ähnliche Klassiker wecken. Hier waren talentierte Genrefans am Werk, das merkt man. Am Setdesign war auch Bill Paxton beteiligt, der später als Schauspieler durchstarten sollte. Andere Leute, die später ihre eigenen Filme basteln sollten und hier kleinere Jobs hatten, waren Aaron Lipstadt, Peter Manoogian und David DeCoteau.

Die deutsche Sprachfassung begeistert zudem mit fast ununterbrochenen Klunkern, und das, obwohl die Grundstimmung des Filmes bierernst ist. Der alte Commander der Expedition etwa blickt an einer Stelle des Filmes in ein scheinbar endloses Loch in der

Planetenoberfläche und meint: „Der Zweifel ist der teuflische Bruder der Verzweiflung!" Aha. An anderer Stelle beweist er mehr Realitätssinn und verkündet: „Ich frage mich, warum mich der Meister zum Kommandanten dieser Mission gemacht hat!" Das fragt sich der Zuschauer allerdings auch, denn der Commander macht alles falsch und verschwindet dann im Poloch des Planeten. Bester Satz von Grace ist ohne Frage: „Ruhm ist die Speise der Toten!" (Autsch.) Und die Frau mit den schönen Augen staunt an einer Stelle: „Ich habe noch nie vor etwas so Leerem, so Totem gestanden!" (Glaube ich ihr nicht, gerade in Hollywood!) Die Bedienungselemente an Bord des Raumschiffes entsprechen frühem MS-DOS-Standard. Nimmt man dann noch die düster vor sich hin wabernde Synthiemucke hinzu, die in Actionszenen auf einmal komplett explodiert und klingt wie die LP „Moog-Tanzparty in der forensischen Psychiatrie", hat man es hier mit einem zwar bananesken, aber durchweg unterhaltsamen Cheapo-SF-Horror zu tun, der gerade dadurch überzeugt, daß er sich ironische Selbstveralberung verkneift, den letzten Ausweg der ganz und gar Armseligen. Regisseur Bruce D. Clark drehte einst für Corman den überdurchschnittlichen Bikerfilm NACKT AUF HARTEM SATTEL, aber das ist eine andere Geschichte und soll ein andermal erzählt werden.

2. Teil
Alienfilme

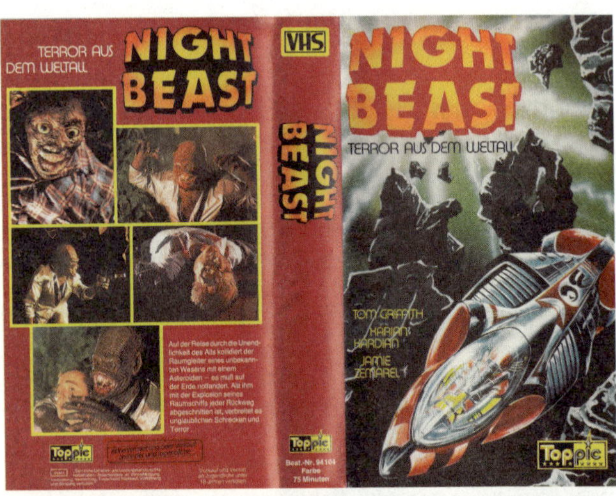
TERROR AUS DEM WELTALL
NIGHT BEAST
Auf der Reise durch die Unendlichkeit des Alls kollidiert der Raumgleiter eines unbekannten Wesens mit einem Asteroiden – es muß auf der Erde notlanden. Als ihm mit der Explosion seines Raumschiffs jeder Rückweg abgeschnitten ist, verbreitet es unglaublichen Schrecken und Terror.
VHS
NIGHT BEAST
Top pic
Best.-Nr. 94104
Farbe
75 Minuten
NIGHT BEAST
TERROR AUS DEM WELTALL
TOM GRIFFITH
KARIAN KARDIAN
JAMIE ZEMAREL
Top pic

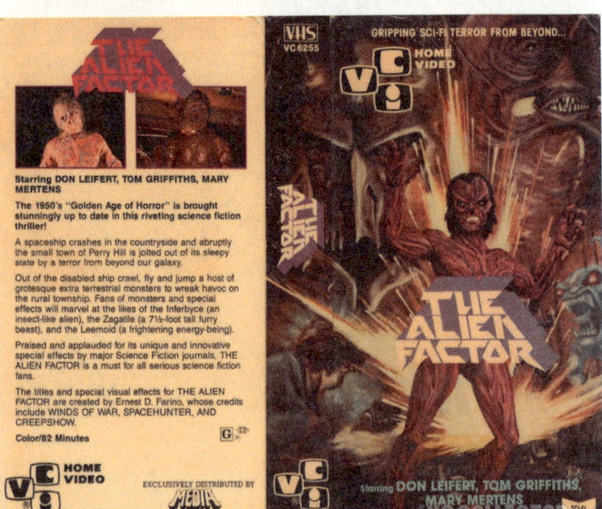
THE ALIEN FACTOR
Starring DON LEIFERT, TOM GRIFFITHS, MARY MERTENS
The 1950's "Golden Age of Horror" is brought stunningly up to date in this riveting science fiction thriller!
A spaceship crashes in the countryside and abruptly the small town of Perry Hill is jolted out of its sleepy state by a terror from beyond our galaxy.
Out of the disabled ship crawl, fly and jump a host of grotesque extra terrestrial monsters to wreak havoc on the rural township. Fans of monsters and special effects will marvel at the likes of the Inferbyce (an insect-like alien), the Zagatile (a 7½-foot tall furry beast), and the Leemoid (a frightening energy-being).
Praised and applauded for its unique and innovative special effects by major Science Fiction journals, THE ALIEN FACTOR is a must for all serious science fiction fans.
The titles and special visual effects for THE ALIEN FACTOR are created by Ernest D. Farino, whose credits include WINDS OF WAR, SPACEHUNTER, AND CREEPSHOW.
Color/82 Minutes
HOME VIDEO
EXCLUSIVELY DISTRIBUTED BY
MEDIA
VHS
VC 6255
THE ALIEN FACTOR
GRIPPING SCI-FI TERROR FROM BEYOND...
HOME VIDEO
THE ALIEN FACTOR
Starring DON LEIFERT, TOM GRIFFITHS, MARY MERTENS
SCI-FI
VHSCOLLECTOR

Schande des Weltraums

Neben jenen Filmen, die den Schönheiten unseres Heimatplaneten die Verlockungen, nicht selten aber auch die Gefahren der Galaxie entgegenhielten, gab es natürlich auch solche Exemplare, in denen Besucher von fernen Welten einen Zwischenstop bei uns auf der Erde einlegten, nicht selten, um dort alles in Schutt und Asche zu legen. Besonders populär waren in dieser Hinsicht die Fliegende-Untertassen-Filme, die die Usurpierung der Erde durch feindlich gesonnene Intelligenzen aus dem Weltall zum Thema hatten. Nicht selten wurden diese Werke als eine Allegorie auf den Kalten Krieg verstanden, als Ausdruck der Angst, von roboterhaften Schergen aus dem Ostblock versklavt und seiner Persönlichkeit beraubt zu werden. In Autokinofavoriten wie FLIEGENDE UNTERTASSEN GREIFEN AN, KAMPF DER WELTEN oder eben RED PLANET MARS wurde die amerikanische Gegenwart von damals mit geradezu masochistisch anmutender Begeisterung in kleine Schnipsel zersprengt. Wir waren der Westen, wir waren individualistische Haudraufs mit Kantenkinn, die sich von keinem windelweichen Beschwichtiger mit pazifistischem Gesülze einwickeln ließen. Wir waren Männer der Tat, und wir zeigten der fünften Kolonne, wo der Zimmermann das Loch gelassen hat!

Gelegentlich verirrten sich auch Alien-Solokünstler zu uns auf die Erde. Ihre Absicht war da weniger die Unterjochung der Menschheit, denn als Einzelwesen läßt es sich schlecht unterjochen, das wissen wir alle nur zu gut. Auch mit der Zerstörung der westlichen Zivilisation erzielt man nur unbefriedigende Resultate, das geht schon rein logistisch in die Hose. Man kann aber auch als Single eine Menge Unheil anrichten. Die Filmwerke, die diese Spielart der extraterrestrischen Bedrohung thematisierten, betonten eher den

Horroraspekt solcher Storys. Auf jeden Klaatu (=das Friedenstauben-Alien aus DER TAG, AN DEM DIE ERDE STILLSTAND) kamen 10 Dinger aus einer anderen Welt, und die metzelten sich mit großem Gusto durch die Besetzungsliste. Besonders beliebt wurde diese Knüppel-aus-dem-Sack-Variante in den 70er Jahren, als die Zuschauer bereits an den groben Keil gewöhnt waren. THE THINGs Karotte aus dem Weltall, schön und gut, aber wenn obendrein noch Körperteile und eimerweise Pampe durch die Gegend segeln, macht die Sache noch bedeutend mehr Spaß! Da es einfacher ist, einige zünftige Splattereffekte zu kreieren als, sagen wir mal, das Washington Monument oder das Kapitol zu pulverisieren (feat. Massenpanik und nationaler Ausnahmezustand), gab es einige dieser meistens lustig anzuschauenden Sonderlinge, die von Low-Budget-Filmemachern auf die Reise geschickt wurden. Was uns zu Don Dohler bringt.

Don Dohler ist – neben John Waters selbstverständlich – das große Geschenk von Baltimore an die Filmkunst. Von Haus aus war er erst einmal Filmfan und gab in den 70ern sein eigenes Fachmagazin heraus, „Cinemagic". 1978 ging er aufs Ganze und drehte sein Filmdebüt: THE ALIEN FACTOR hieß das Werk und setzte dem Science-Fiction-Monsterkino der 50er Jahre ein stimmungsvolles Denkmal. Daß Dohler abgesehen von einigen Gummianzügen und einer Stimmgabel kein nennenswertes Instrumentarium zur Verfügung gehabt hatte, mag stören, wen es will. Zugegeben, die bei uns auf Video veröffentlichte Quasi-Fortsetzung NIGHTBEAST (1982) ist deutlich aufwendiger produziert und splattert sogar etwas, doch THE ALIEN FACTOR hat nicht weniger als fünf Aliens anzubieten, und eines ist lustiger als das andere!

Die Schauspieler in Dohlers Debüt sind natürlich von jener Art, die man in Gänsefüßchen setzt: Kumpels und Kumpeletten, oder einfach Verwandte und der Milchmann. Anders aber als in vielen anderen Homemade-Horrorfilmen – und qualitativ betrachtet sind fast alle Dohler-Filme feinstes Bauerntheater – gelingt es der Regie, durch gutes Tempo und eine respektvolle Behandlung des Publikums charmant zu unterhalten. THE ALIEN FACTOR ist völlig straight, verkneift sich alberne Scherzchen oder Ironisierungen, die über die ökonomischen Mängel hinwegtäuschen sollen. Drin ist, was draufsteht. Der Protagonist ist der ehrenwerte Dorfsheriff Cinder, der eine hinreißende Fönfrisur besitzt und gelegentlich seinen Dialog vom Tisch abliest. Zusammen mit seinem aknegezeichneten Deputy Pete sieht er sich einer Mordserie ausgesetzt, die sowohl durch ihren viehischen Charakter als auch ihre scheinbare Unmotiviertheit erschreckt. Ist es ein wildes Tier, das den hohen Blutzoll fordert? Oder handelt es sich doch um ein notgelandetes Raumschiff, das mehrere Schurken von fernen Planeten in ein galaktisches Straflager transportieren sollte?

Ich unterschied die Aliens wie folgt: Da ist der unsichtbare Lurch, das Affenmonster, der Insektoid, der Kackemann und Ron Wood mit einer weißen Perücke. Zwei davon sind gut, drei sind böse. Man kann Dohler eine Menge vorwerfen, wenn man ein Korinthenknacker ist, aber er hatte eindeutig Mumm und Gottvertrauen. Monsterfans bekommen einen Kessel Buntes geliefert. Besonders toll ist das Affenmonster, in dessen Kostüm eigentümliche Stelzen eingebaut sind, die zu einer gewissen Bocksbeinigkeit und somit einer weitgehenden Unbeweglichkeit führen. Dies läßt es in Verfolgungssituationen manchmal etwas hilflos erscheinen. Man gewinnt den Eindruck, die schreienden Opfer in spe könnten theoretisch auch um das Monster herumtanzen und Flöte spielen wie der eine von Jethro Tull, während sie abhauen. Jede Mumie hat mehr PS. Durch überlegene Schnitttechnik aber wird der unfaire Vorteil wettgemacht. Das Affenmonster kommt in einer Minute etwa zehn Meter voran, wenn der Mann im Gummikostüm gut in Form ist, aber nach jedem Schnitt ist er den Verfolgten immer dicht auf den Fersen. Notfalls werfen sie sich auch einfach auf den Boden und weinen. Es handelt sich um sehr dankbare Opfer. Die Rettung erfolgt schließlich in Gestalt von Don Leifert, der in fast allen Dohlereien seine unleugbare Starpräsenz versprühte. Hier spielt er einen Astronomen, der mich sehr an den Betreiber der Früh-80er-Videothek „Video-Zyklop" erinnerte, in der ich meine ersten Pornos auslieh. Vergeßt George Clooney – wenn Don den Don auspackt, beschlägt die Leinwand!

Im vier Jahre später entstandenen NIGHTBEAST ist es nur ein Monster, das über die Kleinstadt herfällt. Der Schrumpelmaxe ist optisch ein entfernter Verwandter von Dr. Freudstein aus Lucio Fulcis DAS HAUS AN DER FRIEDHOFSMAUER, nur mit wesentlich größeren Zähnen und einem silbernen Discokostüm. Immerhin besitzt der Mann aus dem Weltall eine Laserpistole, mit der er alle Sekundärmimen in Sekundenbruchteilen zu Asche verwandeln kann. Auch Regisseur Dohler taucht kurz auf (als Sohn eines besonders wehrhaften Agrarökonomen) und wird vom Alien zerstrahlt. Erneut ist es der fabelhafte Sheriff Cinder, der der Bedrohung aus dem Weltall Paroli bieten muß. Seinen Fönhelm hat er aber diesmal mit einer lustigen Dauerwelle vertauscht, die ihm etwas entschieden Neckisches verleiht. Ihm zur Seite steht diesmal ein weiblicher Deputy, der nur oberflächlich den Eindruck einer Dorfdiscoschönheit der frühen 80er macht. Sie hat eine dieser Frisuren auf dem Kopf, bei denen man immer Angst hat, sie könne sich gleich über den Kopf stülpen und ihn abbeißen. Was bei manchen Mitmenschen ja durchaus nicht von Nachteil wäre, wenn man mal ganz ehrlich ist. Ansonsten sind alle wieder mit dabei, sogar der popanzige Bürgermeister, der bereits im ersten Teil nur Mist gebaut und sich aufgeblasen hatte. Genaugenommen wurde er damals sogar gekillt, aber auf die thespischen Hijinks des Ausnahmemimen wollte man scheinbar nicht verzichten, und so belebte man ihn wieder, damit er noch mehr Mist bauen kann, diesmal mit Schnurrbart. Es gibt einige herzhafte Splattereffekte, in denen Tierinnereien Verwendung finden. Und erneut begeistert der Film durch seine völlige Ernsthaftigkeit, die wirklich anheimelnd ist. Erneut: Drin ist, was draufsteht. Ehrlich wie Bier. Die tollen Dialogaustäusche machen besonders in der deutschen Fassung Laune. Schön etwa, wenn man ein inbrünstig schmusendes Pärchen zeigt, dessen weiblicher Bestandteil auf einmal aufspringt und ruft: „Hast du gehört? Da läuft doch jemand auf unser Haus zu!" Don Leifert ist natürlich wieder mit dabei und spielt den ortsansässigen Rocker. Eigentlich sieht Drago (so heißt er nämlich!) eher aus wie der Mann, der bei den „Hell´s Angels" den Spucknapf leert, aber auf dem Lande muß man seine Erwartungen in bezug auf das Rockertum eben etwas zurückschrauben. Großes Kino! Die für einen Film dieser Preisklasse recht gute Musik stammt übrigens zumindest zum Teil von einem 16-jährigen Jungen namens Jeffrey Abrams, der unter dem Namen J.J. Abrams mittlerweile zu einem Hollywood-Großkopfeten geworden ist und dort u.a. das Remake von STAR TREK und den hübschen SUPER 8 inszeniert hat. Die Welt ist ein Dorf.

Dohler schickte diesem Lurchspuk mit THE GALAXY INVADER (1985) noch einen dritten Teil hinterher, ohne Splatter diesmal, aber wieder mit Sheriff Cinder. 2001 setzte es sogar THE ALIEN FACTOR 2. Erwähnen möchte ich aber unbedingt noch den 1991 entstandenen BLOOD MASSACRE, mit dem sich Don Dohler auf das für ihn ungewohnte Terrain des Splatterkinos moderner Prägung wagte. Dabei handelt es sich um ein Sozialdrama, in dem einige selten inkompetente Gangster, die so aussehen, als würden sie Recklinghausens erfolgloseste Sonnenbank betreiben, eine Bank überfallen wollen. Da sie kurz vor der Tat Bammel bekommen, überfallen sie stattdessen eine Videothek, die von Don Leifert geleitet wird (von wem sonst?), und erschießen eine Kundin. Dann geraten sie auf der Flucht an eine Bauernfamilie, die sich als Kannibalennest entpuppt. Diese grandiose Zelluloidbelichtung wurde von Dohler sogar zweimal angefertigt, denn als er den Rohschnitt seinen Produzenten zuschickte, verlangten jene von ihm, die bereits abgedrehten Szenen auf billigerem Filmmaterial neu zu drehen. Was für einen Sinn das ergeben soll, weiß ich auch nicht, aber so steht es in der IMDb. Auf jeden Fall verschwanden die Finanziers dann mit dem Material, schnitten das Zeug komplett um und veröffentlichten es unter einem neuen Titel. Von der zugrundeliegenden Story war Dohler aber so überzeugt, daß er sie 2001 erneut verwendete, und zwar für den Actionfilm HARVESTERS.

2006 verließ Don Dohler diese Welt. Er liegt begraben in Perry Hall, in eben jener Stadt, die in seinen Filmen so viel Pech mit Aliens gehabt hatte. Sein Vermächtnis sind sieben Regiearbeiten, die Zeugnis ablegen von aufrichtiger Liebe zum Genrekino, einer Liebe, die allen Widrigkeiten zum Trotz nach den Sternen griff und sie auch fand. Onkel Don ist jetzt selbst ein Stern, und er leuchtet in unseren Herzen.

Grün ist die Eichel

„Home is where the heart is" heißt es im Englischen. Mit dem Heim ist die Heimat gemeint, unsere kleine Farm, auf der die Ingalls-Kinder lustig herumtollen, und auch die Waltons, und der Förster vom Silberwald sowieso. Natürlich kann mit dem Heim auch etwas anderes gemeint sein, nämlich dasjenige, in das die mißratenen Ingallse, Waltons und Förster verbracht werden, wenn ihr unbewachter Verbleib im Kreise der Mitmenschen problematisch erscheint. Das Film-Heim für problematische Leinwandwerke stelle ich mir so vor: Über dem Eingang hängt ein Schild, auf dem „Im weißen Rößl" steht. Das war der Titel eines alten Heimatfilmes, den ich niemals so ganz verstanden habe. Das mag daran liegen, daß ich den Film niemals gesehen habe. „Im weißen Rößl" – handelte der von Sodomisten? Oder von Tierchirurgen? Egal, man muß ja nicht alles wissen. Das Schild jedenfalls ist von dieser seltsam ausgeblichenen Farbe, die man manchmal auf alten Aushangillustrationen in Imbißbuden der niederen Preisklasse erhaschen kann. Fröhlich-farbig, aber vergilbt, die Sorte. Überschreitet man die Türschwelle, wird man von einer ausgemergelten Krankenschwester in einen Freizeitsaal geführt, wo die ganzen Hoffnungslosen der Filmwirtschaft sitzen. Der Mann etwa, der die grauenvoll gefloppte Kinderfilmreihe um einen tanzenden Uhu lanciert hatte. Die Kinder haßten die Show, der Mann wurde entlassen und verlor seinen Halt. Die eisgraue Diseuse Margot Pfannenstiel sitzt da, vergessen nach ihrem einen großen Musical, „In deinen Ohren habe ich mein Nest gebaut". Und auch der gescheiterte Kontertenor Bruno Bronsky, der immer nur ausgelacht wurde in den Kinos, weil er so doof aussah mit seiner Nase. Man ist irgendwie erleichtert, daß man angesichts des ganzen Elends kein Wort mit den Insassen reden muß, denn sie sind alle gefesselt von der Vorstellung, die der Fernseher zu bieten hat, der an der hinteren Wand hängt. Dort läuft ein Film. Er heißt KOSMOKILLER.

KOSMOKILLER – SIE FRESSEN ALLES! (THE DEADLY SPAWN, auch: RETURN OF THE ALIEN´S DEADLY SPAWN, 1983) ist ein wirklich merkwürdiger Film. Als ich ihn mir damals auf Video auslieh, war ich verwirrt, denn ich hatte in den Standardwerken noch nie von ihm gelesen. Das Cover war knallebunt und zeigte riesige phallische Monster mit illustren Zahnreihen. Das sah schon einmal gut aus. Da wollte man mehr von sehen.

Gedreht wurde das Werk in einer ländlichen Gegend bei New Jersey. Genaugenommen handelt es sich bei dem Hauptdrehort um ein Einfamilienhaus, in dem eine wahre Apokalypse losbricht, nachdem ein Meteor auf dem Acker gelandet ist. Dieser enthält eine fremde Wesenheit, die rasend schnell wächst und überaus vermehrungsfreudig ist. Da die Macher des Filmes anscheinend Fans von Aristoteles waren, wird auch noch die Einheit von Zeit und Raum gewahrt, denn alles spielt sich innerhalb eines Tages ab. Es handelt sich also um ein geschlossenes Drama, ein geschlossenes Drama in einer geschlossenen Anstalt. Der jüngste Bewohner des Hauses ist Charles, ein vielleicht 12-jähriger Jungspund, der – wie der heute ausschließlich für das Theater arbeitende Douglas McKeown in Stephen Throwers eminent lesenswertem Buch „Nightmare U.S.A." erzählte – ein Stellvertreter für die Jugend des Regisseurs ist. Charles liebt alte Monsterfilme, hat das Magazin „Famous Monsters" herumfliegen und Dutzende von Plastikfiguren und Postern. Ein typischer Teen also, der von seinem Psychologenonkel trotzdem für etwas gaga gehalten wird. (In einer hübschen Szene fragt der Onkel ihn aus für „eine Diskussion mit behavioristischen Kin-

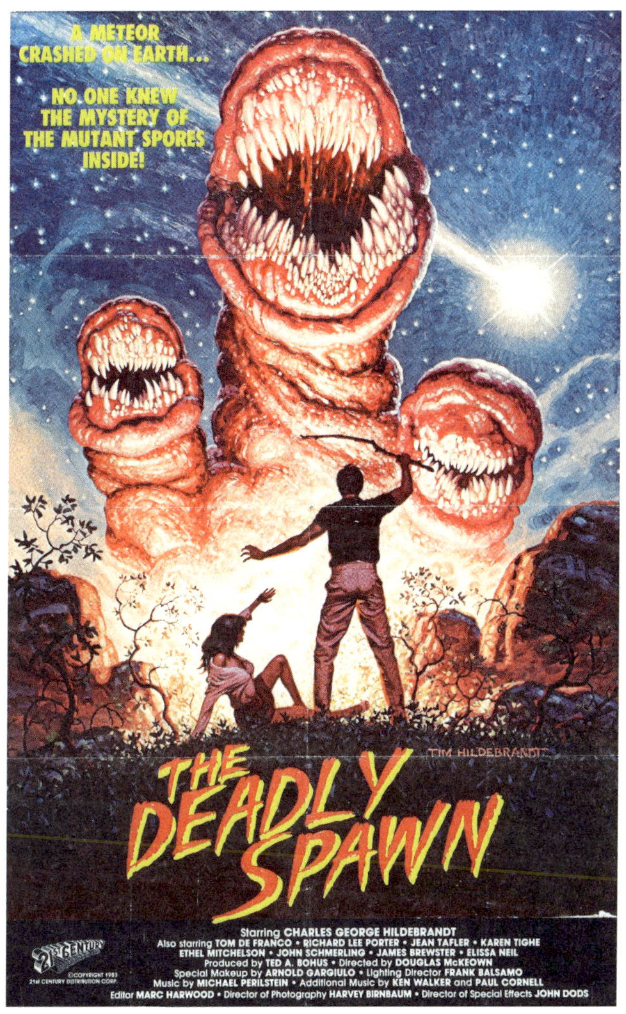
A METEOR CRASHED ON EARTH...
NO ONE KNEW THE MYSTERY OF THE MUTANT SPORES INSIDE!
TIM HILDEBRANDT
THE DEADLY SPAWN
Starring CHARLES GEORGE HILDEBRANDT
Also starring TOM DE FRANCO • RICHARD LEE PORTER • JEAN TAFLER • KAREN TIGHE
ETHEL MITCHELSON • JOHN SCHMERLING • JAMES BREWSTER • ELISSA NEIL
Produced by TED A. BOHUS • Directed by DOUGLAS McKEOWN
Special Makeup by ARNOLD GARGIULO • Lighting Director FRANK BALSAMO
Music by MICHAEL PERILSTEIN • Additional Music by KEN WALKER and PAUL CORNELL
Editor MARC HARWOOD • Director of Photography HARVEY BIRNBAUM • Director of Special Effects JOHN DODS
21ST CENTURY
©COPYRIGHT 1983
21st CENTURY DISTRIBUTION CORP.

derpsychologen" – Charles ist also als Studienobjekt gut genug.) Die Tante ist eine überspannte Hausfrau, die sich in meiner Lieblingsszene des Filmes mit ihrer Mutter trifft („Ißt du auch immer schön deine Bierhefe?"), um mit anderen Omis einen Kaffeeklatsch abzuhalten, der dann blutig entgleist, da ein Mini-Alien in den Mixer gerät. Mutter und Vater sind nach den Anfangsszenen bereits aus dem Rennen, da sie sofort gefressen werden. (Mutter wird genaugenommen das ganze Gesicht abgepflückt!)

Der Reiz des Filmes liegt nicht unbedingt so sehr an dem Action-Dauerfeuer, das er abbrennt – das setzt eigentlich erst ab etwa der Hälfte ein –, sondern an der herzigen Art, in der hier das Leben in einer ländlichen Region geschildert wird. Das riecht mehr als nur ein wenig nach John Waters. Und es wird auch niemals langweilig, denn die Aliens lauern immer gerade bildaußerhalb und lugen manchmal vorwitzig in das ländliche Idyll hinein. Und ja, die Aliens. Es gibt drei verschiedene Ausgaben: die Kaulquappen, die Heranwachsenden und den Großen Nopf. Die Mini-Aliens gefallen mir wirklich am besten. Keine Ahnung, wie die die Bewegungen hinbekommen haben. Eigentlich sehen die wirklich aus wie Penisse mit Klappergebiß-Zahnreihen – Krafft-Ebing wäre begeistert gewesen! Die Heranwachsenden erinnern etwas an den „Chestburster" aus ALIEN. Und der Große Nopf ist wirklich ein Mordstrumm, mit einem Hauptkopf, der fast nur aus wilden Zahnreihen besteht, die den gesamten Rachen ausfüllen, und zwei Nebenköpfen, die auch schon mal kraftvoll zubeißen. Für so eine Miniaturproduktion ist das ganz einfach großartig geworden. Der Splatterfaktor ist zudem ausgesprochen hoch. Ich erinnere mich daran, schon beim ersten Ausleihen sehr beeindruckt gewesen zu sein. Ansonsten ist anzumerken, daß vieles etwas ruckelig ausschaut, etwas amateurhaft. Die Filmemacher gehörten offenbar zu der Sorte, die sich während des Filmens ihre eigene Sprache entwerfen. Mir gefällt zum Beispiel jene Passage mit dem Nachspiel, in der lauter Mini-Aliens auf einem Lagerfeuer verbrannt werden, Polizisten lustig durch die Gegend springen, Kameraleute überall in die Gegend filmen. Diese Szenen wechseln Nahaufnahmen ab mit Totalen, in denen dann an wenigstens drei Orten gleichzeitig etwas passiert, wie bei Robert Altman – sehr untypisch für Low-Budget-Kino. Das verrät aber eben auch eine hohe Kreativität, und das ist es wohl, was KOSMOKILLER von vergleichbaren Produktionen unterscheidet. Die Macher waren Fans und Überzeugungstäter, die den Film als Wochenendproduktion hinlegten, denn die meisten Beteiligten mußten über die Woche noch einer ehrlichen Arbeit nachgehen.

Wer den Film als normalen Genrefilm kuckt, wird ihn wahrscheinlich eher ramschig finden oder geringschätzig als „Trash" abkanzeln. Teuer war er wirklich nicht. Zudem ist die Bildqualität der meisten erhältlichen Versionen eher bescheiden, da auf 16mm gedreht wurde. Trotzdem enthält der Film jede Menge Charme und Kreativität. Allein der Schluß, au Mann, ein Irrsinn ... Wer also auf glitzernde Hardware und Professionalität an allen Fronten gern verzichten kann und sich stattdessen auch mal bei deftiger Hausmannskost wohlfühlt, sollte sich mit KOSMOKILLER befassen.

Wenn der Schmelzmann zweimal klingelt

Ein Mann zu sein, ist kein leichtes Geschäft. Ständig den Anfechtungen zu trotzen, sich seine Nische aus dem Fels des Lebens herauszuhauen, nebenbei noch mit dem Käscher einige Bezugspersonen einzufangen, über die man sich dann definiert, die finanzielle Grundlage für den ganzen Kokolores heranzuschaffen und dabei seine Würde nicht zu verlieren – eine schweißtreibende Angelegenheit, an der viele zerbrechen. Dabei macht es keinen allzu großen Unterschied, ob man einen Doktorhut auf dem Kopf trägt oder einen Sturzhelm. Der Neandertaler steckt in uns drin, und er verläßt uns bis zu Bahre nie dauerhaft. Er schläft allenfalls. Von Vorteil im Überlebenskampf ist dabei eine stramme Physis. Wer sich auf einen gestählten Body verlassen kann, ist survivaltechnisch klar im Vorteil. Wenn Woody Allen und Rick Moranis angelaufen kommen und einem die Spielsachen wegnehmen wollen, braucht man sich nur zur Lebensgröße aufzublasen, und schon ist der Drops gelutscht und jede weitere Diskussion hinfällig.

Was aber, wenn Mann schmilzt? Wenn der Körper vergeht und der Geist besteht, dann schwindet auch die bedauerliche Neigung des Menschen zur Eitelkeit, schon klar. Gleichzeitig aber wird dem Selbstbild der Bettel hingeworfen. Woody und Rick, die Bösen, bekommen das schöne Spielzeug, und man selber muß auf Handbetrieb umstellen. Da man aber eh schon schmilzt, ist auch jener endlich. Diese gräßliche Form des Identitätsverlustes thematisiert einer der hübschesten Retro-SF-Schlocker der 70er Jahre, DER PLANET SATURN LÄSST SCHÖN GRÜSSEN (THE INCREDIBLE MELTING MAN, 1977). Es geht um drei Astronauten, die eine Raummission zu erledigen haben, die sie zum Saturn geführt hat. Dort werden sie von galaktischer Kosmosstrahlung kalt erwischt.

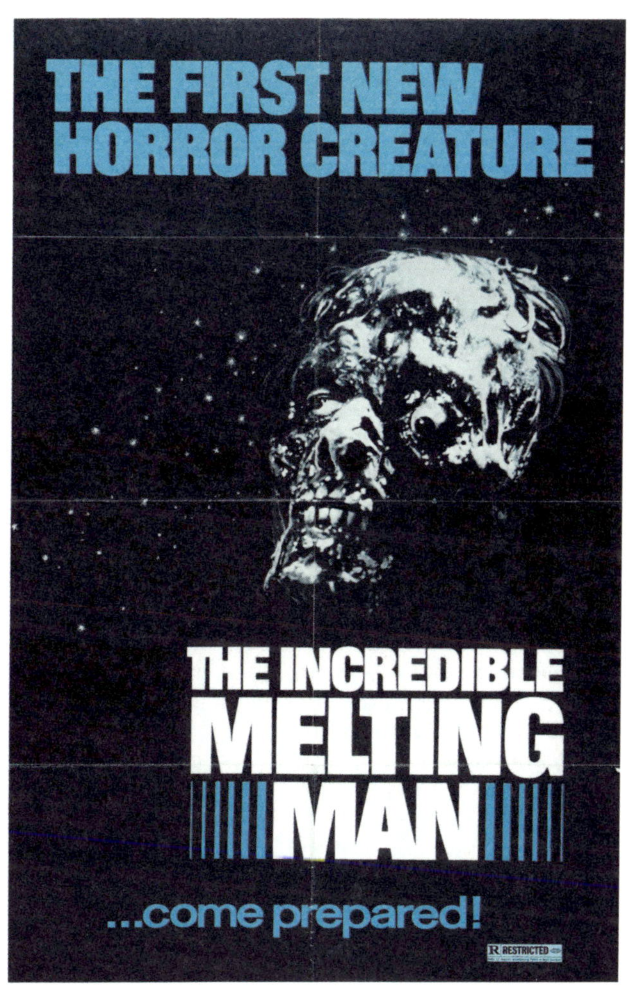
THE FIRST NEW
HORROR CREATURE
THE INCREDIBLE
MELTING
MAN
...come prepared!
R RESTRICTED

Nur einem der Astronauten, Steve West, gelingt es, lebend auf die Erde zurückzukehren. Wobei „lebend" ein dehnbarer Begriff ist. Er sieht aus wie der Kollege, der bei der großen Explosion im Klärwerk in der ersten Reihe stand. Obendrein hat sich sein Gehirn in Knuspermüsli verwandelt, und so bricht er aus dem Hochsicherheitskrankenhaus, in dem er untergebracht ist (und in dem sich außer ihm nur noch eine Krankenschwester zu befinden scheint!), aus und beginnt mit einer Orgie des Grauens ...

Wie der Originaltitel es bereits dezent andeutet: Steve West schmilzt. Er suppt, er näßt, er geht auseinander. Dieses Gimmick sieht sehr pittoresk aus, da die Maskeneffekte von Rick Baker stammen. Baker sollte vier Jahre später mit seiner Arbeit zu AMERICAN WEREWOLF einen Oscar gewinnen. Hier begnügt er sich damit, den Schmelzmann in eine rote Ganzkörper-Latexmaske zu packen und ihm hektoliterweise Sirup vom Leib triefen zu lassen. Das reicht auch, den möchte man definitiv nicht zum Abendessen einladen.

Natürlich wohnt dem Konzept auch einiges an Unlogik inne. Wenn jemand einen ganzen Film lang vor sich hinschmilzt, dann ist der ja irgendwann weg. Niemand schmilzt ewig. Bei dem Schmelztempo, das der Mann anschlägt, wäre der nach spätestens 5 Minuten eine Grützpfütze gewesen. Sagen wir also, daß er heftigst sekretiert, die Drüsen schalten in den Overdrive. THE INCREDIBLE SECRETING MAN hätte aber doof geklungen, also geht das mit dem Schmelzen schon in Ordnung. Auch der Umstand, daß der Krankenhauskittel des Schmelzmannes nicht sofort durchsuppt, verwundert etwas, aber man weiß ja auch nicht, aus was für einem Material der ist. Vielleicht haben die da Kittel aus Gummi oder so. Daß schließlich der Kittel nicht hinten offen ist wie bei uns in Deutschland, ist nun eine Entscheidung, die ich voll und ganz begrüße. Der Schmelzmann hätte da doch sehr an Würde eingebüßt.

Wie dem auch sei, diese Logikschnitzer sind natürlich völlig egal, da wir es hier mit einem erstklassigen Fanprojekt zu tun haben, das den Geist des SF-Monsterkinos vergangener Tage in die Jetztzeit (von 1977) transponiert, mit einer Extraportion Blut & Schlotze natürlich. Als Held fungiert ein junger Arzt, der direkt mit der Betreuung des unglücklichen Allschiffers betraut war, und er hat auch noch eine schwangere Frau mit dabei, deren Baby bereits der dritte Versuch ist, ein Kind auf die Welt zu bringen. Völlig unerheblich für die Schmelzmannstory, na klar, aber es ist exakt jene Sorte von lustig deplaziert wirkenden Melodramelementen, die auch in alten Filmen dieser Art geboten wurde. Als Unterstützung hat der Arzt noch General Perry an der Seite, einen alten Haudegen, dessen militärische Erfahrung das Bekämpfen von Schmelzmännern aber bislang nicht einschloß.

The Incredible Schmelzman beginnt mit der Krankenschwester, um sich einzugrooven. Dann reißt er einem Angler den Kopf ab. (Ich liebe den Spezialeffekt, wenn die Gummibirne den Wasserfall runterplumpst!) Dann legt er so richtig los und entvölkert die Region. Zwischendurch wankt er benommen durch die Gegend und bekommt Flashbacks von seiner Saturnmission. Neben den Leichen hinterläßt er auch eine Reihe von Spuren an Bäumen etc., die alle etwas an Pizza Margherita erinnern, auch gerne mal geschmückt mit einem Ohr. Und ja, der Film ist schon recht launig, weshalb er trotz des hohen Matschgehaltes auch leicht zu kucken ist, da hat der spaßbetonte deutsche Titel schon nicht ganz unrecht.

Regisseur William Sachs hatte kein übermäßig hohes Budget zur Verfügung. Dafür ist der Film schon ziemlich achtbar geworden. Einige Jahre später sollte

Sachs die Science-Fiction-Plotte GALAXINA drehen, mit der unglücklichen Dorothy Stratten, deren schlimmes Schicksal Bob Fosse zu seinem Film STAR 80 inspirierte. THE INCREDIBLE MELTING MAN ist Sachs aber deutlich besser gelungen. In der zentralen Rolle ist ein gewisser Alex Rebar zu sehen, der laut IMDb spät in seinem Leben einen erstaunlichen Karriereschwenk vollzog und eine Reihe von Kurzfilmen inszenierte, die sich SEX, PAIN & MURDER nannte. Dort verwendete er das Pseudonym „Justin Case". Außerdem schrieb er den biestigen I SPIT ON YOUR GRAVE-Klon RACHE UM JEDEN PREIS (DEMENTED, 1980) und David Hess´ Slasher TO ALL A GOODNIGHT (1980), der bei uns unter dem unfaßbaren Titel GOODNIGHT – DIE NACHT, ALS KNECHT BLUTBRECHT KAM auf Video rausgegurkt wurde. Ja, und wie Knecht Blutbrecht sieht er als Schmelzmann natürlich aus, da gibt es nix. Jonathan Demme hat einen kurzen Gastauftritt, wird aber außerhalb des Bildes vom Schmelzmann zersetzt. Regieassistent und Produktionsmanager Don Walters sollte im selben Jahr den sehr lustigen New Yorker Porno LITTLE ORPHAN SAMMY drehen, der bei uns SAMMY DER WAISENKNABE hieß. Da wurde auch nach Leibeskräften sekretiert, tja. Zu guter Letzt gibt es noch einen hübschen Low-Budget-Soundtrack von Arlon Ober zu hören, der im Jahr zuvor zusammen mit Harry Manfredini den frösteln machenden Kunstporno THROUGH THE LOOKING-GLASS vertonte. Manfredini machte dann bei der FREITAG DER 13.-Reihe sein Glück, aber auch Ober blieb dem Horrorgenre treu.

THE INCREDIBLE MELTING MAN ist eine richtig faire Packung für Fans, ein Partyfilm. Es wundert mich ein klein wenig, daß im Falle dieser modernen Variation auf Sachen wie SCHOCK (THE QUATERMASS XPERIMENT, 1955) oder XX UNBEKANNT (X THE UNKNOWN, 1956) bis zum heutigen Tage noch niemand versucht hat, ein Remake zu drehen. Schmelzmänner gab es zwar noch einige weitere, aber sie blieben eine Domäne des Underground-Kinos, etwa in Mark Pirros Splatterrakete STREET TRASH oder im australischen BODY MELT. Bei Monstern wie dem Schmelzmann werde ich selber ganz weich, da kann ich nichts machen. Deshalb: Kumpels einladen, Pizza bestellen, Schmelzmann kucken!

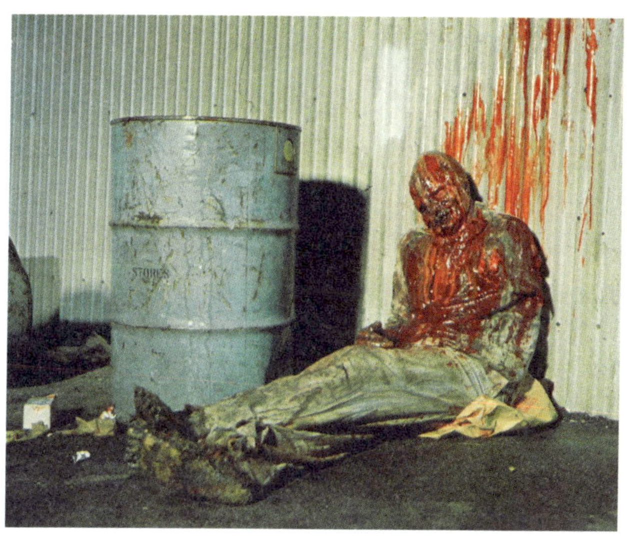

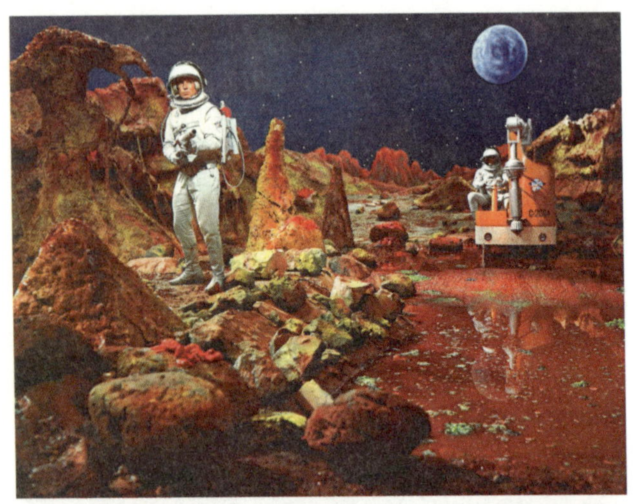

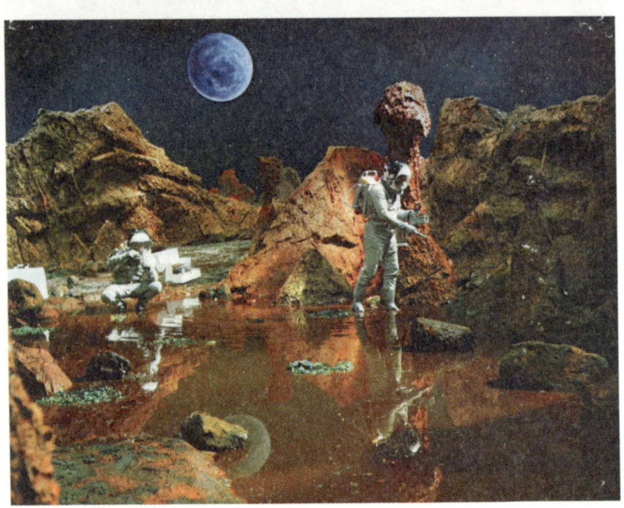

Schleim für die Welt

Die Sache mit Schrödinger ging so: Der sperrte seine Katze in einen Kasten, und dann war die Katze da, und sie war auch gleichzeitig nicht da, weil ja: Quantenphysik! Dann machte er den Kasten wieder auf, und statt der Katze war da grüner Schleim drin. Wenn er auf Katzenhaar allergisch war, was durchaus der Fall gewesen sein mag, war das vermutlich ein guter Tausch. Wenn sich ihm aufgrund der Allergie aber der Magen umgedreht und er in den Kasten hineingereihert hätte, wäre dort Schrödingers Kotze gewesen. Keine Quantenphysik, sondern Biologie, und eklig obendrein.

THE GREEN SLIME (1969) brachte das Jahrzehnt zu einem guten Ende. Durch Kubricks 2001: ODYSSEE IM WELTRAUM, PLANET DER AFFEN und ähnliche Sachen hatte sich filmische Science Fiction aus den USA ja bereits gefährlich in Richtung Philosophie und Kulturkritik verschoben. Die ganzen Gummialiens mit ihren Tentakeln und ihren sinistren Leuchteaugen hatten ausgedient. Tja, denkste! Als Koproduktion mit der japanischen Monsterschmiede Toei entstand ein fulminanter Film, der die Spezialeffektewut der asiatischen Reißer mit den melodramatischen Mätzchen des amerikanischen Kinos verband. Wir erinnern uns mal kurz an die ganzen Godzillasachen, die in den 60ern zu sehen waren: Während sich die ersten Filme um den Riesenlurch noch durchaus an ein erwachsenes Publikum richteten, gerieten spätere Balgereien doch immer mehr in den Bannstrahl der Kindervorstellungen. Die Welten, die von Firmen wie Toho, Toei und Daiei erzeugt wurden, waren extrem artifiziell, sehr bunt und denkbar unrealistisch. Für den westlichen Konsens, der eher auf Naturalismus baute, sofern der damalige Stand der Spezialeffektekunst dies hergab, mußte das albern wirken. Man verlor den Sinn für die archetypische Qualität des Märchens, man wollte Nachrichten haben, man wollte wissen, wo man steht. Als Kind liebte man die Märchen um die Männer in den Gummikostümen, als Erwachsener schaut man sich lieber einen Greenaway an, beeindruckt seine Begleiterin durch geistvolle Kommentare, und hinterher geht man dann zusammen nach Hause, öffnet eine Flasche Rotwein (gekauft von einem alternativ angehauchten Händler mit selbstgehäkelter Wollmütze, den man beim Vornamen nennt) und hört dazu Paolo Conte, Tom Waits oder Billie Holliday. Wenn man Glück hat, gibt es später noch Sex, wenn nicht, kann man sich einen schubbern und hinterher Knut Hamsun lesen. Erwachsene Männer bekennen sich äußerst selten zu jenen schönen Filmen, in denen nicht Knut Hamsun, sondern Godzilla, Mothra oder Ghidorah Tokio verwüsten. Manche tun das trotzdem. Jörg Buttgereit fällt mir da ein. Ich falle mir da ein. Viele Buio-Gäste fallen mir da ein. Aber wir fallen nicht ins Gewicht, leider.

Was ins Gewicht fällt, ist der Asteroid Flora, der sich mit bedrohlicher Geschwindigkeit der Erde nähert. Wenn Flora auf die Erde trifft, ist Totentanz im Erzgebirge, und das global. Da muß unbedingt ein Spezialeinsatztrupp der NASA her, angeführt von Commander Jack Rankin, einem Kantengesicht, das einem Film der 50er Jahre, in denen die Frauen noch wußten, wo ihr Platz war, Dr. King noch Dorfprediger in Alabama war und Rock Hudson noch heterosexuell, gut zu Gesichte gestanden hätte. Er ist obendrein ein ziemlicher Hanswurst, aber dazu gleich mehr. Commander Jack Rankin soll die Schiffsbesatzung befehligen, die den Asteroiden in tausend Stücke sprengt, und da dürfen natürlich nur die besten mitmachen. Ihm zur Seite gestellt wird Vince Elliott, der einst sein bester Freund war, aber als ihn Rankin mal beim Oberkommando angeschwärzt hat, die dumme Sau, war seine Karriere ruiniert. Jetzt darf Elliott nur noch Commander auf Raumstation Gamma 3 spielen, die eine zentrale Rolle in der Asteroidenbekämpfung einnehmen soll. Pikanterweise – auch wenn das für die Hauptstory des Filmes natürlich völlig unerheblich ist – hat sich Rankins einstige Geliebte Lisa (gespielt von der hinreißenden Italienerin Luciana Paluzzi, damals noch bekannt aus dem James-Bond-Film FEUERBALL) mittlerweile für den etwas neurotischen Elliott entschieden. Interessiert Euch nicht, interessiert mich nicht, aber so ist das eben. Die Sprengung läuft dann auch ganz reibungslos, Erde gerettet, super. Nur hat sich ein kleiner Schleimbatzen von Floras Kruste an einem der Astronauten festgesaugt. Und der sorgt dann auf Raumstation Gamma 3 für schweren Seegang ...

Die Spezialeffekte, die mit den Außenaufnahmen der Raumstation und der Oberfläche des Asteroiden zusammenhängen, sind eindeutig etwas, womit man Fünfjährige zu Weihnachten sehr glücklich machen kann. Die wird man auch schon damals als Spielzeugschau abgeurteilt haben. Das macht aber rein gar nichts, denn der Film selber macht total Spaß! Woran liegt das? Zuerst einmal ist es ja schon mal toll, daß die fremden Spielzeugwelten so reichhaltig vorgeführt werden. Nichts ist deprimierender als Billigproduktionen, die mit Attraktionen knausern, weil sie sich keinen Ferrari leisten können. THE GREEN SLIME geht von Beginn an in die Vollen und gibt uns das Weltall. Das genügt dann vielleicht nicht den letzten Erkenntnissen der Forschung, aber wen interessiert´s? Erst einmal geht es um das Männergenöckel zwischen dem Kameradenschwein und seinem Opfer. Robert Horton, der Held, war eher ein Westernmann und besonders im TV zu Hause. Sein Commander Rankin ist ein Quadratschädel, der auf unbedingte Pflichterfüllung und das kompromißlose Ausmerzen von Risikofaktoren baut. Klingt vernünftig, ist aber leider arschig, das weiß bestimmt mancher aus eigener Erfahrung. Der einzige richtige Schauspieler in dem Film ist Richard Jaeckel, der das Neurosenbündel Elliott verkörpert, bei dem sofort klar ist, daß er in der Stunde der Not die falschen Entscheidungen treffen wird. Wenn der Stürmer direktemang aufs Tor zuläuft, irrt Elliott im Strafraum umher wie ein aufgescheuchtes Huhn, und schon ist die Meisterschaft verloren. Daß die schöne Luciana sich an ihn gebunden hat, ist reines Mitleid. Das weiß der Rankin natürlich, und er gibt es ihr auch sofort zu verstehen, schlechter Verlierer und Arsch, der er ist.

Dann kommen die Monster. Die Hauptbedrohung ist eigentlich gar nicht der grüne Schleim, sondern die Noppenmonster. Aus dem Schleim entstehen nämlich Viecher, die aussehen wie grüne Noppenkondome, mit lauter sinnlosen Tentakeln, die durch die Gegend wischen. Sie sind allerdings hübsch gefährlich, da sie Starkstrom führen und somit jeden in Sekundenbruchteilen in ein Kohlebrikett verwandeln können. Ihre optische Bedrohlichkeit entspricht in etwa der eines Fraggles oder von den Gespenstern, die immer hinter Pac-Man her sind. Macht aber nichts, der Höllenspuk wird geradlinig durchgezogen, Sektoren werden abgeriegelt, Luftschächte durchkämmt – zehn Jahre später bekam diese Sorte Film mit Ridley Scotts ALIEN dann die Deluxe-Behandlung, ohne Fraggles, aber mit H.R. Giger. Macht aber ähnlich viel Spaß!

THE GREEN SLIME ist argloser, kunterbunter Schangel. Wer das mag, sollte unbedingt zugreifen. Es gibt einen unbezahlbaren Titelsong, zu dem auch gut beatmäßig abgehottet werden kann. Es gibt keinen Moment Langeweile. Regie führte Kinji Fukasaku, ein Veteran des japanischen Gangsterkinos, der auch Richard Fleischer bei seinem Kriegsfilmklassiker TORA! TORA! TORA! (1970) unterstützte. Ganz

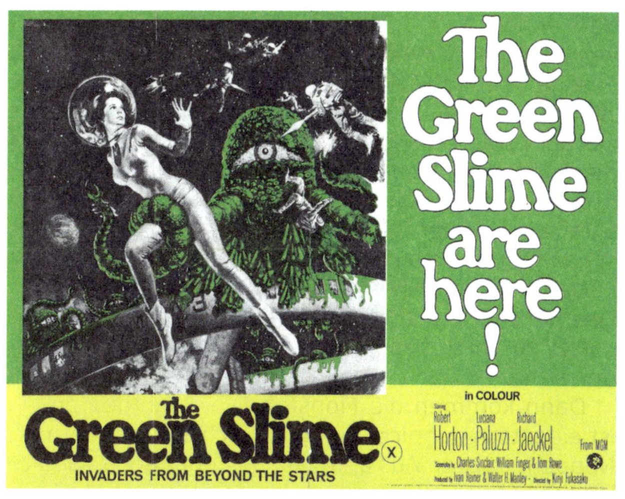
The Green Slime are here!
The Green Slime
X
INVADERS FROM BEYOND THE STARS
in COLOUR
Robert Horton · Luciana Paluzzi · Richard Jaeckel
From MGM
Charles Sinclair, William Finger & Tom Rowe
Ivan Reiner & Walter H. Manley · Kinji Fukasaku

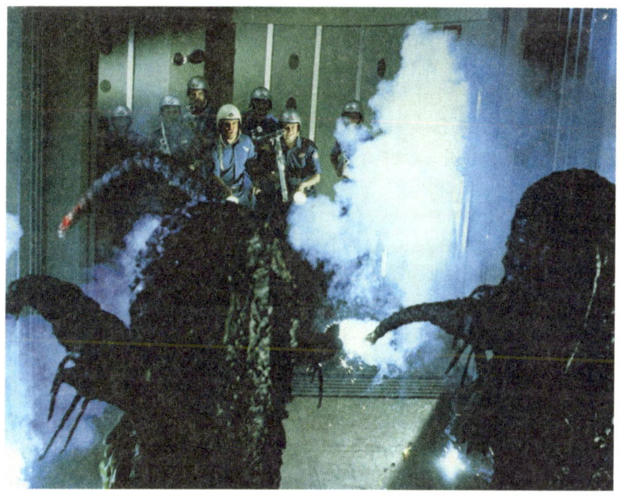

spät in seiner Karriere machte Fukasaku dann noch den immens erfolgreichen (und zeitweise bei uns beschlagnahmten) BATTLE ROYALE (2000), in dem Opfer des japanischen Bildungssystems Jagd aufeinander machen. Während man jenen Film durchaus als einen Kommentar auf die unbarmherzige Leistungsgesellschaft und das, was wir unseren Kindern antun, verstehen kann, war THE GREEN SLIME grober Unfug mit Gummimonstern, unverwässert und ohne Reue. Ein großer Spaß, was mich angeht. Was Euch angeht – findet es selbst heraus!

3. Teil
Affenfilme

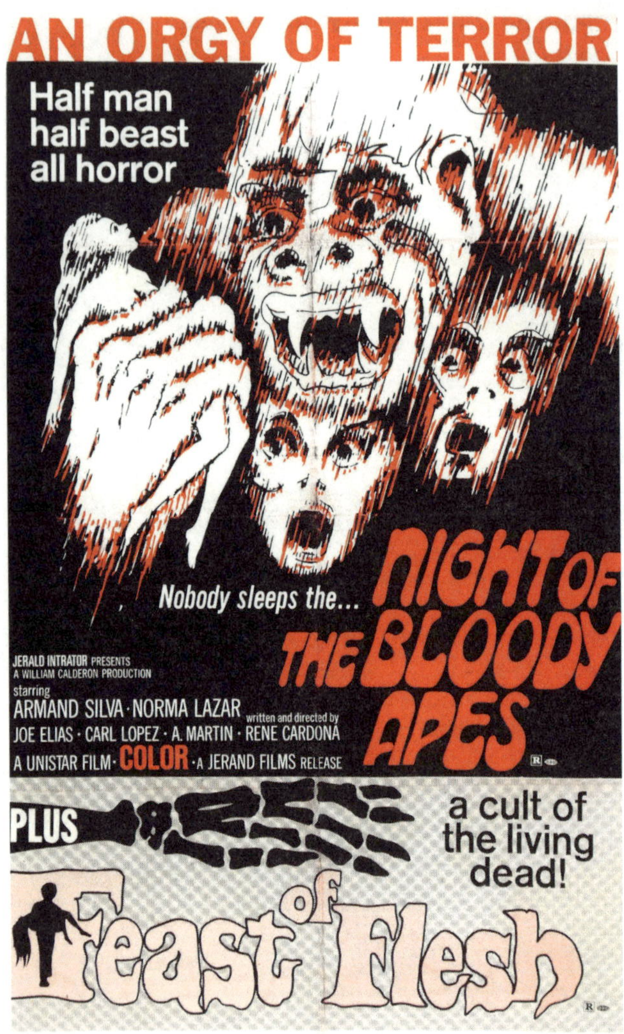
AN ORGY OF TERROR
Half man
half beast
all horror
Nobody sleeps the...
NIGHT OF THE BLOODY APES
JERALD INTRATOR PRESENTS
A WILLIAM CALDERON PRODUCTION
starring
ARMAND SILVA · NORMA LAZAR
JOE ELIAS · CARL LOPEZ · A. MARTIN
written and directed by RENE CARDONA
A UNISTAR FILM · COLOR · A JERAND FILMS RELEASE
PLUS
a cult of the living dead!
Feast of Flesh

Pancho Villas Affenzirkus

Ich entsinne mich eines Fernsehberichtes, in welchem ein namhafter Filmfachmann auf die Frage, wie man das deutsche Kino im internationalen Rahmen konkurrenzfähig machen könnte, die Antwort gab: „Mehr Affenfilme!" Natürlich kann man darüber streiten, ob es im deutschen Gegenwartskino nicht schon Affenfilme genug gibt, aber der besagte Filmhistoriker meinte damit natürlich King Kong und Konsorten. Erwachsene Männer, die sich Affenkostüme anziehen! Alles kaputtmach hier, dusch, dusch! Abgesehen davon, daß ich das schon damals für eine vortreffliche Anregung hielt, soll in diesem Kapitel mein Augenmerk auf den Erzeugnissen des internationalen Affenfilmes ruhen. Ich beginne mit den kleinen Affen und werde mich dann langsam zu den großen Affen hocharbeiten, so will es der Masterplan.

Mein lieber Freund Ingo Strecker (Lesetip: sein tolles Willis-O´Brien-Buch „Haben Sie jemals von Kong gehört?") weiß nur zu gut, weshalb Affenfilme am heftig pochenden Herzen jedes famosen Menschen liegen sollten. Aus ihm spricht natürlich der leidenschaftliche Enthusiast, der rettungslos Verschossene. Ich möchte hier den „Advocatus Diaboli" spielen und entgegenhalten, daß der Affenfilm sich vom Werwolffilm dadurch unterscheidet, daß es fast keine schlechten Werwolffilme gibt, wohl aber schlechte Affenfilme. Wenn man sich Hals über Kopf verliebt hat, findet man wahrscheinlich auch „Dinos Ding Dong" (=Dino de Laurentiis´ schauerliche Neuverfilmung von KING KONG aus dem Jahre 1976) und sogar dessen Fortsetzung, KING KONG LEBT (1986), genießbar. Aber was sind Haare in der Suppe, wenn die Liebe lockt? Der Filmgenuß ist im wesentlichen von denselben subjektiven Empfindungen abhängig wie die Liebe zu einer schönen Frau. Ob die Liebste eine Gurkennase hat, ist dabei völlig unerheblich. Wenn man richtig verschossen ist, liebt man alles. Sogar René Cardonas NIGHT OF THE BLOODY APES (LA HORRIPILANTE BESTIA HUMANA, 1969)!

Das mexikanische Horrorkino hat eine lange Geschichte, die bis in die 30er Jahre zurückführt, als schöne Filme wie LA LLORONA (1933) oder DOS MONJES (1934) entstanden. Daß man vor allem mit den Erzeugnissen der 60er Jahre vertraut ist, die in den berühmten Churubusco-Studios entstanden, liegt an den missionarischen Bemühungen des Amerikaners K. Gordon Murray, der die Gassenhauer auf die dortigen Bildschirme zauberte. Meistens bedienten sich diese Taco-Terroristen ausgiebig bei den Horrorklassikern von „Universal" oder „Hammer", vermischt mit einer reizvollen Anmutung von hemmungslosem Melodram und Leidenschaft unter südlicher Sonne. In manchen Fällen führte das auch zu vergnüglich gagaistischen Spektakeln, etwa THE BRAINIAC (EL BARÓN DEL TERROR, 1962).

Die ganze Enchilada bekommt man aber erst bei NIGHT OF THE BLOODY APES geboten, dem großen Kneipenschläger des mexikanischen Horrorkinos. Wie jede gute Affenshow beginnt der Film mit einem Ringkampf, genauer: mit Ringkämpferinnen. Aus mexikanischen Filmen ist dieser eigentümliche Sport nämlich kaum wegzudenken. In Deutschland wäre es zu Zeiten des Wirtschaftswunders wohl kaum möglich gewesen, daß ein Mann wie Santo zum Volkshelden wird. Santo war ein vermummter Mann mit bunten Strampelhosen und Glitzercape, der seinen Gegnern schwer was auf die Glocke gab. Das wäre unter Adenauer wohl kaum ein Kassenknüller geworden. Schade eigentlich. Das weibliche Äquivalent zu Santo und seinen Kollegen waren die „Luchadoras", wilde Frauen, die so manche Gegnerin in den „Hammerlock" nahmen. Heldin Lucy ist so eine Ringkämpferin,

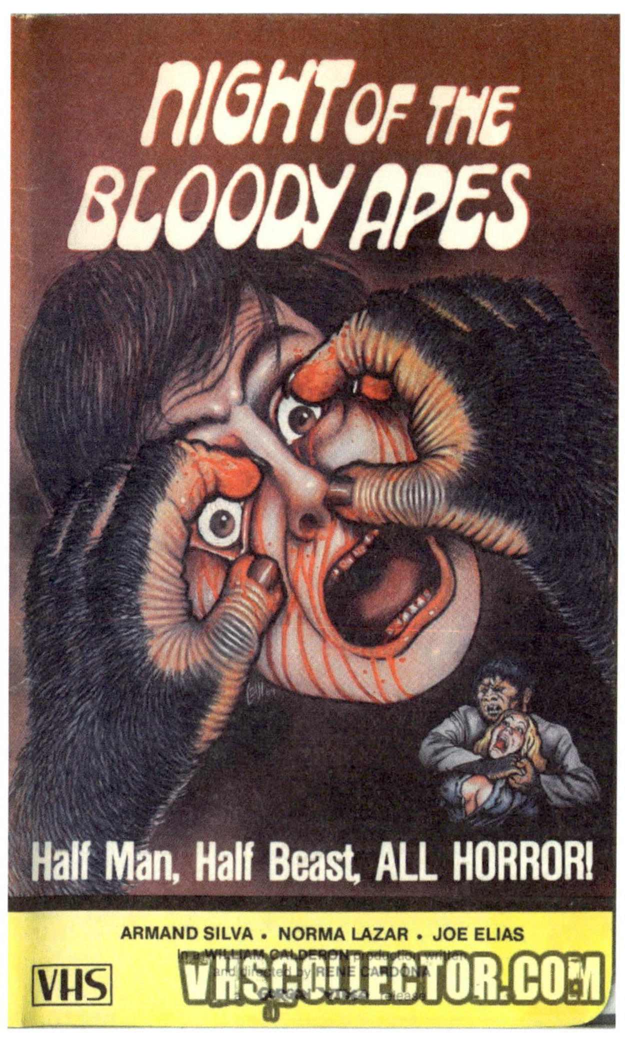
NIGHT OF THE
BLOODY APES
Half Man, Half Beast, ALL HORROR!
ARMAND SILVA • NORMA LAZAR • JOE ELIAS
VHS
VHSCOLLECTOR.COM

und obwohl sie keinen besonders kräftigen Eindruck macht (ihr Double in den Actionszenen ist schon etwas massiver), befördert sie ihre Kampfpartnerin Elena aus dem Ring. Diagnose: Schädelbruch!

Lucy ist entsetzt, mag nicht mehr kämpfen. Aber in der Klinik des angesehenen Dr. Krallmann (der heißt wirklich so!) wird alles Menschenmögliche für die Versehrte getan. Zu denken geben sollte den Protagonisten allerdings, daß Krallmann einen hinkenden Diener namens Goyo hat, der ihn mit „Meister!" anredet. Ich weiß ja nicht, wie Ihr das seht, aber mich würde das nerven, wenn ich andauernd als Meister bezeichnet werde! Ich habe allerdings auch keinen todkranken Sohn wie Dr. Krallmann. Um jenen wieder hochzupäppeln, geht Krallmann buchstäblich über Leichen. Normale Menschen würden nicht darauf kommen, wenn es darum geht, Leukämie zu bekämpfen, aber Krallmann weiß: Wenn er es schafft, das Herz eines Gorillas in seinen Filius zu verpflanzen, dann kann es gelingen! So kidnappen er und Goyo einen Gorilla aus dem Zoo und switschen die Herzen aus. In der US-Fassung – die im wesentlichen die einzige ist, die man hier kennt – wurden an dieser Stelle unglaublich widerwärtige Aufnahmen von einer echten Herztransplantation eingefügt. Ich erfreue mich bei solchen Szenen immer an der ausgesuchten Schönheit meiner Tapete.

Ich möchte das auch keinesfalls kritisieren. Ärzte dürfen keine Sensibelchen sein. Wenn mir mal das Herz eines Gorillas eingepflanzt werden sollte, dann möchte ich nicht, daß der Chirurg während der Operation in Ohnmacht fällt oder Edelweißromane liest. Der soll schön in der Matschepampe wühlen, und wenn er mein freigelegtes Herz massieren möchte, dann kann er das gerne tun. Er darf auch abfällige Bemerkungen über meine Milz machen, wenn er möchte. („Was ist das denn? Das ist doch keine

Milz! Das ist eine Schein-Milz, eine angebliche Milz. Unfaßbar, was die mir hier für einen Schamott ankarren ... etc.")

Was soll ich sagen, die OP geht mörderisch in die Hose! Durch die Transplantation verwandelt sich der eher schmächtige Sohn von Dr. Krallmann in den häßlichsten Gewichtheber der Welt – in einen bulligen, gedrungenen Mann mit Affenmaske, der sofort aus dem Fenster springt und Leute brutal zersetzt. Genaugenommen erinnerte er mich an den Kung-Fu-Star Bolo Yeung, der sieht ja auch etwas mulmig aus. Zuerst meuchelt der Affenmann eine Frau in der Dusche. Dann kommt ein Pärchen an die Reihe, das in einem Bürgerpark spazieren geht, der mit Grasmatten ausgelegt ist. Ein Spaziergänger kommt auch noch vorbei. In der mexikanischen Fassung wird denen nur mal kurz die Hand an die Kehle gelegt, und schon rieseln sie entseelt zu Boden.

In der US-Fassung: Gemetzel pur, da wird die Kehle rausgefetzt, der Augapfel rausgedrückt und die Gummiglatze abgerissen. Kindergeburtstag im Schlachthof. Die Polizei hält den verschwundenen Gorilla für den Täter. Doch Dr. Krallmann und sein devoter Diener schaffen es, den Affenmann wieder in ihre Gewalt zu bringen. Der nächste Beweis für den unübertrefflichen Genius des gewidmeten Mediziners steht ins Haus: Wenn das neue Herz das Gehirn offenbar so schwer geschädigt hat, daß es zu diesen alarmierenden Entwicklungen führt, dann kann nur eine komplette Bluttransfusion Abhilfe schaffen! Zu diesem Behufe schnappen sich der Doktor und sein Scherge die hirngeschädigte Ringkämpferin und pumpen ihr das Blut aus. Die amerikanische Fassung erfreut auch hier das Auge des medizinisch geschulten Betrachters mit Innereien und Gezatter. Merkwürdigerweise wird auch hier wieder mit dem freiliegenden Herzen rumgefummelt. Das sollte bei einer Bluttransfusion ja nicht zwingend notwendig sein. Aber egal, vielleicht betatscht er ja einfach gerne Organe! Ist schon okay, wir leben im 21. Jahrhundert. Im Internet gibt es Ekligeres zu finden.

Regisseur René Cardona gehörte zu den alten Hasen des mexikanischen Genrekinos und war bereits in der Stummfilmzeit aktiv. So mancher Wrestler schüttelte bei ihm seine Muckis aus. Mit den „Luchadoras" etwa drehte er den erhabenen DOCTOR OF DOOM (LAS LUCHADORAS CONTRA EL MÉDICO ASESINO, 1964) und den glorios betitelten WRESTLING WOMEN VS. THE AZTEC MUMMY (LAS LUCHADORAS CONTRA LA MOMIA, 1964). Ich würde ja gerne mal den Weihnachtsmannfilm sehen, den er 1959 drehte. Da lebt Santa im All, zusammen mit Kindern und dem greisen Magier Merlin. Was über den Film zu lesen ist, hört sich sehr psychedelisch an. Auch drehte Cardona den Horrorfilm LA LLORONA (1960), der auf einer bekannten mexikanischen Schauerlegende beruht. Ein großer Teil seiner Filmproduktion scheint sich eher dem juvenilen Segment des Publikums gewidmet zu haben. Umso erstaunlicher ist da die amerikanische Fassung, die von einem Grindhouse-Mann namens Jerald Intrator besorgt wurde, der auch den erlesenen THE CURIOUS DR. HUMPP (LA VENGANZA DEL SEXO, 1969) von Argentinien in die Staaten holte. Hier pumpt die rote Suppe aus jedem Loch.

Tatsächlich ist NIGHT OF THE BLOODY APES ein gutmütiger, naiver und letztlich sogar religiöser Film, in dem der Doktor am Schluß seine Hybris einsieht, ´n büschen spät freilich. Der Film ist vergnüglich melodramatisch, erfreut das Herz durch hemmungsloses Overacting, und selbst der Soundtrack irritiert durch ein sentimentales Thema, das stark an „Sti-hille Naaacht" erinnert. Auf jeden Fall habe ich das immer mitgesummt, wenn es kam. Zu den letzten Filmen Cardonas zählte dann ein ganz und gar nicht mehr kinderkompatibler Film, der das Flugzeugunglück in den Anden zum Thema hat: ÜBERLEBEN! (SUPERVIVIENTES DE LOS ANDES, 1976). In jenem spielte auch der große Hugo Stiglitz mit, über den hier gleich noch einiges zu lesen sein wird.

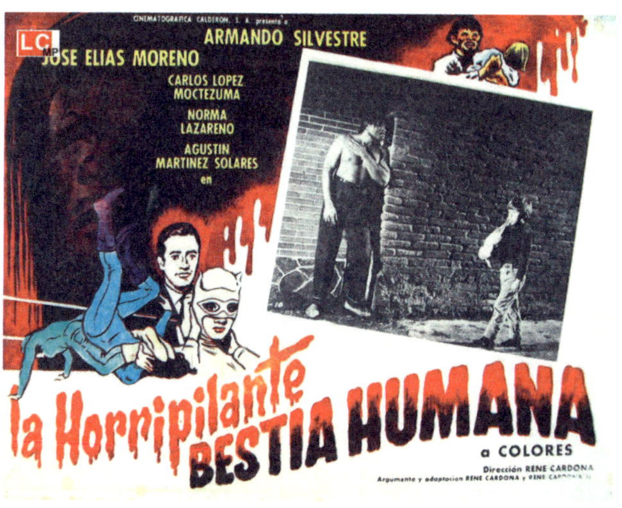

Die Schrecken der Medusa

Nach den kleinen Affen müßten jetzt logischerweise die großen Affen kommen, aber zuerst möchte ich auf einen Film hinweisen, in dem der Affe nur zeitweise groß ist. Zumindest in der Lendengegend.

Sex mit Gorillas ist ein Thema, bei dem sich die meisten gerne zurückziehen. Selbst die an zoophilen Geschichten reiche griechische Mythologie spart diese Facette der menschlichen Verirrungsfreudigkeit aus, vermutlich schon deshalb, weil es in Griechenland keine Gorillas gab. Nur Todesmutige können sich dieser Materie nähern, ohne einen bleibenden Schaden davonzutragen. Leute wie George Kuchar und Curt McDowell beispielsweise.

Was ist zu George Kuchar zu sagen? Er begann seine Karriere in New York City, wo er mit Zwillingsbruder Mike Super-8-Filme drehte, die so schöne Titel trugen wie SINS OF THE FLESHAPOIDS (1965), die stark geprägt waren von einer flammenden Liebe zum Exploitationkino. George kurbelte auch im Alleingang unermüdlich weiter, später in San Francisco. Die Liste seiner Arbeiten (die meistens No-Budget-Produktionen waren) besticht durch knallige Titel. Wenn man alle seine Filme sehen möchte, muß man lebenszeittechnisch wohl irgendwie anbauen. Mein persönlicher Liebling ist HOLD ME, I´M NAKED (1966), der sehr repräsentativ ist für die Begeisterung, mit der George seine Filme machte, die gleichberechtigt neben jenen von Experimentalkünstlern wie Stan Brakhage, Andy Warhol oder Jonas Mekas gezeigt wurden. John Waters erwähnte einmal, daß es die Filme der Kuchar-Brüder gewesen seien, die in ihm den Wunsch erzeugten, selber Regisseur zu werden.

Die Botschaft der Kuchar-Werke lautete: Jeder kann es machen, jeder sollte es machen! In San Francisco muß Kuchar dann irgendwie auf den Allroundkünst-

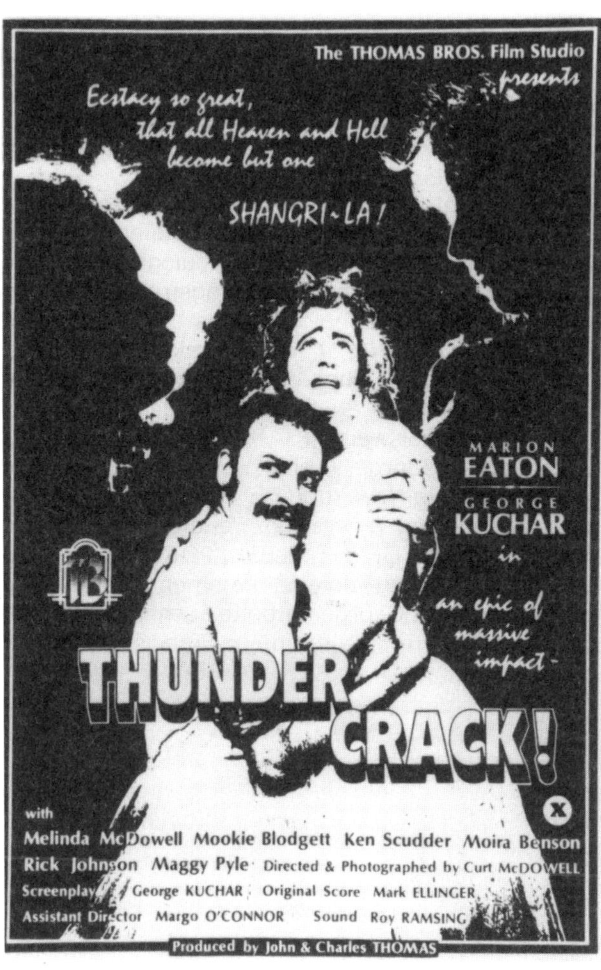
The THOMAS BROS. Film Studio
presents
Ecstacy so great,
that all Heaven and Hell
become but one
SHANGRI-LA!
MARION
EATON
GEORGE
KUCHAR
in
an epic of
massive
impact -
THUNDER
CRACK!
X
with
Melinda McDowell Mookie Blodgett Ken Scudder Moira Benson
Rick Johnson Maggy Pyle Directed & Photographed by Curt McDOWELL
Screenplay George KUCHAR Original Score Mark ELLINGER
Assistant Director Margo O'CONNOR Sound Roy RAMSING
Produced by John & Charles THOMAS

ler Curt McDowell getroffen sein, der bereits einen ganzen Schwung eigener Filmarbeiten auf den Weg gebracht hatte, häufig mit einem deutlich erotischen Einschlag. Am bekanntesten war bislang wohl der hardcorige LUNCH (1972) gewesen, der die Grenzen zwischen Porno- und Experimentalkino verwischte. McDowells Herangehensweise war die eines echten Erotomanen, völlig schuldfrei und voller Lust an der Grenzüberschreitung. Daß er sich für sein „Magnum Opus" THUNDERCRACK! (1975) ausgerechnet George Kuchar als Drehbuchautor aussuchte, darf als Glücksfall gewertet werden. Das Resultat ist ellenlang, schwelgerisch und völlig einzigartig, ein fröhliches Bad in der Jauchegrube Hollywoods.

In „Prairie Blossoms", dem Haus der heruntergekommenen Farmerswitwe Gertie Hammond, geht es in einer Gewitternacht hoch her: Ein Autounfall hat sich ganz in der Nähe zugetragen, und diverse Exzentriker stürmen ihre Bude. Gertie, die sich ihre Abende mit quälenden Reminiszenzen an ihre Glanzzeit versüßt, die von exzessivem Alkoholkonsum begleitet werden, ist Besucher nicht mehr gewohnt. Um einen guten Eindruck zu machen und etwas von dem vermaledeiten Gift aus ihrem Körper zu bekommen, steckt sie sich den Finger in den Hals. Da ihr bei dieser Prozedur die Perücke ins Klo fällt, erbricht sie sich auf das Haarteil, fischt es dann aber wieder heraus und setzt es sich ungerührt auf. Das macht aber gar nichts, denn die Besucher sind ebenfalls zutiefst bemerkenswert.

Chandler etwa ist ein schwerreicher Millionenerbe, dessen Frau unlängst das Opfer eines fürchterlichen Unfalls mit Gürtelbezug wurde. Nun reist er mit seinem Geliebten Bond durch das amerikanische Hinterland und landet dort, wo wir alle einmal landen werden, wenn wir nicht gut auf uns aufpassen – bei Gertie, in „Prairie Blossoms"!

Der glanzvollste Besucher aber ist fraglos Zoowärter Bing (George Kuchar), der von rätselhafter Liebe zum Gorillaweibchen Medusa getrieben wird. Mit ihr verbindet den unglücklichen Mann eine Geschichte voller Schicksal und Leidenschaft. Als Bing einst mit einigen Arbeitskollegen heftig zechte, dachten sich jene einen üblen Streich aus: Dem scharfen und schrundigen Mann jubelten sie den rasierten Affen unter. Erst im Morgen enthüllte sich ihm das Ausmaß der geleisteten Verfehlung. Da der damalige Dompteur der Medusa, ein gewisser Senor Tostada, den Affen auf schlimmste Weise mißhandelte, rechnete Medusa eines Tages mit dem schlimmen Mann ab und riß ihn in Stücke. Nunmehr, da sie Blut und Samen geleckt hatte, war der Weg des einstmals lammfrommen Affen vorgezeichnet – ein Leben, das zur Gänze dem Sex und der Gewalt geweiht war! Einzig Bing ist ihr zum Wohle, denn seitdem er die Medusa besessen hatte, konnte ihm keine andere Frau mehr etwas geben.

Vergeßt Shakespeare, vergeßt Ibsen, vergeßt Bernhard Grzimek – auf „Prairie Blossoms" küssen Tragödie und Komödie einander zur guten Nacht! Es ist mir völlig schleierhaft, wie so eine Zelluloidbelichtung entstehen konnte. Es muß etwas mit dem San Francisco jener Tage zu tun gehabt haben. THUNDERCRACK! ist sehr kunstvoll gestaltet, mit seinen überbelichteten und schrabbeligen Schwarzweißbildern der Stummfilmästhetik verpflichtet. Dieser Eindruck wird noch verstärkt vom lustvoll melodramatischen Pianoscore von Mark Ellinger, der selbst auch eine kleine Rolle hat, als Gerties Ehemann, der einst von Heuschrecken aufgefressen wurde. Die sterblichen Überreste hat Gertie übrigens eingeweckt, und wenn sie von Nostalgie gebeutelt wird, prostet sie den Einmachgläsern zu und füllt dem Organgezumpel in ihnen auch mal einen strammen Cognac ein. Wer sich aufgrund der zahlreichen Sexszenen in diesen Film verirrte, um einen scharfen Porno zu sehen, dürfte starke Realitätsverluste davongetragen haben. Nicht ganz das, was der typische Regenmantelträger so erwartet, no sir. Im Rahmen des obwaltenden Wahnsinns sind die erotischen Szenen sogar recht sexy und mit Sicherheit grenzüberschreitend. Es gibt Sex mit einer Vakuumpumpe, Sex mit einer Gummipuppe, Sex mit einem Kasperlekopfkondom. Ganz grandios ist auch der Blowjob, den Melinda McDowell - die leibliche Schwester des Regisseurs - dem reichen Chandler angedeihen läßt. Während sie sich an seinem Genital abmüht, erklärt er ihr, daß seine Homosexualität auf den Haß zurückzuführen ist, den er gegenüber seinem strengen Vater, einem Gürtelfabrikanten, empfindet. Wann immer er eine Frau auszieht, tragen die stets einen Gürtel, den sein Vater hergestellt hat - Hokus, Pokus, Ödipus. Diese Begründung leuchtet mir ein. Die meisten der Schauspieler waren übrigens keine professionellen Pornodarsteller, sondern Hippies aus dem Umfeld von McDowell, die einfach Spaß an der Sache hatten. Einzig Ken Scudder hatte bereits entsprechende Filme gedreht und blieb dem Genre auch über 100 Filme lang treu. (Ich hatte mal eMail-Kontakt mit ihm. Tatsächlich ist er ein riesiger Filmfan und fährt nach wie vor des öfteren zu internationalen Festivals, auch der Berlinale.) George Kuchars ausführliche Erzählung von Medusas aufrüttelnder Hintergrundgeschichte gehört zu den absoluten Highlights des Filmes. Am Schluß darf er sich dem Affen hingeben, im Brautkleid - vielleicht eine der größten Romanzen, die jemals über die Leinwand geflackert sind. Schauspielerisch glänzt vor allem Theateraktrice Marion Eaton, deren Gertie eindeutig an marode Hollywood-Heroinen à la Norma Desmond (BOULEVARD DER DÄMMERUNG) oder Blanche du Bois (ENDSTATION SEHNSUCHT) angelehnt ist. Je länger der Film dauert, desto mehr blüht sie auf und erstrahlt in groteskem Irrsinn. Die Frau war wirklich ein einmaliger Glücksfall für McDowell. Neben ihr wirkt selbst Ellen Burstyn in REQUIEM FOR A DREAM wie eine vorbildliche Hausfrau. Wie meint Gertie an einer Stelle so schön, den Film zusammenfassend? „Here on Spaceship Earth, there is no scum. There are just malfunctioning circuits."

Alle Fassungen des Filmes, derer ich bisher habhaft werden konnte, sind qualitativ völlig unzureichend. Dies weniger im Hinblick auf die Bildqualität, da der Film ohnehin wie ein uraltes Melodram wirken soll und auch die Sexszenen so verfremdet sind, daß sie manchmal aussehen wie ein Porno vom Mars. Nein, es ist wirklich schade, daß die Dialoge sehr schwer zu verstehen sind, denn sie sind geistvoll, elegant, wild. Wie eine LSD-Achterbahnfahrt mit Tennessee Williams. Das amerikanische Label „Synapse" arbeitet seit 5 Jahren an einer HD-Veröffentlichung, die auf der vermutlich einzigen ungeschnittenen (zweieinhalb Stunden!) Filmkopie des Filmes basiert, die es noch gibt. Mal sehen, was da kommt.

Ansonsten möchte ich am Schluß noch auf SCREAMPLAY (1985) hinweisen, einen Film, der sehr viel vom Geist von THUNDERCRACK! besitzt. Der aus Boston stammende Rufus Butler Seder entwarf den Film als eine schwarzweiße Liebeserklärung an den deutschen expressionistischen Stummfilm, eine wilde Geschichte über einen jungen Autoren (gespielt von Seder höchstselbst), der in Hollywood sein Glück machen will und stattdessen nur Sleaze und kaputte Menschen antrifft. Einer dieser Menschen ist George Kuchar, der erneut brilliert als perverser Hausmeister. Seder drehte nur diesen einen Film (der von „Troma" veröffentlicht wurde und kurioserweise bereits kurz nach seiner Herstellung im deutschen Fernsehen zu sehen war, auf Bayern 3!) Danach wurde er ein erfolgreicher Autor von Büchern mit optischen Illusionen, die auch in Deutschland erhältlich sind.

THUNDERCRACK! ist ein Film, wie es ihn vermutlich kein zweites Mal geben wird. Er ist ein Produkt seiner Zeit und präsentiert die Vision von überaus ungewöhnlichen Menschen. Betrachtet man die heutigen Versuche, das „normale" Kino mit nichtsimuliertem Sex zu versetzen, erreicht man damit für mein Empfinden meistens nur ein Aufblasen von Nichtigkeiten. Man ignoriert die dem Medium innewohnenden Möglichkeiten zum Erschaffen einer Alternativwelt und erschöpft sich in plumpem Naturalismus, der Sex und Leidenschaft nur behauptet, tatsächlich aber durch seine genitale Prosa abwertet. Was in vielen solcher Fälle entsteht, ist weder schwellender Erotizismus noch Poesie, sondern Sex als Zirkusattraktion, als öder Konsumbatzen, als berechenbare Komponente. THUNDERCRACK! hingegen zeigt, wie es geht. Man muß dafür nur ein bißchen wahnsinnig sein, um es zu verstehen.

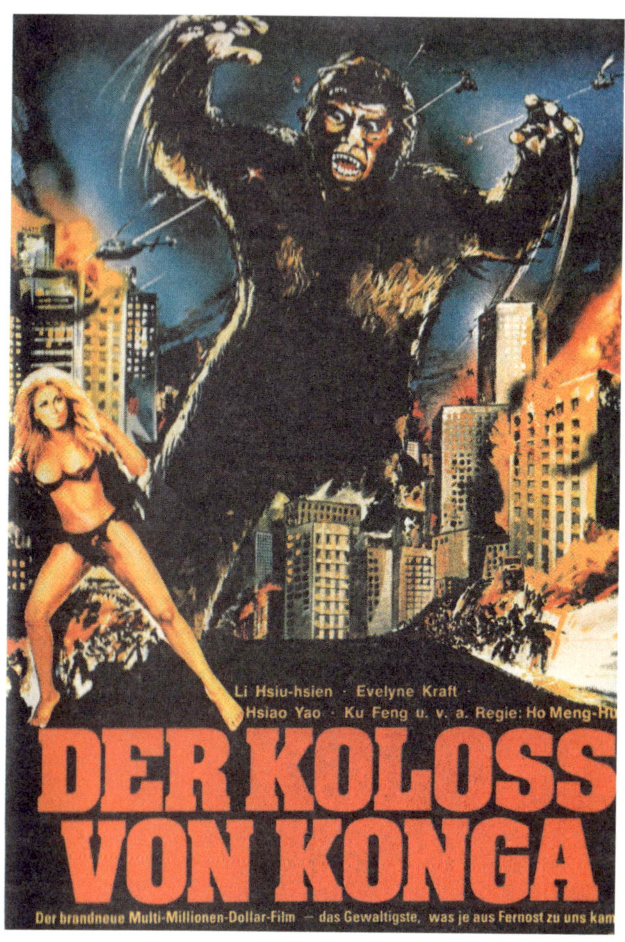
Li Hsiu-hsien · Evelyne Kraft ·
Hsiao Yao · Ku Feng u. v. a. Regie: Ho Meng-Hu
DER KOLOSS
VON KONGA
Der brandneue Multi-Millionen-Dollar-Film — das Gewaltigste, was je aus Fernost zu uns kam

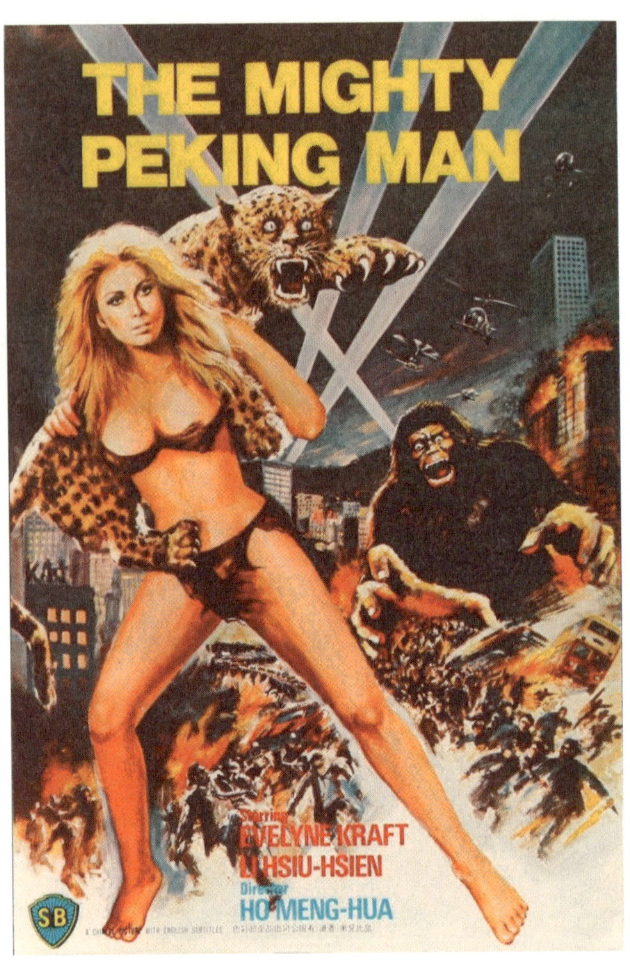
THE MIGHTY
PEKING MAN
Starring
EVELYNE KRAFT
LI HSIU-HSIEN
Director
HO MENG-HUA
SB

Hongkingkong

Im Jahre 1997 wurde Hongkong der Volksrepublik China zurückgegeben. Jahrzehnte der Verwestlichung trafen auf das Reich der Mitte und die dort wohnenden jahrtausendealten Weisheiten. Nach allem, was man hört, ist der Geist des Großen Vorsitzenden Mao noch nicht wieder restlos in der ehemaligen Kronkolonie eingekehrt. Die politische Zwangsheirat von einst brachte aber einige Kinder mit in die Ehe. Und einen riesigen Affen: DER KOLOSS VON KONGA (XING XING WANG, 1977)!

Wir erinnern uns: 1933 brachten gewissenlose Geschäftsleute den Riesenaffen KING KONG in die Zivilisation, um mit ihm ein Bündel Geld zu verdienen. Wann immer ich das Finale dieses Klassikers sehe, bekomme ich feuchte Augen. Schon als Kind habe ich bittere Tränen geweint, wenn die Flugzeuge dem Affen den Garaus machen. „It was beauty killed the beast!" lautet die berühmte Schlußzeile. Stimmt nicht, Fay Wray hatte da gar nichts mit zu tun. Es war der Krallenarm des Kapitalismus, der sich an der Natur zu schaffen macht und dann einen hohen Preis dafür bezahlt. Den höchsten Preis zahlt aber der Affe. Der Affe geht unter, mit Pauken und Trompeten, und es ist der Affe in uns allen, der da vom Empire State Building purzelt. In der 1976er Neuverfilmung krabbelt er auf das Chrysler-Gebäude, aber auch dort wird er nicht alt.

Der KING KONG von 1976 erwies sich als überaus erfolgreich, trotz der vernichtenden Kritiken. Die Exploitationfilmer allüberall witterten Morgenluft mit Affenaroma, und während in den USA flink Sachen zusammengebastelt wurden wie Paul Leders lendenlahmer A*P*E (1976), machten sich in Hongkong die altehrwürdigen Shaw Brothers an die Arbeit. Als Regisseur bestellte man einen der Stammregisseure des

Studios, Ho Meng Hua, der unzählige Kung-Fu-Filme gemacht hatte, etwa DIE FLIEGENDE GUILLOTINE (1975). Auch am Horrorgenre versuchte er sich mit den beiden hübsch ekligen BLACK MAGIC-Filmen, von denen zumindest der erste bei uns im Kino lief, als OMEN DES BÖSEN (1972). Als Geheimtip gilt der grandiose OILY MANIAC (1976), in dem es um einen Gangster geht, der Rache übt. Einer seiner letzten Filme trägt den Titel THE RAPE AFTER (1984) – ein sicherer Anwärter für den geschmacklosesten Filmtitel aller Zeiten.

Am Anfang von THE MIGHTY PEKING MAN (wie DER KOLOSS VON KONGA in den USA hieß) wird dem Zuschauer von einem verheerenden Erdbeben berichtet, das in den 60er Jahren in einer indischen Provinz ein ganzes Dorf ins Verderben riß. Das Beben befreite einen ca. 30 Meter großen Affen, der im Fels eingeschlossen war. Zwar hält man den Affen weitgehend für eine Ente, eine Zeitungsente nämlich, aber Wissenschaftlern, die das Phänomen näher untersucht haben, gilt er als naher Verwandter des „Homo Pekinensis", nur etwas größer als jener natürlich. Ein windiger Geschäftsmann stellt eine Expedition zusammen, angeführt von dem erfahrenen Großwildjäger Johnny Fang. Mit dessen Hilfe soll es gelingen, den mächtigen Pekinesen einzusacken und nach Hongkong zu bringen, wo er für teuer Geld einer gaffenden Millionenschar feilgeboten werden soll. Die Expedition verläuft auch zunächst weitgehend reibungslos, zumindest nach dem Maßstab traditioneller Dschungelfilme. Ein paar indische Träger werden von wilden Tieren zerfleischt oder von Elefanten totgetreten. Die Freigabe ab 12 Jahren wird ordentlich ausgereizt. Aber ansonsten passiert nichts Besonderes. Schließlich verläßt den Geschäftsmann der Mut. Er läßt Johnny Fang kurzerhand allein im indischen Dschungel zurück, Feigling, der er ist. Und natürlich findet Johnny den Affen, und nicht nur den: Eine blonde Verwandte von LIANE, DAS MÄDCHEN AUS DEM URWALD (1956), die dort als kleiner Muckel mit ihren Eltern abgestürzt ist, wurde vom Affen großgezogen und führt eine großartige Existenz in ihrem eigenen kleinen Bambi-Paradies. Tatsächlich hat Samantha alles, was ich mir jemals gewünscht habe. Und Evelyne Kraft, die hübsche Schweizerin, die sie spielt, bekommt einen meiner großen Wünsche erfüllt – sie darf mit einem zahmen Tiger und einem zahmen Geparden so richtig doll schmusen. Vor Neid bin ich fast zerflossen. Natürlich befreundet sich das Naturmädchen ratzfatz mit dem schnieken Johnny, denn er sieht verflucht gut aus, was auch kein Wunder ist, denn er wird von Danny Lee, einem der großen Stars der Shaw Brothers, gespielt, den man hierzulande vielleicht am ehesten als Hauptdarsteller von John Woos großartigem THE KILLER (1989) kennen mag. Als Samantha von einer Kobra in die Innenseite ihres Oberschenkels gebissen wird, fackelt er nicht lange und steckt seinen Kopf direkt zwischen ihre Beine, um das Gift herauszusaugen – mit Leichtigkeit meine Lieblingsszene des Filmes, so etwas habe ich in noch keinem Dschungelfilm gesehen. (Man stelle sich diese Szene mit, sagen wir mal, Gregory Peck und Ingrid Bergman vor. Oder mit Gregory Peck und Montgomery Clift.) Kein Wunder, daß das bald zum Beischlaf führt. Der Affe grummelt etwas, will der Liaison aber nicht im Wege stehen. Der übliche Papaquatsch, man ist eben besorgt um das Mündel.

Da Johnny aber in erster Linie Jäger ist, also Idiot, will er seinen Vertrag erfüllen und zerbricht das bukolische Idyll. Die treugläubige Samantha überredet Utan (wie sie die mächtige Pekingente nennt) zum Mitkommen. In der Zivilisation trifft man dann alsbald auf den feigen Geschäftsmann, der sofort Dollarzeichen in den Augen hat und den Affen einschifft,

Richtung Hongkong. Und ab hier folgt die Story weitgehend den großen Fußstapfen des Vorbildes: Utan wird ausgestellt, angekettet und gedemütigt, die Leute benehmen sich wie die Vollpfosten und schmeißen mit Bällen nach ihm, die Zoowärter piek-sen ihn mit spitzen Stöcken in die Füße, damit er schön wild wird, und so fort. Der Tropfen, der das Faß zum Überlaufen bringt, ist ein Vergewaltigungs-versuch des Geschäftsmannes, der Samantha an die Wäsche will. Utan sprengt die Ketten und beginnt mit der Stadtsanierung. Große Teile von Hongkong müs-sen dran glauben. Am Schluß flüchtet er auf einen Wolkenkratzer und wird vom Militär beschossen. (Wie üblich saß ich dabei vor dem Fernseher und dachte nur: Menno, laßt den Affen in Ruhe!) Es endet, wie es leider enden muß. Klappe zu, Affe tot.

Natürlich handelt es sich bei dem Affen um einen Mann im Kostüm. Man hatte nicht Carlo Rambaldi und Konsorten am Start, sondern nur Tsching Tschang Tschung. Und der Charme von Willis H. O´Briens Stop-Motion-Effekten aus dem Original ist sowieso uneinholbar. Es spricht aber sehr für den Film, daß er bei aller Naivität sehr gut funktioniert. Und er hat das Herz am rechten Fleck: Das Militär, das Utan am Schluß niedermetzelt, wird als extrem arschig darge-stellt. Sogar Samantha wird von Kugeln durchsiebt. Die Rolle von Danny Lee wird ebenfalls durchaus am-bivalent gezeichnet. Er ist Alkoholiker, weil ihn sein eigener Bruder mit seiner Verlobten betrogen hat, ei-ner relativ billigen Fernsehtrulla, mit der er trotzdem herumschmust, sehr zum Leidwesen von Samantha: Männer – alle gleich! Den Tieren des Filmes wird nichts getan. Man hatte da auch nur einige wunderschöne, dressierte Raubkatzen am Start, und die hätten den Deubel getan, diesen vermutlich ziemlich kostbaren Tieren Schaden zuzufügen. Gerade in Hongkong und Südostasien nahm man es, was den Tierschutz an-

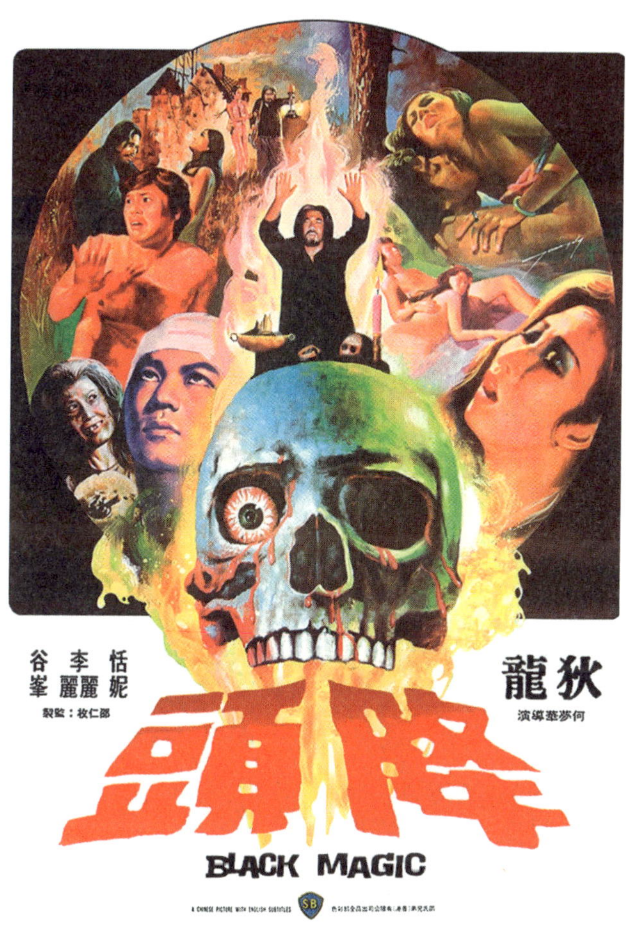
恬妮
李麗麗
谷峯
監製：邵仁枚
狄龍
何夢華導演
降頭
BLACK MAGIC
SB

geht, leider nicht besonders genau. In DER KOLOSS VON KONGA werden sie aber pfleglich behandelt, recht so. Die üblichen Spielzeugverwüstungen werden manche Zuschauer zum Lachen bringen, und warum auch nicht? Der Film macht Spaß, und seine zahlreichen Beispiele naiver Handlungsführung stehen dem nicht im Wege. In jedem Fall handelt es sich um einen würdigen Vertreter des Billigriesenaffentums, und als solcher paßt er prima in dieses Buch.

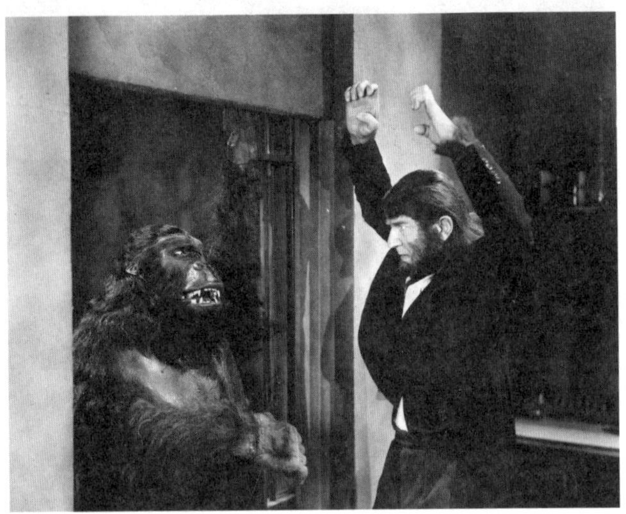

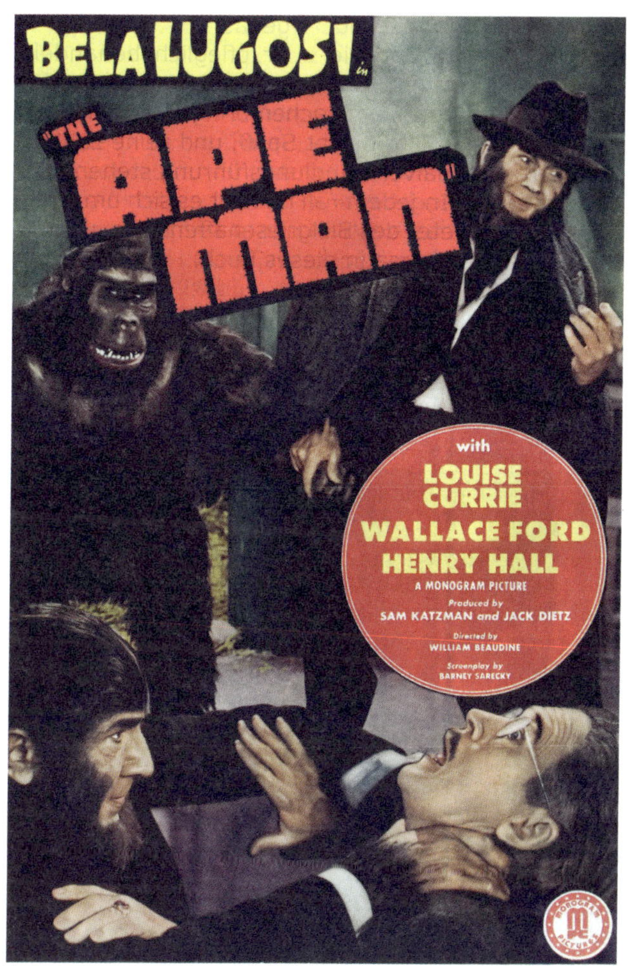
BELA LUGOSI in
"THE APE MAN"
with
LOUISE CURRIE
WALLACE FORD
HENRY HALL
A MONOGRAM PICTURE
Produced by
SAM KATZMAN and JACK DIETZ
Directed by
WILLIAM BEAUDINE
Screenplay by
BARNEY SARECKY
MONOGRAM PICTURES

Der Affe läßt nach

Der Affe, der am Schluß steht, ist der billige Affe, der Affe, mit dem man es machen kann. Er ist kein Individuum mehr, er hat seine Würde verloren, aber er lebt trotzdem weiter. Er ist einer unter vielen, ein Massenaffe. Insgeheim wünscht er sich sein Schlaraffenland, doch das existiert nur in seiner überhitzten Phantasie. Er lebt trotzdem weiter. Oh weh.

Der großartige Ungar Bela Lugosi erfuhr seinen filmischen Ritterschlag in dem 1930er DRACULA, dem Auftakt zu dem Horrorfilm-Boom jener Tage. Bis zu jenem Zeitpunkt hatte die amerikanische Öffentlichkeit noch keine Ahnung davon, daß es ein Genre wie den Horrorfilm überhaupt gab. Die Spielregeln waren unbekannt, die Ästhetik war unbekannt. Die Zuschauer waren völlig unvorbereitet, und sie waren wie gebannt von der übernatürlichen Bedrohung, die vom Vampirgrafen ausging. Der Film erschreckte das zeitgenössische Publikum bis ins Mark, denn es besaß noch keine Vorkenntnisse, keine Antikörper, es konnte sich noch nicht wehren. Und Bela Lugosi war einfach fabelhaft! Er deklamierte seinen Text nicht nur, er sang ihn förmlich. Er zelebrierte ihn. Er sollte dies auch in den unzähligen B-Horrorfilmen tun, die ihm in den nächsten 28 Jahren zugetragen wurden, bis ihn Freund Heiner abholte. Er bekam niemals mehr so tolle Rollen, denn sein Akzent war für Hollywood einfach untragbar, wenn es zu echten Hauptrollen kam. Er nahm alles, was sich ihm bot. „Universal", die seinen DRACULA produziert hatten, gaben ihm Nebenrollen in B-Filmen, sie gaben ihm Knäckebrot, wo vorher die vollsaftige Bauernkruste lockte. „Children of the night – what music they make!" Tja, das war einmal.

Neben den wenigen Big-Budget-Studios gab es auch zahlreiche Billigheimer. Monogram und PRC fallen einem da ein. Bela nahm sie alle, Hürden auf seinem Weg zum Punkt X. Wann immer sich die Pforten eines Filmstudios, einer Soundstage, öffneten, war Bela mit dabei. Er erkannte keinen Unterschied an zwischen den Dichtern und den Klempnern, zwischen den Handwerkern und den schicksalshaft Getriebenen. Warum sollte er auch? Das tat Hollywood ja auch nicht. Es ging in letzter Instanz, „am Ende des Tages", wie man heute sagt, immer nur um das Geld. Den Studios ging es um relativ hohe Summen. Für Bela ging es darum, daß er nicht auf die Straße gesetzt wurde, und um das Morphium ging es irgendwann auch. Die Würde ging irgendwann flöten. Die Würde zahlte einem nicht die Butter auf dem Brot. Und wieviele Leute ihn im Nachhinein lieben würden, hätte ihm auch egal sein können. Die haben ihn auch nicht am Leben gehalten. Menschen sind grundegozentrisch. Sie benutzen, das ist ihre Natur. Die Filme mit Ed Wood waren nicht das Schlimmste, was Bela zugeteilt wurde. Der Gipfelpunkt des Grauens erschien mit DIE SCHRECKENSKAMMER DES DR. THOSTI (THE BLACK SLEEP, 1956), in welchem Bela einen stummen Butler zu spielen hatte, der gelegentlich mit einem Eimerchen durch die Gegend huscht. Er beklagte sich ständig darüber, daß er keine Dialogzeilen habe. Regisseur Reginald LeBorg gab ihm schließlich eine Szene, in der er zwischen Basil Rathbone und dessen Gesprächspartner im Hintergrund positioniert wurde. Bela hampelt, grimassiert, tut alles, um ohne Dialog die Aufmerksamkeit auf sich zu lenken. Es ist furchtbar, es ist grausam. Es ist menschlich. Man hat diesen schönen Schauspieler komplett verheizt in seiner Karriere, denn er entsprach nicht den Maßgaben. Bela ist einer meiner Helden. Ich liebe den Mann.

In THE APE MAN (1943) von William „One-Shot" Beaudine spielt Bela den Wissenschaftler Dr. Brewster, dessen Experimente damit zu tun haben, daß einem

Menschen die Rückenmarksflüssigkeit eines Gorillas gespritzt wird, warum auch immer. Daß das schief geht, hätte ich ihm auch vorher sagen können, aber Bela verwandelt sich nach einem Selbstversuch in einen Halbaffen und schläft fortan in einem Käfig, in dem außer ihm auch noch ein Mann im Gorillakostüm haust. Als seine Schwester zu Besuch kommt, weint er ihr vor, wie schwer ihn das Schicksal geschlagen habe. Um seinen mißlichen Zustand zu beheben, braucht er nun menschliche Rückenmarksflüssigkeit, um dem evolutionären Fauxpas entgegenzuwirken. Natürlich würde der unfreiwillige Spender bei der Entnahme sterben, aber das kratzt den mittlerweile schon arg derangierten Brewster nicht wirklich. Zusammen mit dem Mann im Affenkostüm geht Brewster auf die Pirsch, um seine unglücklichen Opfer bis ins Mark zu treffen. Am Schluß geht dann alles drunter und drüber, und Brewster wird das Opfer seiner eigenen Schöpfung.

Verglichen mit anderen Monogram-Restposten ist THE APE MAN relativ turbulent und kurzweilig. Gleichzeitig ist es natürlich etwas schmerzhaft, den tollen Ungarn dabei zu erleben, wie er den abwechselnd schurkischen und jammerlappigen Brewster spielt, dem fremde Menschenleben scheinbar nichts gelten. Wenn er da in seinem Mungo-Jerry-Gedächtnis-Makeup herumkraucht und wehklagend gestikuliert und grimassiert, möchte man ihn eigentlich in den Arm nehmen und ihm sagen, daß ein guter Physiotherapeut und ein Friseur ihn auch wieder hinbekommen würden. Aber er ist nicht nur Wissenschaftler, sondern auch schon ziemlich äffisch, und so muß er seine Markinjektionen haben. Die anderen Schauspieler machen das, was sie in solchen Spektakeln des öfteren taten. Als Held fungiert Wallace Ford, der einen der seit den frühen 30ern typischen schnippischen Journalisten gibt. Die Geschichte von Ford

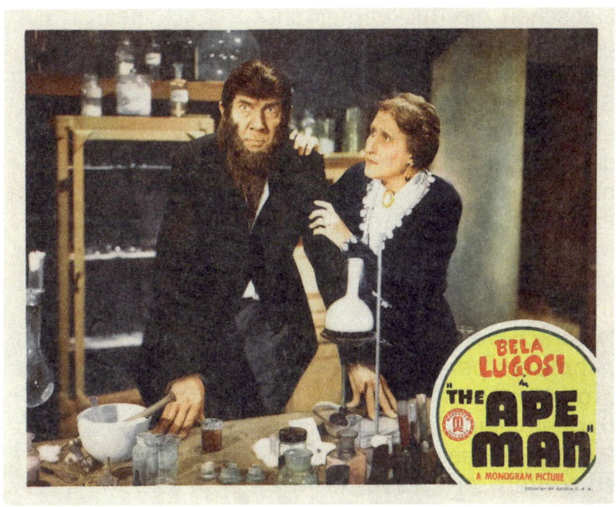
BELA
LUGOSI
in
"THE APE
MAN"
A MONOGRAM PICTURE

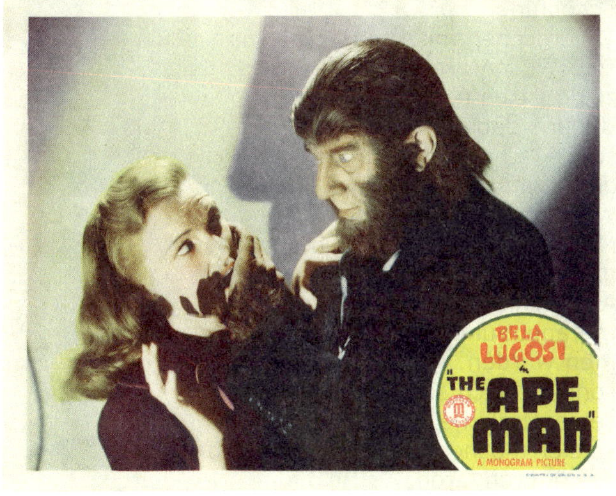
BELA
LUGOSI
in
"THE APE
MAN"
A MONOGRAM PICTURE

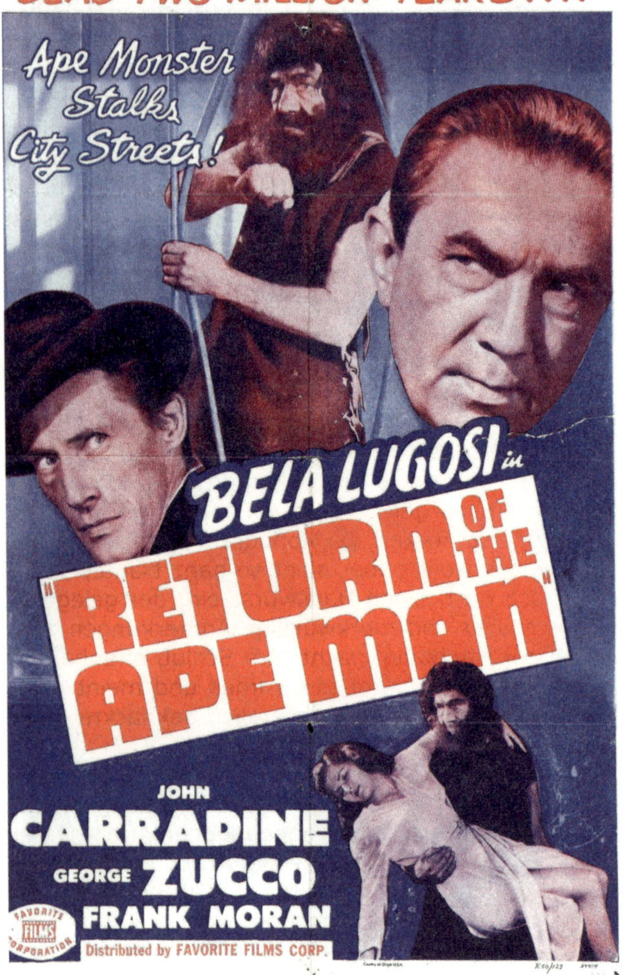
DEAD TWO MILLION YEARS....
Ape Monster Stalks City Streets!
BELA LUGOSI in
"RETURN OF THE APE MAN"
JOHN CARRADINE
GEORGE ZUCCO
FRANK MORAN
FAVORITE FILMS CORPORATION
Distributed by FAVORITE FILMS CORP.

würde auch einen guten Film abgeben: Als Waisenkind wurde er in diversen Heimen und Gastfamilien aufgezogen und solange geschurigelt und als billige Arbeitskraft mißbraucht, bis er ausbüchste und sich als Gelegenheitsarbeiter und Hobo durchschlug. Eine Zeit lang hatte er einen väterlichen Hobo-Freund, der aber während einer Blinder-Passagier-Reise auf einem Zug sein Leben aushauchte, quasi in Fords Armen. Als Ford dann viele Jahre später die Gelegenheit bekam, Schauspieler in Hollywood zu werden, ehrte er das Andenken des toten Hobos, indem er dessen Namen als Pseudonym verwendete. Er spielte viele lustige Sidekicks, etwa in Christy Cabannes THE MUMMY´S HAND (1940). Auch mit dabei ist Minerva Urecal, die zeitlebens auf altjüngferliche Dragoner abonniert war und – wie auch Ford – zwischen Billigproduktionen und A-Filmen wechselte. Hier spielt sie Brewsters Schwester und bekommt eigentlich wenig mehr zu tun, als gelegentlich auf höchst vergnügliche Weise zu erschrecken. Da Monogram dem Unsinn des Drehbuches wohl selber nicht so ganz traute, baute man auch noch einen Hanswurst ein, der gelegentlich auftaucht und merkwürdige Anmerkungen zum Ablauf der Handlung macht. Am Schluß offenbart er sich als Drehbuchautor des Filmes und meint grinsend in die Kamera: „Eine ziemlich beknackte Idee, nicht wahr?"

Im Folgejahr entstand mit RETURN OF THE APE MAN ein Film, der sich als Fortsetzung ausgab, tatsächlich aber mit dem vorangegangenen Affentheater nichts zu tun hatte. Nichtsdestotrotz konnte man kaum leugnen, daß der Titel zutreffend war – es geht um einen Affenmenschen, und er kehrt auch zurück. Allerdings handelt es sich nicht um den unglücklichen Dr. Brewster, sondern um einen eingefrorenen Neandertaler! Professor Dexter (erneut Bela Lugosi) befaßt sich in diesem Werk nämlich mit frühen Formen der Kryogenik. Zusammen mit einem ungewöhnlich unterchargierenden John Carradine friert er erst einmal einen Tippelbruder ein. Da dieser scheinbar unbeschadet wieder aus dem Kälteschlaf erwacht, wagt Lugosi den nächsten logischen Schritt, oder zumindest das, was er als nächsten logischen Schritt empfindet: Er sucht in der Arktis nach einem eingefrorenen Steinzeitmenschen, um ihn wieder aufzutauen! Bemerkenswerterweise findet er auch einen, doch seinen Kollegen Carradine überkommt das nackte Grausen, als er hört, was Lugosi nun vorschwebt: Er will einen Teil des Gehirns eines lebenden Menschen in den Neandertaler transplantieren, damit jener Auskunft erteilen kann über das Leben in der Urzeit! Da solch eine Operation den Gehirninhaber natürlich in ein Gemüse verwandeln würde, wäre das ethisch untragbar. Da Carradine damit droht, zur Polizei zu gehen, benutzt Lugosi einfach das Gehirn seines Kollegen, mit den zu erwartenden Konsequenzen ...

Die Story von RETURN OF THE APE MAN – das sollte aus der kurzen Inhaltsangabe hervorgehen – ist noch durchgeknallter als jene des Vorläufers. Regisseur Phil Rosen war – ebenso wie William Beaudine, der THE APE MAN machte – in der Stummfilmzeit ein durchaus angesehener Filmemacher gewesen, der aber den Übergang in die Tonfilmzeit nicht überstand. In seinen späteren Jahren arbeitete er weitgehend für Groschenmühlen wie Monogram und ballerte Schlock heraus wie diesen. Fans solcher Filme kann RETURN OF THE APE MAN allerdings jede Menge Spaß bereiten – sehr viel obskurer und grotesker wurden sie nicht gemacht. Als Neandertaler wird der bekannte Schauspieler George Zucco angegeben. Jener aber wurde kurz nach Drehbeginn krank, so daß er fast den gesamten Film über vom Stuntman Frank Moran ersetzt wurde. Im Vorspann steht Zucco trotzdem an

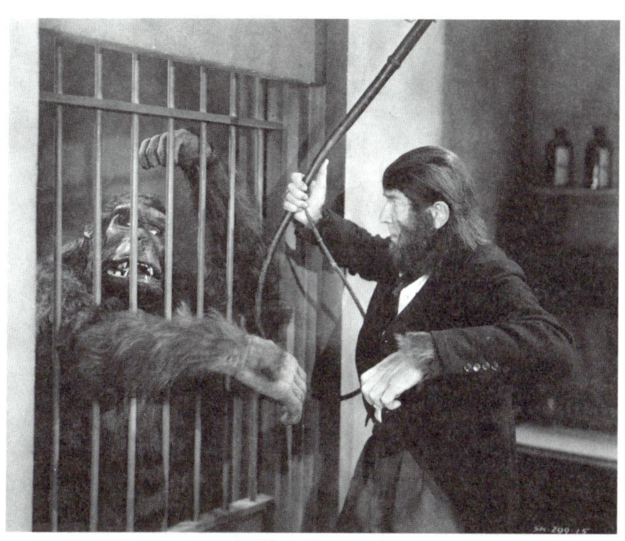

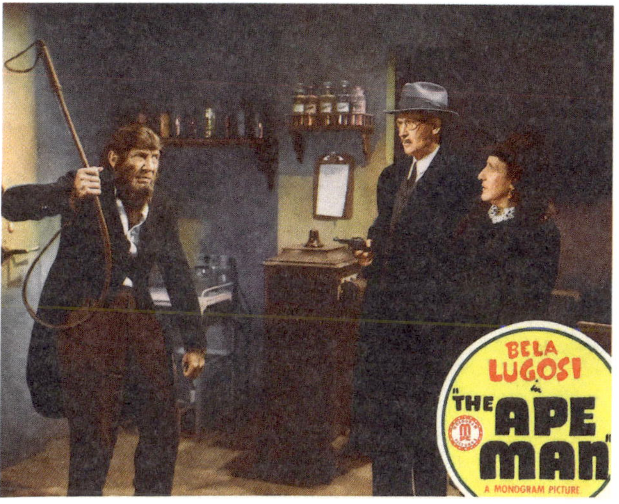
BELA
LUGOSI
in
"THE APE MAN"
A MONOGRAM PICTURE

dritter Stelle. Bis zum heutigen Tag streiten Fans des Horrorkinos darüber, ob Zucco überhaupt im Film zu sehen ist. Es gibt Schaukastenfotos, auf denen er als Neandertaler posiert. Im fertigen Film ist es eher fraglich. Die einen schwören Stein und Bein, ihn in dieser oder jener Szene erkannt zu haben, die anderen sehen ihn eher woanders. Es ist ein bißchen wie mit Elvis. Paßt aber zum groben Unfug des Filmes, der zu den ganz großen Bizarrerien des Hollywood-Billigsektors jener Tage gehört.

4. Teil
Testosteronfilme

Die Hochzeitsnacht des Eunuchen

Ich hatte bereits im Rahmen der „Wurmparade" einige Filme angesprochen, die von dem Abenteuer handeln, ein Mann zu sein. Stets unter dem Zwang zu stehen, mit der Keule über der Schulter in die Wildnis ziehen zu müssen, um den Braten zu erlegen für die Frau und das krähende Kind. Dabei ist es völlig egal, ob man Schweinchen Schlau heißt oder von einem Gericht bereits offiziell für dumm erklärt wurde: Die Konditionierung, die gesellschaftliche, bubbert in allen herum und sorgt für Unruhe im Krötenpfuhl. Dabei läßt sich natürlich trefflich darüber streiten, ob es wirklich die Konditionierung ist, die da bubbert, oder ob es nicht die gute, alte Biochemie ist, die da an die Tür klopft und um Einlaß begehrt. Ich sage mal: wurschtegal, dat Ergebnis is datselbe. Wenn die Neandertaler plappern, dann schweigen die Adler, oder wie Churchill das ausdrückte. Männer wollen ihrem Vater immer zeigen, daß sie wissen, wo Bartel den Most holt, es sei denn, bei Vater handelt es sich um jemanden, der sich in der U-Bahn entblößt. Dann natürlich nicht.

Das Versagen des Mannes ist immer ein schlimmes Malheur. „Liebling, das kann doch jedem mal passieren!" Ja, genau, jedem Vollidioten. Der Mann krümmt sich, der Mann windet sich, anstatt sich aufzubäumen, wie das seine Bestimmung ist. Ein Turm im Dunkel zu sein, das wünscht er sich, keine Nackenwurst für Meerschweine. Die gewöhnliche Reaktion des Mannes, wenn das Versagen komplett ist, besteht im Erklären von Kriegen oder zumindest Vernichtungsfeldzügen in der Speisekammer. Durch die brutale Zerstörung seiner Umgebung kompensiert er die erlittene Schmach, das Schaffen von Disharmonie bringt ihn wieder ins innere Gleichgewicht. So erklärt sich unter anderem das Gesamtwerk von Syl-

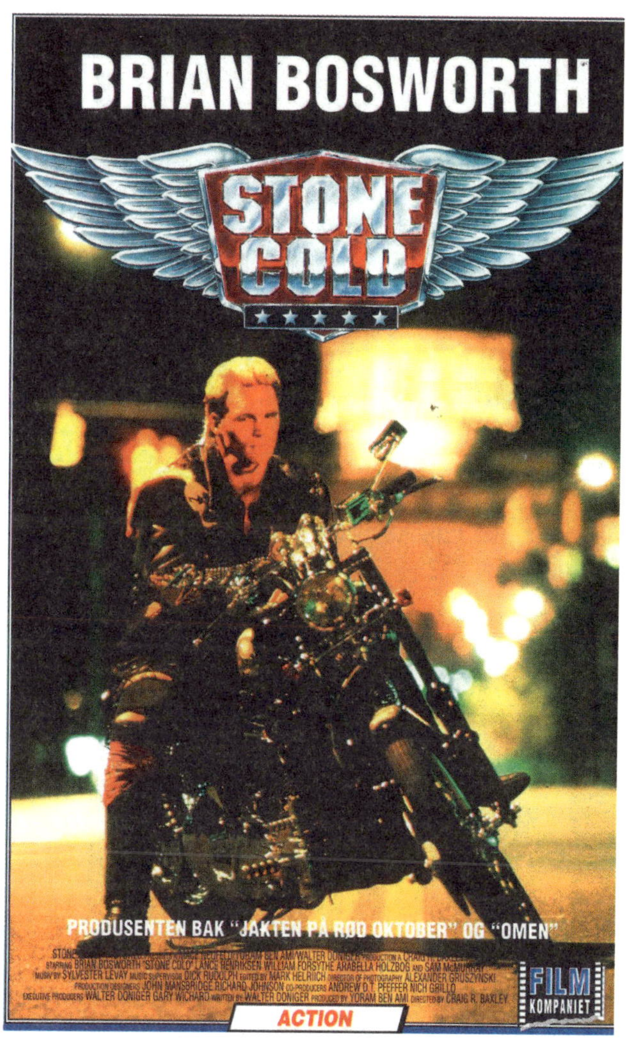
BRIAN BOSWORTH
STONE COLD
PRODUSENTEN BAK "JAKTEN PÅ RØD OKTOBER" OG "OMEN"
STARRING BRIAN BOSWORTH "STONE COLD" LANCE HENRIKSEN WILLIAM FORSYTHE ARABELLA HOLZBOG AND SAM McMURRAY
MUSIC BY SYLVESTER LEVAY MUSIC SUPERVISOR DICK RUDOLPH EDITED BY MARK HELRIICH DIRECTOR OF PHOTOGRAPHY ALEXANDER GRUSZYNSKI
PRODUCTION DESIGNERS JOHN MANSBRIDGE RICHARD JOHNSON CO-PRODUCERS ANDREW D.T. PFEFFER NICH GRILLO
EXECUTIVE PRODUCERS WALTER DONIGER GARY WICHARD WRITTEN BY WALTER DONIGER PRODUCED BY YORAM BEN AMI DIRECTED BY CRAIG R. BAXLEY
FILM KOMPANIET
ACTION

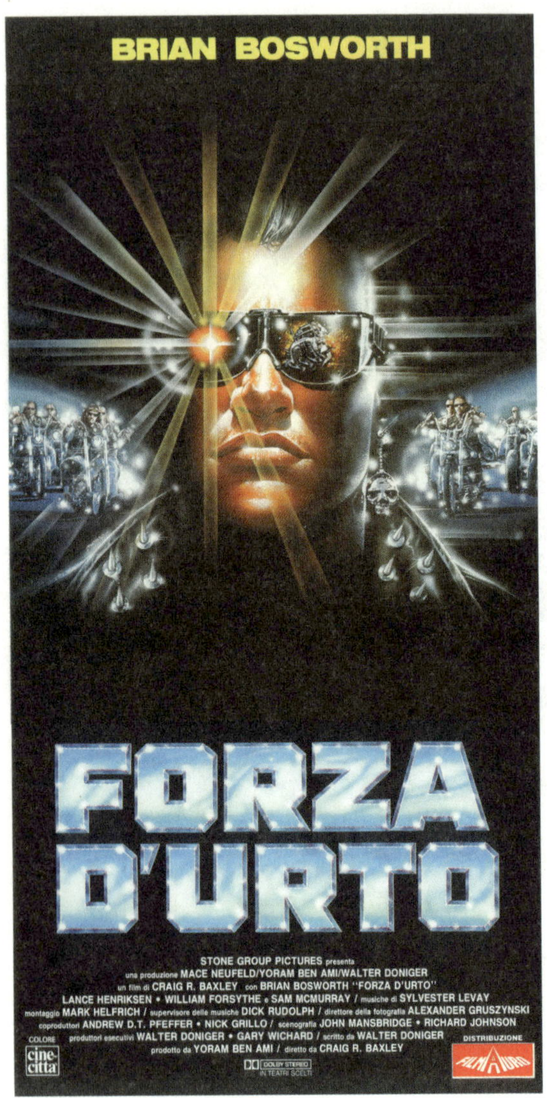
BRIAN BOSWORTH
FORZA D'URTO
STONE GROUP PICTURES presenta
una produzione MACE NEUFELD/YORAM BEN AMI/WALTER DONIGER
un film di CRAIG R. BAXLEY con BRIAN BOSWORTH "FORZA D'URTO"
LANCE HENRIKSEN • WILLIAM FORSYTHE e SAM MCMURRAY / musiche di SYLVESTER LEVAY
montaggio MARK HELFRICH / supervisore delle musiche DICK RUDOLPH / direttore della fotografia ALEXANDER GRUSZYNSKI
coproduttori ANDREW D.T. PFEFFER • NICK GRILLO / scenografia JOHN MANSBRIDGE • RICHARD JOHNSON
produttori esecutivi WALTER DONIGER • GARY WICHARD / scritto da WALTER DONIGER
prodotto da YORAM BEN AMI / diretto da CRAIG R. BAXLEY
COLORE
cine-città
DOLBY STEREO
IN TEATRI SCELTI
DISTRIBUZIONE

vester Stallone und Chuck Norris, oder zumindest die erfolgreichen Filme dieser Herren. Die Filmgeschichte quillt über vor Filmen, in denen nicht rieselnde Blütenblätter und der milde Gedanke den Ton angeben, sondern hemmungslose Eruptionen der Gewalt. Das Entzücken, das wir Männer bei solchen eher unkomplizierten Schauspielen empfinden, entspricht dem Wunsch nach der leichten Lösung, nach der Ahnung, es könne alles viel einfacher sein, als man zunächst gedacht hat. Nicht ein ganzes Leben lang versuchen, dem Mitmenschen zum Wohl zu sein, und als Dankeschön sitzt man dann allein in der Stube, kriegt auch ohne Frau keinen mehr hoch, und dann fallen einem auch noch die Haare aus. Super, Schicksal, dankeschön! Man ahnt, daß, hätte man es so angestellt wie der Mann mit der Gesichtslähmung oder der Mann mit dem Kartoffelgesicht, all das vermutlich auch passiert wäre, aber dann säße man jedenfalls in einer Prachtvilla in Beverly Hills, und wasserstoffblonde Nixen balgten sich um das nicht mehr funktionierende Gemächt. Merke: Auf Kissen aus Samt läßt es sich besser schlafen als auf einem Kartoffelsack, der mit ausgefallenen Haaren gefüllt ist.

Ich möchte damit nicht andeuten, daß die Furcht vor Impotenz oder das Kaschieren bereits vorhandender Unzulänglichkeiten der Motor für alle Filme sind, die sich zuvörderst an ein männliches Publikum wenden, aber sie helfen zumindest dabei, solche Filme zu verstehen. Filme, in denen den Männern das Testosteron förmlich zu den Ohren rausschießt, Filme, in denen man keine Schäfchen zählt, sondern goldene Spermatozoen. Es geht in ihnen meistens darum, daß die härtesten Männer die größten Kanonen haben, wie das mal bei OPERATION DANCE SENSATION hieß. In den 80er Jahren, als Videorekorder nicht mehr aus deutschen Wohnzimmern wegzudenken waren, erlebten diese Männerfilme eine Renaissance. Klar, statt Ted Nugent gab es jetzt Boy George und lauter andere Idole, die eher nach Parfüm rochen als nach ehrlichem Männerschweiß. Männer mit quietschbunten Pluderhosen und Fönfrisuren, die bei jedem Duschgang im Herrenknast das Zentrum einer Cruising-Polonaise geworden wären. Da mußten dringend neue Leitbilder her, zum Beispiel Brian „The Boz" Bosworth, der einen Football so zu behandeln wußte wie andere nicht einmal ihre eigenen Hoden. Er war kein großer Schauspieler, aber Männer sollen auch keine Schauspieler sein, sie sollen zupacken – aufrecht, direkt, den Machtanspruch auf unmißverständliche Weise formulierend.

In dem großen amerikanischen Klassiker STONE COLD – KALT WIE STEIN (STONE COLD, 1991) ist er ein Cop, der als verdeckter Ermittler in eine Rockerbande eingeschleust wird, die „Brotherhood". Jene Versammlung von Schwerverbrechern ist ungefähr so gefährlich wie die „Hell´s Angels", die „Bandidos" und die Bahngewerkschaft zusammengenommen. Mit den Brüdern ist nicht gut Kirschen essen. Glücklicherweise gilt selbiges auch für Joe Huff, einen Cop aus Alabama, der gerade eine Suspendierung wegen Vorgesetztenvergrämung absitzt. Der Mann ist hart wie Kruppstahl und kennt keine Furcht. Das merkt man schon an seiner bizarren Gewandung: In der Anfangsszene trägt er zum Einkaufen so eine Art Klaus-Nomi-Gedächtnismantel; später dann, unter die Roggers, hat er eine Ledermontur mit Puscheln an den Schultern und Kroko-Applikationen an den Ellenbogen, mit der man entweder unglaublich bescheuert aussieht oder rattencool. Der Chef der Gang, Chains Cooper (Lance Henriksen!), ist beeindruckt von den rigorosen Maßnahmen, mit denen John Stone – wie er sich jetzt nennt – um Aufnahme in die Bruderschaft buhlt. Sekundärchef Ice (William Forsythe!) traut dem Neuen nicht über den Weg, ist aber so hackedumm, daß er dem blondierten Muskelmann nicht gefährlich werden kann. Wird John Stone dem Treiben der Bande einen Riegel vorschieben?

Was soll man zu Brian Bosworth sagen? Er sieht aus wie Burkhard Driest als Big Jim, trägt einen teilblondierten Disco-Vokuhila auf dem Kopf und hat ein so überhebliches Lächeln drauf, daß selbst Mahatma Gandhi erzürnt auf ihn eingeprügelt hätte, wäre The Boz nicht so massiv wie ein Mittelgebirge. Zu Hause trägt er gelegentlich einen neckischen Tanga. Harte Männer dürfen das! Kurzum, er wirkt wie ein Chippendale-Tänzer unter widrigen Umständen, aber er macht in den zahlreichen Actionszenen eine gute Figur. The Boz war eine ganze Menge, aber er war mit Sicherheit kein Weichei. Zu Lance Henriksen muß man wohl nicht mehr viel sagen. Als Rockerboß mit Kopftuch wirkt er sehr entspannt und erfüllt, besonders dann, wenn er mal wieder ein paar Leute exekutieren darf. William Forsythe gibt einen weiteren Choleriker mit extrem kurzer Lunte. Neben dem großartigen Steven-Seagal-Klopper DAS BROOKLYN-MASSAKER (OUT FOR JUSTICE) vielleicht seine beste Rolle. Ich möchte zu dem Film gar nicht mehr viel sagen, außer vielleicht, daß die Prämisse natürlich dem australischen Biker-Klassiker STONE (1974) entlehnt ist. Als Regisseur ist der ehemalige Stuntman Craig R. Baxley eine erstklassige Wahl. Er hatte vorher bereits den hochverehrten ACTION JACKSON (1988) mit Carl Weathers und DARK ANGEL (I COME IN PEACE, 1990) mit Dolph Lundgren gemacht. STONE COLD ist sein Meisterstreich, ein völlig enthemmtes Sichsuhlen in einer reinen Männerwelt, in der Haue den Ton angibt, Frauen nur als willfährige Statussymbole geduldet werden und im übrigen aussehen wie Lastwagenfahrerkalendermodelle, und wer die dicksten Muckis hat, der gewinnt. Es gab viele solcher Brutalo-Grotesken in den späten 80ern. Die meisten waren eher preisgünstig realisiert und landeten direkt auf Video. STONE COLD ist immerhin „medium-budget“ und serviert neben unzähligen schönen Einzelszenen ein unglaublich krachiges Finale in einem Gerichtsgebäude. Daß dieser knüppelharte Film ausgerechnet von Michael Douglas produziert wurde, also einem der fleißigsten Anti-Waffen-Aktivisten Hollywoods, ist schon drollig, aber was soll ich sagen – ich bin auch gegen Waffen, finde den Film aber unwiderstehlich! Besser kann man so etwas nicht machen. Gründet keine Männergruppe – kuckt STONE COLD! The Boz zeigt Euch den Weg.

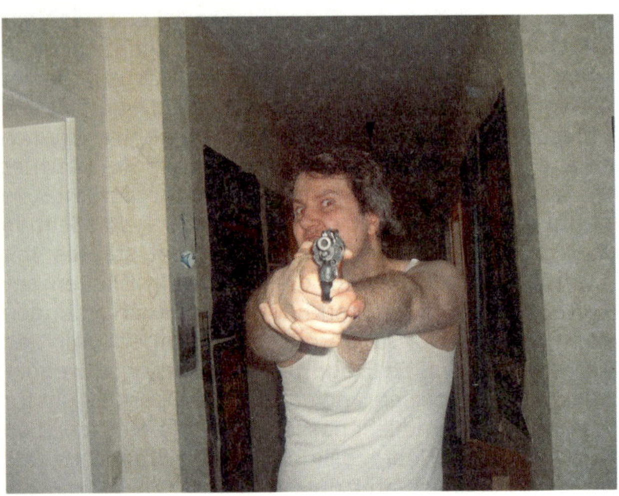

Ernie, Bert und das gesunde Volksempfinden

Mit der Selbstjustiz halte ich es so ähnlich wie mit Horden von Männern, die sich ihre Hoden golden anpinseln und dann nackend durch die Straßen laufen – auf der Leinwand gerne, im wirklichen Leben eher nicht, dankeschön. In Westernfilmen ist der Mythos des Mannes, der das Recht in die eigenen Hände nimmt und das Gleichgewicht, das ihm die Zivilisation versagt, mit zupackenden Methoden wiederherstellt, ein alter Cowboyhut. Wenn Jesse James oder dem bösen Indianer am Schluß des Filmes der Hut oder die Feder vom Kopf geschossen wird, ist man selbst Teil des Mythos, in den man vom Film mehr oder weniger kunstvoll eingesponnen worden ist. Schuldfrei genießt man den Triumph des Guten wie einen Orgasmus der Gerechtigkeit, allumfassend und die grauen Zellen kurzschließend. Im wirklichen Leben sieht es freilich so aus, daß man seinen Kuchen entweder haben oder ihn essen kann, um einen beliebten Anglizismus zu bemühen. Beides geht nicht. Entweder genießt man die Vorzüge eines demokratischen Rechtsstaates, mit allen Unzulänglichkeiten, die ihm in Einzelfällen anhaften mögen, oder man baut auf die Verlockungen des Faustrechts. Da werden den Männern mit den goldenen Hoden die Erbgutproduzenten eben weggeballert, unkompliziert und gnadenlos. Dasselbe gilt für Nasen, die einem nicht passen. Und das Wegschießen von Nasen und Hoden billige ich eindeutig nicht. „Das lehne ich politisch ab." (T. Groh)

Im Kino sieht das anders aus. Charles Bronsons Haushälterin wird von entmenschten Kirmesrockern drangsaliert? Unverschämtheit, da wird der eiserne Besen ausgepackt und die Travis-Bickle-Gedächtnispolka angestimmt! Ich schäme mich etwas, das zuzugeben, aber auch ich klatsche da regelmäßig begeistert Beifall, ein glückliches Kind im Schweine-

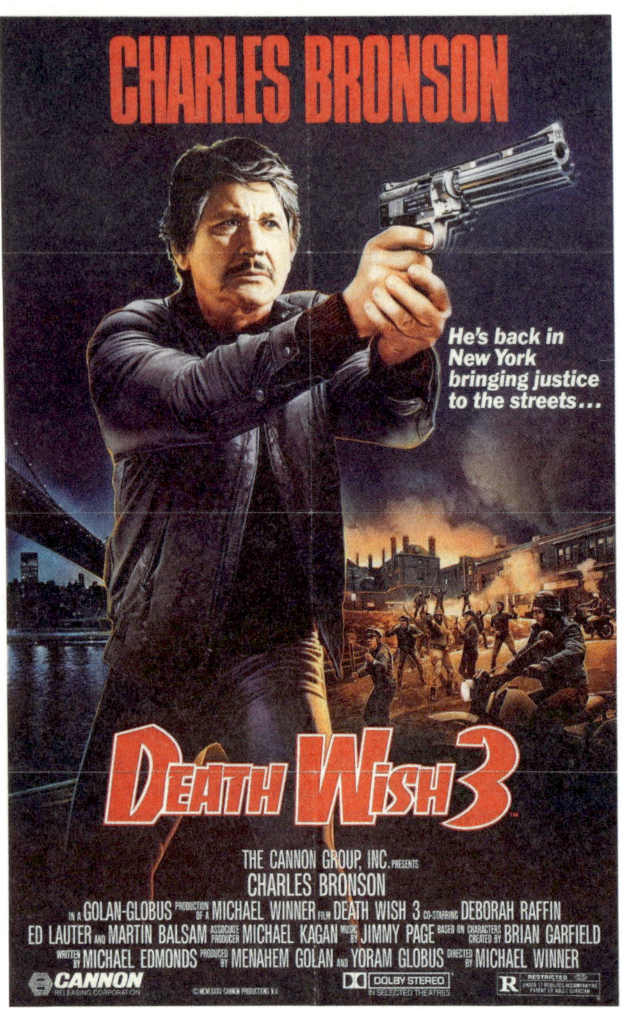

CHARLES BRONSON
He's back in New York bringing justice to the streets...
DEATH WISH 3
THE CANNON GROUP, INC. PRESENTS
CHARLES BRONSON
IN A GOLAN-GLOBUS PRODUCTION OF A MICHAEL WINNER FILM DEATH WISH 3 CO-STARRING DEBORAH RAFFIN
ED LAUTER AND MARTIN BALSAM ASSOCIATE PRODUCER MICHAEL KAGAN MUSIC BY JIMMY PAGE BASED ON CHARACTERS CREATED BY BRIAN GARFIELD
WRITTEN BY MICHAEL EDMONDS PRODUCED BY MENAHEM GOLAN AND YORAM GLOBUS DIRECTED BY MICHAEL WINNER
CANNON
RELEASING CORPORATION
DOLBY STEREO
IN SELECTED THEATRES
R
RESTRICTED

himmel. Herz und Hirn gehen hier getrennte Wege. Wer mir im wirklichen Leben die Vorzüge der Todesstrafe schmackhaft zu machen versucht, fliegt raus, das ist so sicher wie das Amen in der Kirche. Mit Unmenschen diskutiere ich nicht. Aber im Kino habe ich damit bedeutend weniger Probleme. Hollywood-Selbstjustizfilme im Bronson-Gefolge lassen sich generell in zwei Gruppen einteilen – jene, in denen schonungslos Gummi gegeben wird und die sich durch ihre Schlichtheit im Geiste meistens selber zur Lächerlichkeit verdammen. Und jene, die krampfhaft versuchen, ihre Primatenmoral irgendwie mit einer liberalen Gesinnung zu verknüpfen. Gerade im Gegenwartskino ist dieser Eiertanz sehr beliebt. Es gibt auch Ausnahmen, wie James Wans ganz vorzüglichen DEATH SENTENCE (2007) mit Kevin Bacon, aber die kann man an einer Hand abzählen.

Beginnen möchte ich aber mit der zweiten Fortsetzung eines Klassikers, nämlich EIN MANN SIEHT ROT (DEATH WISH, 1974). War der erste Film von Michael Winner noch ein wirklich gut gemachter Film gewesen, in dem die Verwandlung des kreuzbraven Paul Kersey in einen Rächer der Nacht noch einigermaßen nachvollziehbar erschien, so geriet der zweite Film, DER MANN OHNE GNADE (1981), zu einer skurrilen Übung in dramaturgischem Overkill. Zuerst setzt es – zumindest in der ungeschnittenen Fassung – zwei extrem widerwärtige Vergewaltigungen, die für einigermaßen sensible Naturen schwer zu verknusen sind. Dann schaltet Kersey, der eine Zeit lang wieder ein braver Bürger gewesen war, sofort in den Rächer-Modus und leistet sich sogar launige Dialogzeilen, die dem Abschlachten der zumeist dunkelhäutigen Unholde etwas unangemessen Flapsiges verleihen. Der Film war handwerklich kompetent gemacht und ganz sicher nicht langweilig, aber es dämmerte grundsätzlich liberal eingestellten Vergnügungswilligen wie mir, daß das, was da abgeht, eigentlich die Verherrlichung von etwas ganz und gar Asozialem ist. Grundsätzlich ein wünschenswerter Effekt, aber man kann den Film durch diesen Umstand nicht besser leiden, und es gibt ja auch durchaus Mitmenschen, die nicht sensibel und liberal empfinden und in billigen Nachrichtensendungen des Kabelfernsehens „Rübe ab!"-Transparente in die Kamera halten, wenn irgendwo ein verabscheuungswürdiges Verbrechen geschehen ist. Die nehmen das dann für bare Münze.

Anders DEATH WISH 3 (1985), die Apotheose des Selbstjustizfilmes, der zu einer Parodie wider Willen wird. Paul Kersey kommt zurück nach NYC, um einen Kriegskumpel zu besuchen. Jener ist gerade von Mitgliedern einer Jugendgang zusammengestiefelt worden und stirbt in Kerseys Armen. Die NYPD leistet prachtvolle Polizeiarbeit und nimmt Kersey fest. Captain Shriker kann sich noch daran erinnern, wer Kersey ist und haut ihm erst einmal voll auf die Schnauze – willkommen in New York! Dann unterbreitet er ihm ein Angebot: Wenn Kersey rausgeht und wieder Verbrecher killt, läßt Shriker ihn laufen. Kersey willigt ein, und der Trubel nimmt seinen Lauf ...

Das Faszinierende an diesen rechtskonservativen „Law & Order"-Fantasien war für mich immer, daß die staatlichen Autoritäten gezeichnet werden wie die völligen Trottel. Selbstjustizfilme sind grundparanoid. Die Politiker sind verlogen, die Polizisten unfähige Büttel, die Richter geschmiert, die Presse verkommen und verdorben. Nur der Everyman weiß, wie der Hase läuft, und wenn Bronson seine .475 Magnum rausholt, weiß man auch gleich, daß der Hase nicht weit laufen wird. Als repräsentativer Querschnitt der Bewohner des großen Apfels werden uns zwei Mexikaner vorgestellt, zwei Juden und Martin Balsam. Was der große „Method Actor" in DEATH WISH 3 verloren hat, wird er selbst am besten wissen. Vielleicht wollte er noch mal ordentlich auf den Pudding hauen, bevor Freund Heiner vorbeischaut, und wenn´s am Schluß so richtig kracht, dann hockt er am Fenster, lacht fröhlich und ruft „Wow!", wenn die Punks durch die Gegend fliegen.

Und ja, die Punks. Der Film ist ein wundervolles Beispiel für jene Art Hollywood-Kino, in denen sorgfältig kostümierte Knallchargen, die allesamt aussehen wie völlige Milchbärte, als unresozialisierbare Straßenkinder und Schlagetots angeboten werden. Ein Kindergeburtstag! Am besten schneidet noch Gavan O´Herlihy (=Sohn von Hollywood-Veteran Dan O´Herlihy) ab, der den Boß der Gang spielt und Bronson gleich auf dem Kieker hat. Wobei seine Frisur ebenfalls arg grotesk anmutet, so eine Art invertierter Iro. Sieht aus wie eine Landebahn für Libellen. Vielleicht ist ihm auch eine Silvesterrakete durch die Haare gesaust. Als Kriegsbemalung haben seine Leute übrigens einen roten, vertikalen Strich auf der Stirn, der von zwei schwarzen Horizontalen durchgestrichen wird. Das bedeutet vermutlich, daß die Mitglieder dieser Gang keine Frau bekommen, was mich nicht wundert. Am Schluß, wenn Bronson so richtig den Tanzhammer auspackt, wird New York zu einem Kriegsschauplatz. Im wirklichen Leben wären bei diesem planlosen Gemetzel mehr Zivilisten ums Leben gekommen als bei zehn unter Drogen stehenden Terrorkommandos mit Bazookas, aber egal. Hier bleiben die Verluste überschaubar und akzeptabel. Im wirklichen Leben hätte Bronson wohl auch kaum einen Raketenwerfer in einem Wohnzimmer (!) zum Einsatz bringen können, ohne sich selbst und das halbe Stockwerk zu zerlegen. Man soll nicht pinselig sein, wenn es um Recht und Ordnung geht. Der kleine Mann von der Straße muß wieder in Ruhe schlafen können, das wird man ja doch wohl noch sagen dürfen. Armes Deutschland! Und der Michel muß es ausbaden! Der groteske

Showdown wurde übrigens gleich im Folgejahr in den Schatten gestellt, von Sylvester Stallones begnadet gagaistischer Krawallschote DIE CITY-KOBRA, in dem ich den ganzen Film über verzweifelt versucht habe, herauszubekommen, wer die Bösewichter überhaupt sind, die Sly zu Hunderten über den Jordan schickt. Vielleicht Filmkritiker.

Ästhetisch betrachtet muß man sagen, daß Michael Winner es hier geschafft hat, die Hauptdarsteller so scheiße aussehen zu lassen wie möglich. Seine Trumpfkarte ist eine raffinierte Sackkamera, die den 63 Jahre alten Bronson, Opa Balsam und die anderen zumindest bei den Innenaufnahmen konsequent aus Lendenhöhe filmt, mit herabbaumelnden Armen. Die sehen wirklich aus wie Ernie und Bert! Der Drehbuchautor, Don Jakoby, hat seinen Namen vom fertigen Film zurückgezogen, da er mit dem Ergebnis nicht wirklich zufrieden war. Led-Zep-Legende Jimmy Page ist wieder für die Filmmusik verantwortlich und verwendet großzügig seine Kompositionen zu DEATH WISH 2, paßt schon. Gedreht wurden übrigens nur wenige Außenaufnahmen tatsächlich in New York. Der Großteil des Filmes entstand in London. Der Film wäre noch besser geworden – geradezu postmodern-vertrackt –, wenn man auch den Big Ben, die Tower Bridge und den Buckingham Palace eingebaut hätte, aber jo mei. Der Film macht das auch so schon ganz gut. Deborah Raffin hat als Frau an der Seite von Bronson noch eine selten sinnlose Rolle zu versehen, aber auch Schauspieler müssen leben. Sie erscheint, verliebt sich in den Opa, rödelt mit ihm, und dann fährt sie in Urlaub. Martina Sirtis (mittlerweile bekannt geworden mit „Star Trek: The Next Generation“, als Counselor Deanna Troi) taucht auch kurz auf, wird vergewaltigt, und dann sind die alten Männer wieder an der Reihe, stehen am Fenster und sehen aus wie Ernie und Bert. Kurzum, bei DEATH WISH 3 handelt

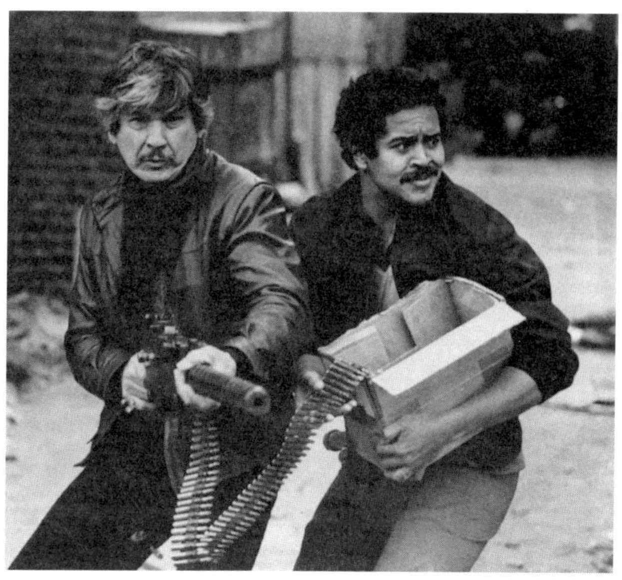

es sich um eine Hanswurstiade von einigen Gnaden, bei der ich mich jedesmal wieder köstlich amüsiere. Die alte deutsche Kinofassung war massiv gekürzt (=fast jeder Gegenschnitt, wenn Bronson gerade wieder jemanden umnietet), aber jetzt ist das komplette Fiasko frei erhältlich und sollte jeden Freund groben Unfuges mit alten Männern entzücken. Kiste Bier, Ted Nugent auf den Plattenteller, dann dreimal die Amerikaflagge schwenken, und dann kommt dieser großartige Partyfilm – ein echter Winner!

Rachegold aus Manila

Die über 1000 Paar Schuhe, die Imelda Marcos besaß, als ihr Ehemann, der Diktator der Philippinen, 1986 in die USA fliehen mußte, gelten als das berühmteste Vermächtnis des südostasiatischen Inselstaates. Was die wenigsten wissen: die Filipinos waren schon immer ein überaus filmbegeistertes Volk. Die Produktion von Leinwandwerken geht dort bis in die 30er Jahre zurück. Meistens handelte es sich bei den Produkten um Sachen, die allein für den Binnenmarkt hergestellt worden waren. Ein internationales Interesse stellte sich erst in den späten 60ern ein, als Hollywood das Land als exotischen Hintergrund für die eigenen Plotten entdeckte. Als Francis Ford Coppola 1976 dorthin reiste, um seine Multimillionendollar-Extravaganz APOCALYPSE NOW in den Kasten zu bekommen, konnte er sich dort bereits auf ein wohlorganisiertes und hochprofessionelles Netzwerk verlassen, das Pioniere wie Roger Corman vorbereitet hatten. Auf den Philippinen zu produzieren, war vergleichsweise bequem, es war preisgünstig und es war verdammt pittoresk.

Aber auch einheimische Filmemacher profitierten vom Export-Boom, der dort eingesetzt hatte. Zu den Speerspitzen der Filipino-Filmproduktion gehörte Cirio H. Santiago, dessen Vater bereits 1946 die prestigelastige „Premiere"-Produktionsgesellschaft gegründet hatte. Santiago junior sollte später Präsident des Entwicklungsfonds der philippinischen Filmwirtschaft werden. Bis zu jenem Zeitpunkt hatte er aber bereits unzählige Genreproduktionen abgekurbelt, von denen sich die meisten an ausländischen Modellen orientierten und auf den Überseemarkt abzielten. Und die beste davon paßt wunderbar hierher, denn sie dreht sich um das Schwein im Manne. Die Rede ist von EIN MANN WIRD ZUM KILLER (DEATH FORCE, 1978).

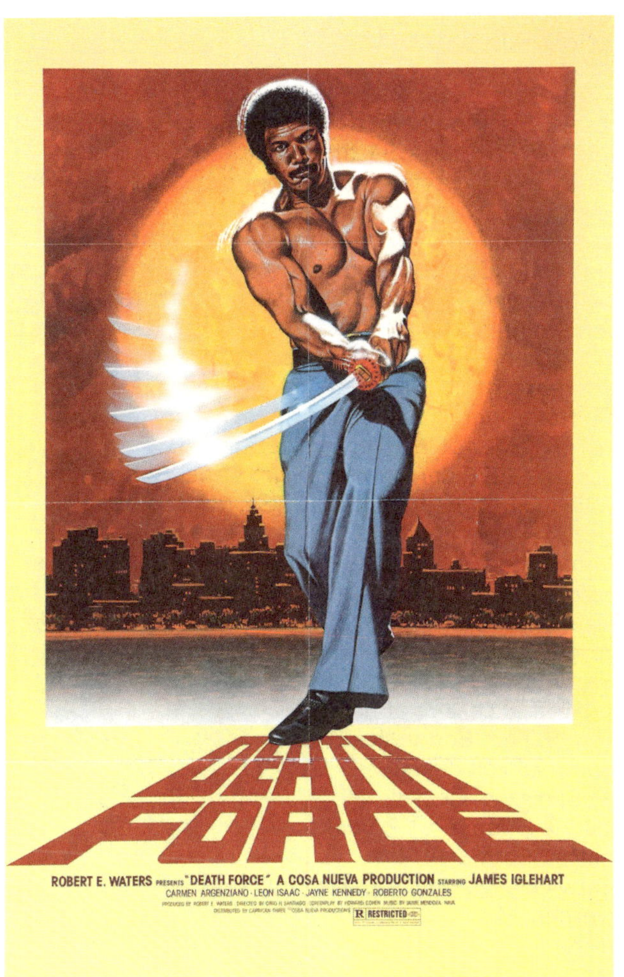
DEATH FORCE
ROBERT E. WATERS PRESENTS "DEATH FORCE" A COSA NUEVA PRODUCTION STARRING JAMES IGLEHART
CARMEN ARGENZIANO · LEON ISAAC · JAYNE KENNEDY · ROBERTO GONZALES
R RESTRICTED

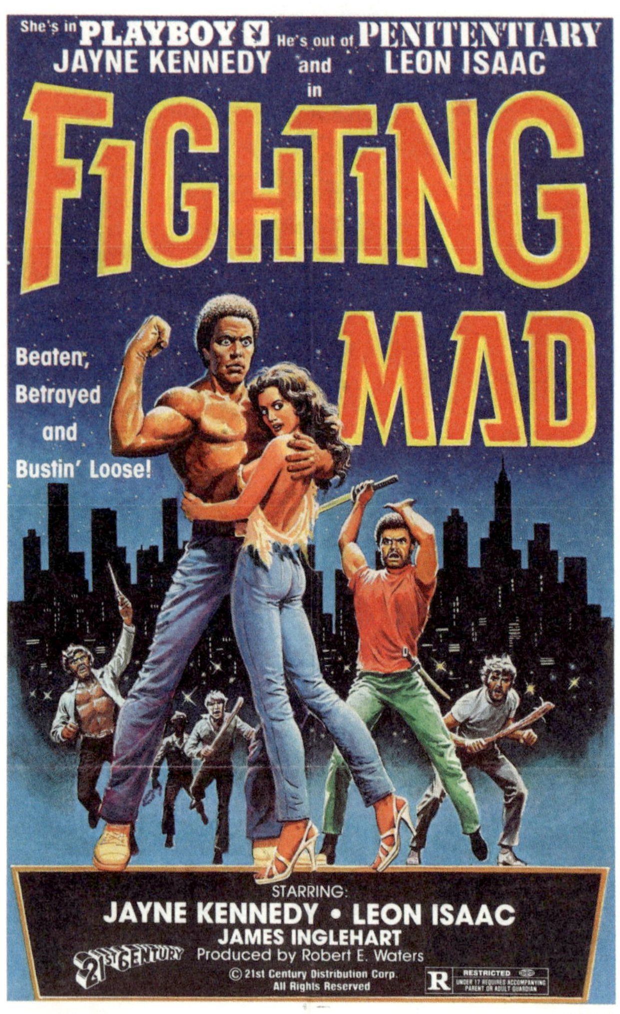

"FIGHTING MAD"

Drei amerikanische Gangster beklauen die Army und wollen das Diebesgut in Manila losschlagen. Bevor das stattfinden kann, werden aber zwei der Gangster von ökonomischen Bedenken heimgesucht und sagen sich, daß man durch zwei viel besser teilen kann als durch drei. Also metzeln sie Russell (James Iglehart, der einzig wahre!) brutal nieder und schmeißen ihn ins Meer. Statt aber in den unergründlichen Tiefen des Westpazifik zu verschwinden, verschlägt es ihn auf ein Eiland. Dort wird er von zwei japanischen Soldaten, die dort seit dem Zweiten Weltkrieg rumhocken, wieder gesundgepflegt. Wir erinnern uns: Die Philippinen waren mal eine Zeit lang von Japan besetzt. Nun sind nur noch diese beiden militanten Zausel übrig, und sie tun Gutes, um die Sünden von einst zu mindern. Dabei geben sie ihre unerschöpfliche Weisheit („So ein Neger wiegt mehr als zwei Japaner!") an den rekonvaleszierenden Vierschrot weiter. Sie zeigen ihm z.B., wie man mit einem Samuraischwert Kokosnüsse zerteilt. Gleichzeitig aber warnen sie davor, diese uralte Kampfkunst für schnöde Ziele zu mißbrauchen, Rache etwa. Wie könnte die Geschichte weitergehen? Menschen mit Fantasie werden sich viele Möglichkeiten vorstellen können. So könnten Russell und seine beiden Freitage die Freuden der gleichgeschlechtlichen Liebe kennenlernen und bis an ihr Lebensende poppen wie die Bonobos. Der Film hieße dann allerdings „Eiland der Liebe" oder so und wäre vermutlich recht öde. Mal im Ernst: Einen Film über einen muskelbepackten Afroamerikaner, der Sex mit zwei greisen Japanern hat, will ich nicht sehen. Vielleicht als Kurzfilm, aber nicht 110 Minuten lang. Das hält ja niemand aus, am wenigsten die greisen Japaner. Eine andere Option wäre, einen Flugdrachen auf der Insel notlanden zu lassen, auf dessen Rücken Russell zurück nach Kalifornien reitet. Dann hieße der Film aber „Ritt auf dem

Zauberdrachen" und wäre für Kinder und Jugendliche freigegeben. Das wäre auch doof. Nein, stattdessen kommt eine Gruppe von Soldaten auf die Insel, die 30 Jahre nach Beendigung des Weltkrieges immer noch nach Versprengten sucht, die eventuell auf diesen Inseln zu finden sein könnten. Das klingt plausibel, und so ist´s getan: Russell wird gerettet, und aus irgendeinem Grund besitzt er jetzt genügend Geld, um zurück in die Vereinigten Staaten zu fliegen. Dort haben sich Morelli und McGee, seine beiden schlimmen Kompagnons von einst, mittlerweile ein Netzwerk des Verbrechens aufgebaut. Ganz Los Angeles gehört ihnen. McGee macht sich sogar an Russells Frau Maria heran, doch jene durchschaut den miesen Gesellen, dem der Zuhälter aus jeder Pore leuchtet. Zum Glück trifft jetzt aber ihr verschollener Mann ein und zückt sein Samuraischwert, um alte Rechnungen zu begleichen ...

Was für ein Film! Zuerst einmal: 1978 hatte sich das westliche Genrekino bereits ein glitzerndes Kaisergewand umgehängt und machte einen auf mondän und üppig. Die klassische Autokinoramschware hatte ausgedient. Video hatte seinen Siegeszug noch nicht wirklich angetreten. Dort konnte man ab den Mittachtzigern ja jede Seppelei losschlagen, solange sie nur ein knalliges Cover besaß. DEATH FORCE serviert groben Unfug mit viel Krawumm, dessen Philosophie wohl am ehesten von Leuten verstanden werden wird, die ähnlich strukturiert sind wie Russell, Morelli und McGee, also wie ein durchschnittlicher Lude mit Bodybuildingerfahrung. („Ey, hasse meine Freundin angepackt? Willse Fresse? Na? Na?") Hauptdarsteller James Iglehart ist ungefähr drei Meter groß und hat eine Menge Knäckebrot gegessen in seinem Leben. Er sieht aus wie der Hau-den-Lukas des afroamerikanischen Befreiungskampfes und konnte garantiert Zaunpfähle einschlagen mit der bloßen Hand. Ich halte es nicht für gänzlich ausgeschlossen, daß er damit auch seinen Lebensunterhalt verdiente. Im Rahmen des hier vorherrschenden Gebalges bringt er alle Voraussetzungen mit, um die Hauptrolle überzeugend zu verkörpern. Als Schmierloddel McGee brilliert Leon Isaac Kennedy, dessen Ehefrau Jayne in diesem Film Russells Gattin Maria spielt. Eine komplizierte Swinger-Konstellation also, wie sie im Reiche des Bahnhofskinos aber nicht unbekannt gewesen sein dürfte. Ferner kompliziert wird der Kasus dadurch, daß Igleharts leiblicher Sohn auch seinen Sohn im Film spielt, also das Kind, das er mit Leon Isaac Kennedys Frau hat. Puh! Der dritte im Bunde ist Carmen Argenziano, ein häufig verwendeter Charakterschauspieler, der besonders gern Cops und Gangster spielte, in diesem Film also glänzend aufgehoben ist. Er sieht hier etwas aus wie James Ellroy als Zuhälter. Sowohl Morelli als auch McGee werden im Laufe des Filmes von einer Großmannssucht übermannt, die etwas an meinen Lieblingskubaner Tony Montana erinnert, und Hochmut kommt auch bei ihnen vor dem Fall, was zu schön cholerischen Schauspielmomenten führt.

Rein technisch gesehen kann man dem Film nicht viel vorwerfen. Das Tempo ist trotz der etwas bizarren Länge von fast zwei Stunden sehr ansehnlich, die zahlreichen Schwertkämpfe sind zufriedenstellend choreographiert, und das Finale ist mal wirklich ein ziemlicher Klopfer. (Die vor kurzem veröffentlichte Blu-Ray enthält nämlich auch eine Fassung mit dem Originalende, das aus fast allen vorherigen Fassungen herausgekürzt war und dem Zuschauer eine lange Nase dreht. Sie ist über eine halbe Stunde länger als die deutsche Kinofassung von einst.) Ästhetisch gesehen verwundert der Film durch die Manilisierung der Welt. Die späteren Partien des Filmes wurden wohl tatsächlich teilweise in Kalifornien gedreht, zumindest die Außenaufnahmen, aber es sieht alles wie Manila aus – unfaßbar! Man latscht über den Pico Boulevard in einen Schuhsalon, und auf einmal ist da Imelda Marcos und kauft sich Glitzerstiefeletten mit Bommeln vornedran – sagenhaft! Die Welt ist eine brutale Auster.

Kurzum, EIN MANN WIRD ZUM KILLER gibt dem Grindhouse-Liebhaber alles, um glücklich ins Wochenende zu starten. Die deutsche Synchro ist ebenfalls wunderbar und versorgt uns mit zahlreichen Austäuschen wie diesem lichtvollen Dialog zwischen Russell und einem Friseur: „Nichts ändert sich, und nichts ist, wie es war." – „Mein Sohn redete wie Sie. Er ging weg, wurde Moslem." Das Abenteuer, ein echter, ein harter Mann zu sein, wird hier auf jeden Fall mustergültig besungen, die Pappköpfe fliegen blutend durch die Gegend, und der Geist des Schwertes schwebt über den Wassern. Und hier noch ein Zitat, aus „Clever & Smart": „Der Kopf wird leicht, der Geist entweicht." Frieden.

Wir halten zu Samen

Der Befreiungskampf tobte in den 70er Jahren. Die Verkrustungen einer überkommenen Gesellschaftsordnung mußten weggesprengt werden. Der Einzelkämpfer zählte nichts mehr, wenn es um Liebe für alle ging. Die Möwe Jonathan war tot, aber wir alle mußten weiterleben. Es war eine gewalttätige Zeit, als die Generationen aufeinanderprallten und sich ihre jeweiligen Werte um die Ohren pfefferten. Testosteron spritzte aus allen Öffnungen, wenn Männer sich erwiesen im Kampf um die Freiheit. Aber – war das wirklich Testosteron, das da spritzte?

Das amerikanische Pornokino erlebte in diesem Jahrzehnt zwar keine Legitimierung, aber doch zumindest eine vorsichtige Duldung. In den USA wurden Filme, in denen Menschen mit Menschen geschlechtlich verkehrten, auf einmal von Zeitungen beworben. Wohl wahr, Razzien gab es von seiten der Ordnungshüter massenweise, um die Kinogänger von solchen Ferkeleien fernzuhalten, aber der Ansturm der wogenden Leiber ließ sich nicht mehr aufhalten. Mein Freund, der Baum, ist tot. Ich bin geil, und ich will Liebe machen, um neues Leben entstehen zu lassen. Man kann es nicht ignorieren: Der Geschlechtsakt ist ein notwendiges Übel, wenn es darum geht, die Menschheit weiterexistieren zu lassen. Er ist nicht eklig, er ist nur mit vielen Ängsten behaftet. Mit dummen Ängsten, denn Ängste sind meistens dumm. Männer haben häufig Angst vor Sex, oder genauer: vor Frauen. Deshalb gibt es auch so viele armselige Gestalten, die mit Frauen nichts Besseres anzufangen wissen, als ihnen wehzutun oder sie sonstwie unter dem Daumen zu halten. Ein verhängnisvolles Konzept. Viele Frauen machen sich diesen Unsinn zu eigen und versuchen, den dummen Männern zu gefallen, um sich selbst liebenswert zu finden. Dabei geht es doch nur um Testosteron, um Sexualhormone. Es geht um das Abenteuer, ein Mann zu sein. Der Mann wird als Gott geboren, als Herrscher der Welt. Er schmurgelt wohlig im Eigensaft, er füllt unzählige Taschentücher, und irgendwann, irgendwann treffen die Kaulquappen mal auf den richtigen Adressaten. Dann macht es „Schwupps!", voilà – das Wunder des Lebens! Toll, wa? Die Arbeit haben die Frauen, das ist von der Natur glänzend eingerichtet. Hat aber Spaß gemacht. Ich hoffe, es war für dich genau so schön wie für mich.

Filme mit echtem Sex waren also auf einmal erlaubt, oder zumindest so einigermaßen. Die Produzenten solcher Filme waren in der Regel nur darauf erpicht, daß in dem fertigen Produkt Sex enthalten war, genauer: die gynäkologischen Großaufnahmen, die den Schildkrötenhals in Aktion zeigten. Zierleiste vs. Gekräusel: Zweikampf der Giganten, Regie: Ishîro Honda! Hurra! Willkommen im Wunderland der Liebe! Die Geldgeber solcher Filme hatten häufig italienisch klingende Nachnamen und kannten Leute, die dir die Beine brechen, wenn du Mist baust, aber egal. Die Filmemacher mußten damals noch richtig arbeiten. Gefilmt wurde meistens auf 16mm, es wurde wochenlang in der Garage an der Schneidewerkstatt herumgebastelt. Das war nicht irgendein Videomist, das konnte nicht jeder Dummerjan. Das waren Leute, die entweder aus dem professionellen Filmgeschäft kamen oder dort hinwollten. Seit meinem Buch „Die läufige Leinwand" habe ich schon viele neue Kenntnisse erlangt, nicht zuletzt durch Internetseiten wie den großartigen „Rialto Report". Ich weiß jetzt endlich, wer den von mir heißgeliebten WET RAINBOW (dt: HAUS DER LÜSTE, 1974) gemacht hat. Der arbeitete auch an John Hustons Fußballfilm FLUCHT ODER SIEG mit, und auch an Konchalovskiys RUNAWAY TRAIN. Der hätte fast einen verdammten Oscar gewonnen!

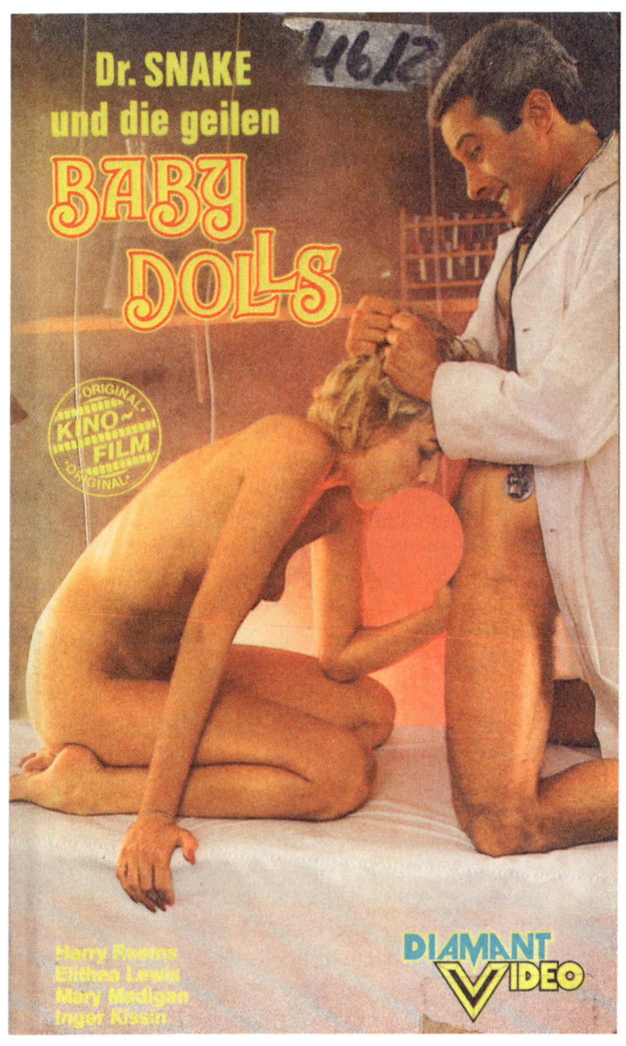
4612
Dr. SNAKE
und die geilen
BABY
DOLLS
ORIGINAL
KINO-
FILM
ORIGINAL
Harry Reems
Elithea Lewis
Mary Madigan
Inger Kissin
DIAMANT
VIDEO

Ich weiß jetzt auch, wer DR. SNAKE & DIE GEILEN BABY-DOLLS (SPIKEY´S MAGIC WAND, 1973) gemacht hat, aber das weiß ich nicht über den „Rialto Report"! Das weiß nur ich allein, hähä!

Ich weiß nicht, ob „Vance Farlowe" etwas dagegen hätte, wenn man ihn jetzt outet. Ich hatte eine Zeit lang Kontakt mit ihm. Seinen richtigen Namen möchte ich aber lieber für mich behalten, sonst erscheint mir noch sein Geist. Er war Jazzmusiker, und er war stramm links. Er drehte Dokumentationen, gerne auch zu kontroversen Themen, etwa den „Black Panthers". Er war weiß, aber das Schicksal der Afroamerikaner in der Heimat der Tapferen hatte ihm immer am Herzen gelegen. Einer seiner Filme handelt von einem Justizirrtum, der dazu führte, daß ein schwarzer Aktivist von unzähligen Polizeikugeln durchlöchert wurde. Der einzige in der IMDb aufgeführte Spielfilm von ihm handelt von einigen Dokumentarfilmemachern, die etwas Kohle benötigen und deshalb einen Porno drehen. Klingt vertraut? Der Film scheint eine Komödie zu sein, und ich hätte ihn auch von seinem Schöpfer bekommen können. Ich war nicht schnell genug. Er starb leider vorher.

Im Zentrum eines jeden guten Pornofilmes steht natürlich die Handlung, ein ausgewogenes Miteinander von präzise und lebensnah gezeichneten Charakteren, die miteinander in intensive menschliche Konflikte geraten. Hier ist es ein Wissenschaftler namens Dr. Snake (=Harry Reems, der Hauptdarsteller des legendären DEEP THROAT), der sich als Leiter des Instituts „Cosmic Orgasms For Cultural Kinetics" (=C.O.C.K.) damit befaßt, „den synchron-klitoralen Widerhall musikalischer Vibrationen aufzuzeichnen". Was genau das soll, weiß er vermutlich selber nicht so genau, aber es wird viel gebumst, und das ist ja wohl die Hauptsache! Bei ihm zu Hause bleibt die Küche kalt, denn Gattin Georgina Spelvin gilt ihm als frigide, so daß er sich lieber mit der schwarzen Haushälterin vergnügt. Tatsächlich aber ist Frau Snake hochgradig libidinös, steht jedoch eher auf Lederbikinis und Nilpferdpeitschen, was vor allem Chauffeur Jeffrey Hurst zu spüren bekommt. Da sie aber wissen möchte, was ihr Ehemann so treibt, bewirbt sie sich als Testperson am Institut, und in einer erregenden Showdown-Versuchsanordnung finden Mann und Frau schließlich zusammen.

Sieht man einmal von der überaus exzentrischen Dekoration ab, die sowohl die Privatgemächer als auch die Räume des Instituts wie eine Künstlervernissage in Greenwich Village aussehen lassen (und von einem gewissen Michael Malibu geschaffen wurden, der in einer Szene sein „Pimperglöckchen" vorführt), handelt es sich um einen launig durchgeknallten Film, der – sehr im Einklang mit anderen New Yorker Pornofilmen der Zeit – einen „Crazy Comedy"-Stil pflegt, in dem alles möglich ist und nichts überrascht. Neben den genannten Akteuren sind auch noch Andrea True und Helen Madigan mit dabei. Frau True sollte später im Jahrzehnt mit „More, More, More" einen echten Disco-Hit landen. Frau Madigan war mit ihrem charmanten Überbiß und bekifften Dauergrinsen die archetypische Hippiemamsell, wie man sie in Filmen jener Tage häufig antrifft. Hier versprüht sie ansteckenden Freigeist und hat offensichtlich viel Spaß dabei. Die deutsche Fassung ist ein Fall fürs Lattenheim – die Münchner Synchro zotet sich quer durch den Freistaat, bis zum Stehkragen vollgestopft mit jener dezent schmierigen Altherrenerotik, in der Worte wie „pikant" durchaus nicht fehl am Platze sind. Dem gedienten 50er-Jahre-Filmherzensbrecher Erik Schumann dabei zuzuhören, wie er „Hach, der einäugige Riese!" flötet oder Sachen sagt wie „Und nun zum Kernstück freudiger Überraschungen!", ist schon sehr apart. („Jetzt kommt unsere berühmte

Stuhlnummer!") Da dem hiesigen Kinoverleih der Film wohl zu kurz war, wurde noch ein deutscher „Loop" (=Kurzporno) hineingeschnitten, der ein teutonisches Hippiepärchen bei Freiübungen zeigt. Während die Darsteller im amerikanischen Material in allen Lebenslagen grimassieren, bis der Arzt kommt (und Leute wie Reems oder La Spelvin besaßen durchaus schauspielerische Fähigkeiten!), verrichten die Deutschen ihre Arbeit pflichtbewußt und zielorientiert, wobei der männliche Teil des Kopulationsprojekts sich offenbar panisch darauf konzentriert, seine Erektion nicht zusammenfallen zu lassen. Ich bezweifele, daß die Filmmusik auch im Original zu hören ist. Sie ist unfaßbar! Das Hauptthema ist ein sehr nerviges und aufgekratztes Synthie-Stück, das etwas an den „Silver Shamrock"-Jingle aus HALLOWEEN 3 erinnert. Dieses Thema wird dann im Laufe des Filmes variiert im Geiste des 70er-Jahre-Rockes, aber auch eine Boogie-Durchführung ist zu hören, alles sehr schräg und bizarr. In den frühen 80ern hätte man das gut als Avantgarde-Tape im Plattenladen seines Vertrauens auslegen können, als neueste Kreation des Ibbenbürener Elektronik-Duos „Der Glöckner und sein Knilch" etwa.

So, das Testosteron ist jetzt alle! Kommen wir zu den Außenseitern, dem Treibgut der Gesellschaft.

5. Teil
Außenseiterfilme

Höllenengel im Spielzeugland

Als sich Peter Fonda, Jack Nicholson und Dennis Hopper 1969 auf ihre Maschinen warfen und Steppenwolf „Born To Be Wild" durch das freie Amerika erschallen ließen, war das Biker-Kino schon ein alter Kamerad. Als Erstling muß man wohl Laslo Benedeks DER WILDE (THE WILD ONE, 1950) annehmen, der Marlon Brando und seine coole Mütze auf ewig mit den röhrenden Motoren zusammenschweißte. In den 60er Jahren gingen die Filmrocker in Serienproduktion, gelegentlich auch mit echten Mitgliedern der „Hell´s Angels" und anderer Gruppierungen als Verstärkung. EASY RIDER war die Baskenmützenvariante dieses Themas, die Kunstpackung. In ihm ging es um einen neuen Freiheitsbegriff, der sich von den gesellschaftlichen Regeln des Nachkriegsamerika abgrenzte. Es ging um einen neuen Traum. In den Exploitationfilmen, die vor und nach dieser modernen Heldenlegende entstanden, ging es vor allem darum, daß alle mörderisch etwas auf die Kappe bekommen. Dies geschah meistens im Zusammenspiel mit krachiger Rockmusik, feschen Krafträdern und bedenklichen Tischmanieren. Es gab einige wenige Ausnahmen wie William Dears herausragenden DAS NORTHVILLE-MASSAKER (Überzeugungstäter!), aber in der Regel stand die Bedrohung der öffentlichen Ordnung im Zentrum. Ob man auf der Seite der Rocker stand oder auf der Seite des amerikanischen Vorstadttraumes, konnte jeder für sich selbst entscheiden.

Wem man in Al Adamsons DIE SADISTEN SATANS (SATAN´S SADISTS, 1969) die Daumen drücken soll, ist nicht schwer zu entscheiden. Eine Rockergang, die von Russ Tamblyn angeführt wird, muß man unterstützen! Erst der Mickymaus-Club, dann „Satans Sadisten", bevor man bei den Demokraten endet – die Suche nach erweiterten Familien begleitet den Menschen von der Wiege bis zur Bahre, und manchmal führt die eben auch in eine Rockerkutte! Genaugenommen handelt es sich um die „Satans", eine Vereinigung sozial unzureichend abgefederter Randexistenzen, die ihren Mangel an Gemeinsinn auf unverkrampfte Weise ausagiert. Akte barbarischer Gewalt sind die Folge, die kalifornische Wüste färbt sich rot. In einer kleinen Autobahnraststätte kommt es zum Zusammenprall der Generationen: Der alternde Cop Charlie, seine Ehefrau und Vietnamveteran Johnny wollen sich den Bauch vollschlagen, und den Bauch voll bekommen sie auch, aber anders, als sie sich das vorgestellt haben. Vergewaltigung und Mord feiern fröhlich Urständ, und am Schluß fliehen Johnny und die niedliche Imbißkraft Tracy in die Berge. Werden sie den mordgierigen Bestien auf ihren röhrenden Motorhirschen entkommen?

Al Adamsons Filme sind ein Fall für sich. Als Exploitationfilmfan hat man vermutlich schon den einen oder den anderen von ihnen gesehen, DRACULAS BLUTHOCHZEIT MIT FRANKENSTEIN vielleicht. Oder LIEBE IM RAUMSCHIFF VENUS. Wer mit feingeistigem Anspruch an diese Filme herangeht, wird mit Stockhieben bestraft, Weihnachten im Klärwerk. Für eine intellektuelle Betrachtungsweise bieten sich die Filme nicht an. Tatsächlich hat man es hier mit echtem, mit unverfälschtem Exploitationkino zu tun. Es geht um Titten und Ärsche, genauer: es geht um Leute, die bereit sind, ihr sauer verdientes Geld auszugeben, um Titten und Ärsche zu sehen. Und natürlich Haue, denn Haue regiert bekanntlich die Welt.

Was mir DIE SADISTEN SATANS ans heftig pochende Herz geschweißt hat, sind jene Passagen fern des Rockerterrors, in denen so etwas wie Vertiefung simuliert wird. Bevor er einen dreifachen Mord begeht, darf Rockerchef Anchor (=Tamblyn) einen Monolog halten, in dem seine Rauhbeine von den üblichen

Hippies und Blumenkindern unterschieden werden. Diese Unterscheidung ist nicht ganz unwichtig, denn die Rocker sind hier eindeutig die Bösewichte, und Redneck-Oldie Charlie ist der Zuschauer-Stellvertreter. Bevor also das gesunde Volksempfinden losbricht und das Rockergewürm in Toiletten ersäuft wird oder sonst einen Abgang in die Schöpfungsvitrine erlebt, wird noch einmal klargestellt, daß die Filmemacher es eigentlich ganz lieb meinen. Statt eines John-Wayne-Spektakels aus der erzkonservativen Ecke scheint man es doch mit einem liberal gesonnenen Film zu tun zu haben, der nicht als Langhaarigen-Diffamierung gelten möchte. Das erinnerte mich dann doch sehr an die „klassenkämpferische" Attitüde von Ruggero Deodatos Gewaltspektakel DER SCHLITZER, das ebenfalls Ambitionen zur soziologischen Feldstudie verriet. Natürlich sind diese Akzente aber nur vorgetäuscht, nur Zierat. Exploitation geht es nicht um das Versenden einer Botschaft, das kann man getrost der Post überlassen.

Wäre ich ein Rocker, so trüge ich mit Sicherheit einen tollen Hut, so wie Russ Tamblyn in diesem Film. Tamblyn begann seine Karriere als Kinderdarsteller und wurde so richtig berühmt mit der Verfilmung von Leonard Bernsteins Musical WEST SIDE STORY. Danach folgten subkulturelle Exzesse und eben DIE SADISTEN SATANS, bevor er als Dr. Jakoby in der TV-Serie „Twin Peaks" wieder auftauchte. Sein Hut ist das Modell „Nekrophiler Lampenschirm", und er nimmt ihn nur ab, wenn er etwas sehen möchte. Unbändiger Haß wohnt in seinem Herzen, und mit eiserner Hand führt er die „Satans" von einem asozialen Akt zum nächsten. Gesprochen wird er übrigens von Tommi Piper, also Alf, während Held Johnny von Norbert Gastell gesprochen wird, also Homer Simpson. Eine hübsche Münchner Synchro, in der es von Ruppigkeiten nur so wimmelt. Frauen etwa werden die ganze

Zeit über nur als „Krücken" bezeichnet – ein Slang, der mir zum Glück noch nicht begegnet ist, aber ich bewege mich ja auch nicht in Rockerkreisen. „Kümmere dich um die Schleckerbiene und ihren Stenz!" So reden nur Rocker.

Die Besetzung ist groß in Form. Allein die Rocker: John „Bud" Cardos, der später den guten Tierhorrorfilm MÖRDERSPINNEN GREIFEN AN inszenieren sollte, hat hier einen lustigen Irokesenpuschel auf dem Kopf und sieht aus wie Meister Proper als Fetischpuppe. Greydon Clark, der später den Sleaze-Kracher BLACK SHAMPOO drehen sollte, spielt einen Drogenspezialisten, der ein Hörgerät hat, weil er sich einst bei einem LSD-Trip einen Stock ins Ohr steckte. Robert Dix, der Sohn des Hollywoodveteranen Richard Dix, spielt einen Rocker mit Augenklappe und einem Faible für bunte Frauenbrillen. Wenn „Hell´s Angels" den Film zu sehen bekommen, echte Einprozenter, dann lachen die sich schlapp, jede Wette! Mit Scott Brady und Kent Taylor hatte Adamson auch zwei Vertreter des alten Hollywood am Start, bekannt aus 40er-Jahre-Noir-Filmen, und sie spielen natürlich die alten Säcke, die das arbeitsscheue Gesindel am liebsten auf den Mond schießen würden. Regina Carrol ist auch mit dabei, als Rockerbraut Gina, die dem rustikalen Charme Anchors völlig verfallen ist und eine Frisur hat, die die B-52s neidisch machen würde. Mich macht neidisch, daß Regisseur Adamson mit ihr verheiratet war. Die hübsche Tracy hingegen sollte Greydon Clarks Frau werden. Some guys have all the fun.

Al Adamson sollte noch viele Filme machen. Viele davon waren ruppig zusammengehauen und bestanden zu nicht unwesentlichen Teilen aus Krauchfilmmaterial, in dem Charaktere minutenlang durch Wüsten, Kellergewölbe oder transzendentale Obdachlosigkeit wanken. Auch DIE SADISTEN SATANS ist nicht ganz frei von dieser Hinwendung an das retardierende Moment. Aber insgesamt bietet er den etwas hartgesotteneren unter den Exploitationfilm-Freunden genügend blutige Knusperriegel, um sie glücklich zu machen. Sein Ende fand Adamson übrigens auf höchst ungewöhnliche Weise: Er wurde von böser Hand in seinen eigenen Whirlpool eingemauert. Das muß man erst einmal toppen.

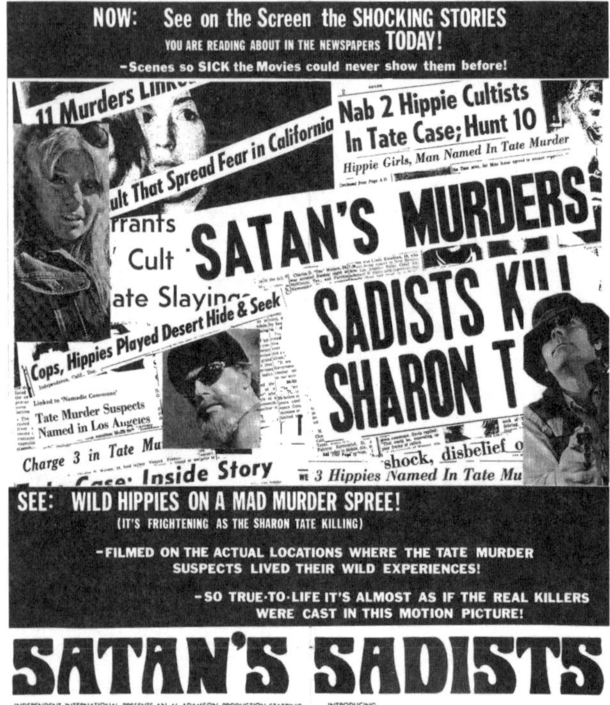

Frauen wie Tiger

Eines der bedauerlichsten Versäumnisse der ersten „Wurmparade“ war die Nichterwähnung von Russ Meyer, obwohl dieser doch auch im deutschsprachigen Raum eine echte Berühmtheit darstellt. Russ Meyer wird für gewöhnlich assoziiert mit großen Brüsten. Was bedeutet das?

Große Brüste an sich sind keine bedrohliche Erscheinung. Sie sind rund, sie sind in der Regel friedlich, sie wollen keinen Ärger. Sie können aber auch anders. Wenn man sie reizt, werden sie wuchtig und rappeln im Karton. Sie wenden sich gegen „de ofay oppressa“, wie das bei Afroamerikanern heißt, die von idiotischen Weißen gegängelt werden. Sie wuppen aus ihren Dekolletées und springen einer grauen Welt entgegen, die sie nicht versteht. Den meisten Männern bedeuten sie eine Herausforderung, ein weiterer Kontinent, den es zu erobern gilt. Mehr Brust – mehr Gegner! Ich habe niemals wirklich verstanden, warum man der Größe von Penissen so viel beimißt. Wenn Dödel ins Unermeßliche wachsen, ist das auch nicht gut für die Vagina. Wenn der Docht allzu vorwitzig an den Gebärmutterhals pocht, stelle ich mir das als nicht wünschenswert vor. Aber vielleicht urteile ich da auch nur aus meinem eigenen Verhängnis heraus. Vielleicht ist Größe ja doch alles, was zählt. Die Größe der Muckis, die Größe der Möppen. Wir leben in einer Welt, die von Monstern regiert wird.

Was ich aber erst recht nicht verstehe, ist, warum die Filme von Russ Meyer in bestimmten Zirkeln noch immer als sexistisch gewertet werden. Große Brüste spielen im Werk des Herrn Meyer eine herausragende Rolle, das ist wohl wahr. Die Brüste gehören in der Regel den Frauen, nicht den Männern, das ist wohl auch wahr. Aber – sind die Frauen darum abgewertet? Werden sie reduziert auf die Wallungswucht ihrer

Brustdrüsen? Ich habe nicht wirklich den Eindruck. Die Brüste sind ins Auge stechend, jepp. Sie wogen einem entgegen wie die Legionen des Cäsar, wie die Heerscharen des Alexander, nur ohne Elefanten. Sie schieben sich geradezu aufdringlich ins Sichtfeld. Männer begehren das! Und manche Männer fürchten das.

Russ Meyer liebte Titten. Ich liebe auch Titten, denn Titten sind toll! Im Zivilleben heißen Titten natürlich Brüste, aber Brüste werden eben sehr schnell zu Titten, wenn Männer „va-va-voom" machen und hormonell abrocken. Ich weiß auch nicht, warum man Brüste mehr schätzen sollte als ihre jeweilige Trägerin. Seit Russ Meyer weiß ich aber eines: Wenn die Besitzerin der Brüste ein Motorrad zwischen ihren Schenkeln hat und derbe ist wie jahrhundertealtes Schweinsleder, dann sollte man ihr auch als muskelbepackter Herr der Schöpfung nicht zuwiderreden. Dann sollte man sie nicht ärgern und nicht provozieren. Denn ansonsten reduziert sie die Mannespracht zu Hackepeter.

DIE SATANSWEIBER VON TITTFIELD (FASTER PUSSYCAT, KILL KILL, 1965) ist auch heute noch einer der bekanntesten Filme von Russ Meyer, schon wegen Tura Satana, jener großbusigen Dämonin aus der Rock´n´Roll-Hölle. Der wilden Heldin, die jede gute Frau, die ich kenne, verehrt. Sie ist die Wunschfigur aller Frauen, die sich niemals mehr von minderbegabten Pantomimen aus dem Männer-Imitations-Stadl bedrängen lassen wollen. Sie tritt Eier in der Hölle. Sie ist ein intimer Todfeind von allem, was ihre Integrität bedroht. Sie ist nicht nett, sie ist nicht tolerant – sie erkämpft sich ihren Lebensraum, und wenn es sein muß, mit der Machete! Zusammen mit ihren beiden Spießgesellinnen Rosie und Billie rast sie durch die Wüste, immer auf der Suche nach neuen Kicks. Dabei gehen sie auch über Leichen. Ein

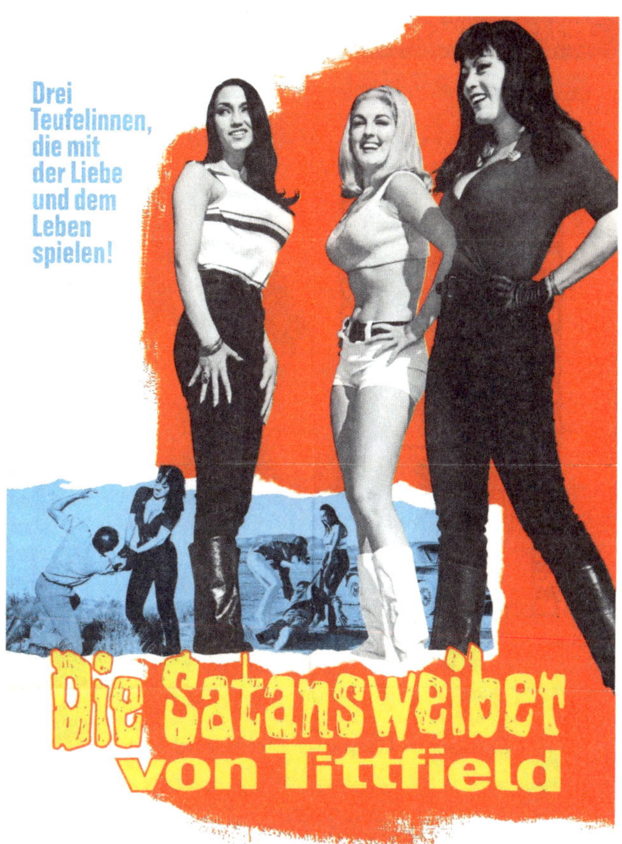
Drei
Teufelinnen,
die mit
der Liebe
und dem
Leben
spielen!
Die Satansweiber
von Tittfield
Tura Satana · Haji · Lori Williams · Susan Bernard · Stuart Lancaster · Paul Trinka
Regie: Russ Meyer · Eine EVE-Produktion der RUSS MEYER ASSOCIATES, Hollywood Constantin-Film

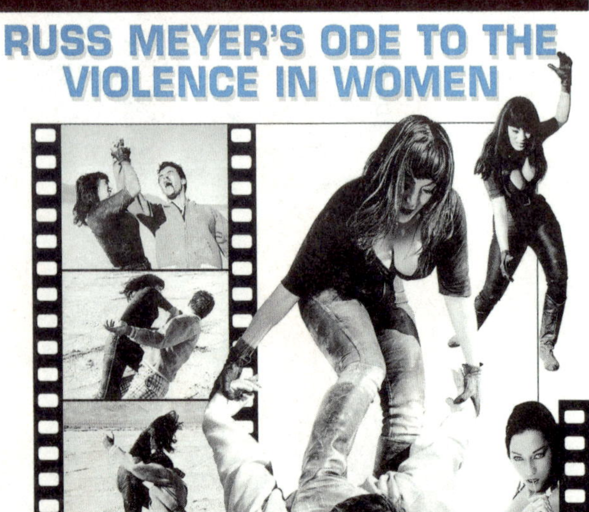
KILL! KILL! FASTER, PUSSYCAT! KILL! KILL! FASTER.
RUSS MEYER'S ODE TO THE VIOLENCE IN WOMEN
FASTER PUSSYCAT, KILL! . . . KILL!
Filmed in Glorious Black and Blue
SUPERWOMEN!
BELTED, BUCKLED and BOOTED!
• An EVE Production
• Screenplay by JACK MORAN
• Directed By RUSS MEYER
• starring Tura Satana - Haji, Lori Williams, Susan Bernard, & Stuart Lancaster.

Mannsbild kostet es gleich zu Beginn des Filmes das Leben. Dessen Freundin nehmen sie erst einmal mit, unschlüssig, was sie mit ihr machen sollen. Laufen lassen können sie sie schlecht. Sie stoßen auf ein kleines Kabuff mitten im Nirgendwo, das von einem alten Knochen im Rollstuhl bewohnt wird, gespielt vom immer verläßlichen Stuart Lancaster, der hier wirkt wie Louis de Funès als giftgeschwollener Tattergreis. Er hat einst versucht, eine junge Frau vor einem heranbrausenden Zug zu retten, was ihn sein Rückgrat kostete. Seitdem haßt er Menschen, und besonders junge Frauen. Für ihn sorgt sein Sohn, der vom Abspann zärtlich „Das Gemüse" genannt wird. Tatsächlich ist er geistig komplett unterbeheimatet, hat aber Muckis für zwei. Die Mutter ist bei seiner Geburt gestorben, weshalb ihn der Vater haßt, aber auch liebt. Ein Neurosen-Super-GAU, und das mitten in der Wüste! Der alte Zausel soll allerdings eine Menge Geld versteckt haben, und an das will Tura Satana. Es dauert nicht lange, und die Leidenschaften kochen hoch, heißer als die Wüstensonne ...

Zu Russ Meyer kann man nur sagen, daß er der vielleicht einzige Regisseur war, der es schaffte, Exploitationkino zu einer Kunst zu machen. Zuerst erkannten das die Franzosen, die zwar dazu neigen, jeden minderbegabten Hansel mit Kamera zu einem Autorenfilmer zu erklären, aber bei Onkel Russ lagen sie richtig. Sind seine frühen Filme noch reine „Nudies" und abgesehen von ihrem historischen Stellenwert – THE IMMORAL MR. TEAS von 1959 etwa führte dazu, daß die vormals sehr strengen Zensurmaßstäbe in amerikanischen Kinos aufgeweicht wurden – eher langweilig, so startete er Mitte der 60er mit Sachen wie LORNA (1964), MOTORPSYCHO (1965) und MUDHONEY (1965) so richtig durch. Die Krönung war aber FASTER PUSSYCAT, KILL KILL, der eine grundsätzlich extrem simple Reißerstory zu einem existentialistischen Rock´n´Roll-Drama mit riesigen Brüsten und röhrenden Motoren werden läßt. Die Frauen sind stark, die Frauen sind mächtig. Wie meint einer der männlichen Charaktere an einer Stelle zu Tura Satana? „Du bist so was wie ein Tier. Ich bin gegen dich ein Schwächling. Aber ich will dich haben!" Männer sind für Tura und ihre Frauen nur Spielzeuge, derer sie sich entledigen, wenn sie ihren Reiz eingebüßt haben. Und was sind die Männer für den Zuschauer? Ein frauenverachtender Krüppel, der die Wut der Impotenz verkörpert, ein debiler Muskelmann und ein Held, der sich selbst als Schwächling bezeichnet. Der Typ vom Anfang hat zwar eine große Klappe, wird dann aber von Tura zusammengestiefelt, bis er keinen Mucks mehr von sich gibt. Diese Darstellung von Männern zieht sich durch das ganze spätere Werk von Russ Meyer. Männer sind Clowns, brutale Clowns zwar, aber Clowns. Frauen hingegen sind Amazonen, Kämpferinnen, sogar ein alleswissender griechischer Chor, wie in UP! (1976) Daß man Meyer gelegentlich den Vorwurf der Frauenfeindlichkeit macht, halte ich aus diesem Grund für wenig stichhaltig. Wenn überhaupt, dann kommen die Männer ausgesprochen schlecht weg, nicht die Frauen. Tura Satana hat hier ihre mit Abstand beste Rolle. Sie ist eine Kampfansage an alle Rosa-Schleifen-Frauen, an alle Minniemäuse und Daisyducks. Vor ihr kann man nur auf die Knie fallen und sie restlos anbeten. „Ich will alles haben! Zumindest alles, was ich kriegen kann!" Sie mag eine Schurkin sein, aber sie ist direkt, sie hat klare Konzepte, sie ist vital. Sie ist die Naturgewalt, die die Wüste zum Blühen bringt. Sie ist 10 von 10 möglichen Punkten. Für Russ Meyers schwarzweißen Klassiker gilt dasselbe, ein Film, wie für mich gemacht. Erstklassiges Handwerk auf niedrigem Budget, rasant fotografiert und geschnitten, mit schmissiger Musik im Hintergrund. So einen Film als Trash zu bezeichnen, ist eigentlich eine schwere Beleidigung, aber so wird das eben gehandhabt von Leuten, die einen Rohdiamanten nicht erkennen würden, und wenn er sie in den Po beißt. FASTER PUSSYCAT, KILL KILL ist Kunst, große Kunst. Und er ist intensiv genug, einen Zuschauer zum Russ-Meyer-Fan auf Lebenszeit zu machen. Go, Tura, go!

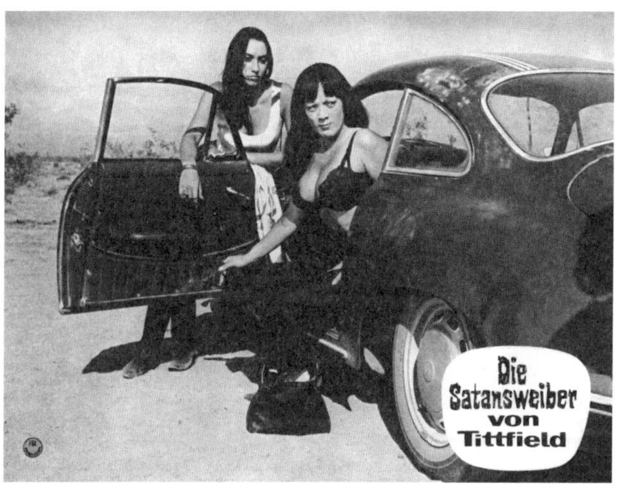

Die Toten sterben nicht aus

Während die Bikerfilme der 70er Jahre immer noch ein Ideal mit sich führten, das von der Freiheit jenseits gesellschaftlicher Regeln kündete, herrschte spätestens gegen Ende des Jahrzehnts Ernüchterung vor – no future, baby, no fun! Mit Punk war eine neue Jugendbewegung ins Land gezogen, die mal so gar nichts von Hippietum und Blumen in Pistolenmündungen hatte. Auch die Filmindustrie war schnell Gewehr bei Fuß, als es darum ging, die neue Modewelle in handliche Wurstpellen hineinzuschrauben. Um Revolution ging es dabei so gut wie niemandem. Wieso soll man sich mit komplexen gesellschaftlichen Ursachen herumplagen, wenn man Charles Bronson einfach eine lustige Horde Kirmespunker auf den Hals hetzen kann? In der Regel verkörperten die flippigen Gestalten mit ihren bunten Iros und ihren Hakenkreuzen die Bedrohung, der sich die gutbürgerlichen, gerne auch liberal angehauchten Protagonisten ausgesetzt sahen. Ein sehr erfolgreiches Beispiel war Mark L. Lesters sturzbrutaler, aber sehr gewieft gemachter DIE KLASSE VON 1984 (CLASS OF 1984, 1981), in dem der von Perry King gespielte Lehrer (der wie ein rasierter Hippie wirkt, zurechtgestutzt für die schicken 80er) das Gesetz der Wildnis beigebogen bekommt und schließlich merkt, daß auf einen groben Klotz ein grober Keil gehört. Hatte Papa doch recht gehabt, siehste! Zwischen den Heroismen des Großstadt-Bandenfilmes THE WARRIORS (1979) und dem Paranoia-Themenpark von DIE KLASSE VON 1984 liegen Welten. Beide eint aber, daß sie an Ideale glauben – der eine an Westernideale, der andere an das Sichwohlfühlen im Eigensaft, an den bewaffneten Schutz der heimischen Scholle. Das Programm „Frieden schaffen mit immer größeren Waffen" lief bereits auf Hochtouren. THE WARRIORS, der mehrere

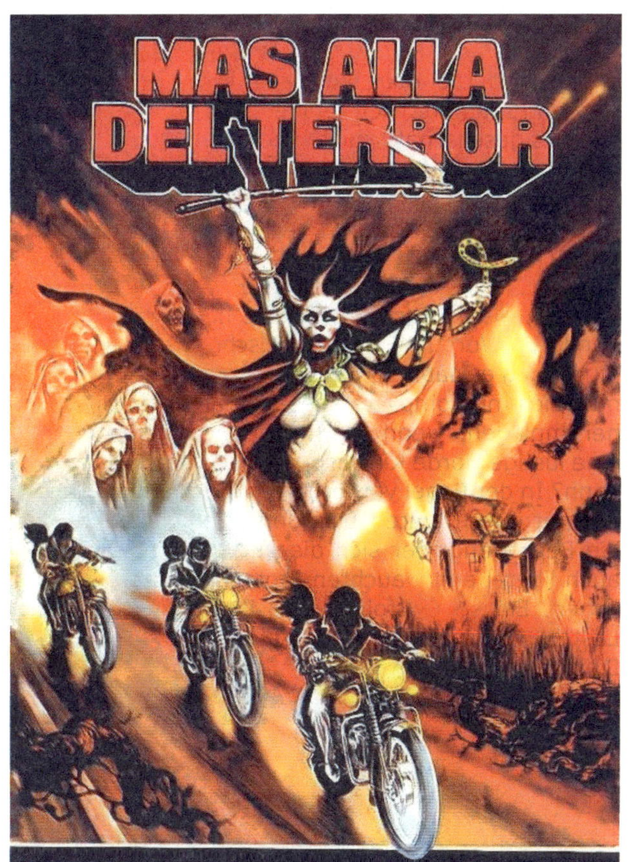
MAS ALLA
DEL TERROR
FRANCISCO SANCHEZ GRAJERA · RAQUEL RAMIREZ · EMILIO SIEGRIST · ALEXIA LORETO y ANTONIO JABALERA en Jorge
Una produccion CINEVISION s.a. · Productor ejecutivo: ALFREDO CASADO · Director TOMAS AZNAR

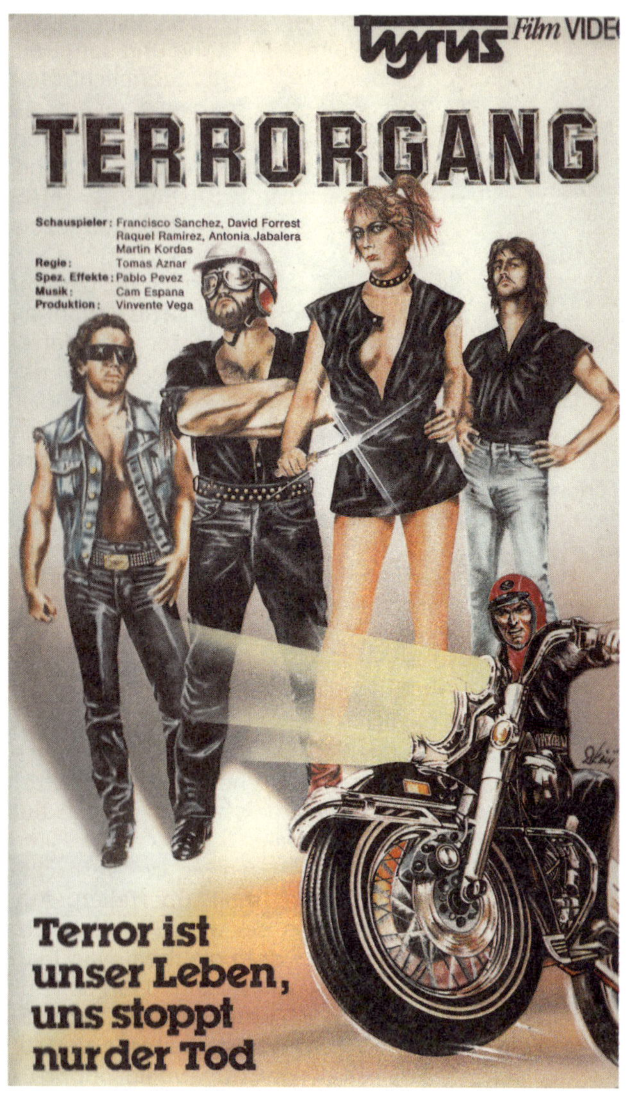
tyrus Film VIDE
TERRORGANG
Schauspieler: Francisco Sanchez, David Forrest
Raquel Ramirez, Antonia Jabalera
Martin Kordas
Regie: Tomas Aznar
Spez. Effekte: Pablo Pevez
Musik: Cam Espana
Produktion: Vinvente Vega
Terror ist
unser Leben,
uns stoppt
nur der Tod

Jahrzehnte lang auf dem Index der Bundesprüfstelle für jugendgefährdende Schriften stand und somit bei Strafandrohung nicht an Kinder und Jugendliche weitergegeben werden durfte, ist mittlerweile auf ein „Ab 12" heruntergestuft worden. (Ein neuer Ton erobert den Schulhof, höhö!) Das wird aber definitiv nicht bei der spanischen Krawallschote TERRORGANG (MÁS ALLÁ DEL TERROR, 1980) geschehen, das prophezeie ich mal.

TERRORGANG (bitte mit „ä" aussprechen!) beginnt wie ein ekliger Porno: Eine herbe, iberische Schönheit namens Lola hat sich einen verheirateten Geschäftsmann angelacht, einen richtigen Schmierlappen, der in seiner Überheblichkeit glaubt, 20-jährige Miezis stehen auf solche alten Sabbersäcke wie ihn, damit sie ihm schön seinen speckigen Nacken schubbern können. Beim Schäferstündchen versucht sie, ihm die Brieftasche zu stibitzen, was man ihm auch von Herzen gönnt. Er erwischt sie aber dabei und schlägt zu. Lola zückt daraufhin ein Messer und verwandelt ihn in Sekundenbruchteilen in eine Blutpfütze. Lola ist nämlich ein Kind des Teufels, eine nicht resozialisierbare Schlange in Menschengestalt. Sie gehört einer Jugendbande an, deren Alltag aus Mord und Entsetzen besteht. Töten ist für sie keine Arbeit, sondern eine wohlschmeckende Zwischenmahlzeit. Ich zitiere den Klappentext der (sehr seltenen) Videokassette: „Ihr Leben besteht aus Verrücktheiten, die sie auf blutigste Art und Weise ausfüllen."

Hmmh. Zunächst einmal füllen sie die Verrücktheiten aus, indem sie einen Imbiß überfallen. Aus blanker Mordlust schlachten sie alle Besucher ab. Auch zwei Polizisten müssen dran glauben. Nur Juan und Linda nehmen sie mit, als Geiseln. Juan scheint so etwas wie der Held des Filmes zu sein, obwohl Linda die Frau seines Chefs ist. Im weiteren Verlauf des Filmes erweist er sich aber als völlig opportunistischer Feigling, der alles macht, um ungeschoren aus der Sache herauszukommen. Auch Linda ist nicht die Gewinnerin der „Bürgerin des Monats"-Schleife. Ihren „Ich greife ein"-Button hat sie im Heim für gescheiterte Blondinen zurückgelassen. Puh, niemand, an dem man sich orientieren könnte. Wie geht es weiter?

Weiter geht´s mit einer lieben, alten Oma, die zusammen mit ihrem kleinen Enkel ein Haus bewohnt. Die jugendlichen Straftäter – mittlerweile zu Polizistenmördern herangereift – laden jetzt auch noch Omamord auf ihr Gewissen und stecken die Bude in Brand. (Leider hat man es versäumt, die Rocker auf der deutschen Tonspur „Wir verbrennen unser Oma ihr klein Häuschen" singen zu lassen. Das wäre wirklich hübsch gewesen.) Auch die Oma erweist sich aber als böse, denn sie ruft kurz vor ihrem Tod den Herrseibeiuns an und schickt der Terrorgang einen Fluch an den Hals. Und Satan liefert prompt: Der Wagen der jungen Leute macht sich selbstständig, aus dem Radio kommt nur noch synthetisches Gefliesel à la Jean-Michel Jarre, und schließlich hält er irgendwo im einsamen Bergland vor einer baufälligen Kapelle. Dort benehmen sich die Rüpel blasphemisch und halten eine Art schwarze Messe ab. Der eine holt seinen Lachs raus und masturbiert, während er eine hanebüchene Verballhornung der Bergpredigt vom Stapel läßt. („Selig sind die Schwulen, denn sie können sich gegenseitig bumsen!") Lola sekundiert diese eigentümliche Szene mit einem genölten „Erbarme dich unser!" Tja, Satan haben sie schon am Hacken, und jetzt legen sie sich auch noch mit dem lieben Gott an – das kann nicht gutgehen. Geht es auch nicht: Zuerst verbrennt Juan bei lebendigem Leibe, und dann verwandelt sich der Rockerfilm auf einmal in einen klassischen, spanischen Horrorschocker, wie einst bei Naschy ...

Das Cover der Videokassette weckt Assoziationen, die eher an DIE KLASSE VON 1984 gemahnen – nicht die einzige Veröffentlichung ihrerzeit, die diesen Trick anwandte. Ich war ausgesprochen froh, daß es sich bei TERRORGANG um eine Mogelpackung handelte. Von einem sleazigen Bandenfilm mutiert das Werk zum Geister- bzw. Zombiespektakel, und nicht einmal zu einem schlechten. Verwirrend an dem ziemlich brutalen Streifen fand ich, daß es wirklich niemanden gibt, den man auch nur eine Sekunde lang sympathisch finden könnte. War es in amerikanischen Slashern immer so, daß dummschwätzende Teenager als Kanonenfutter aufgebaut wurden, in dem sich das junge Publikum aber gleichzeitig wiederfinden sollte, so spielt dieser Film in einer frösteln machenden Arktis, in einer völligen Wertewüste. Man kann es gar nicht abwarten, daß die mörderischen Flitzpiepen ihr Waterloo erleben. Ob Satan oder Gott – egal, wer zuerst kommt, mahlt zuerst! Diese Form von Nihilismus ist mittlerweile fast zu einem Standard im modernen Horrorkino geworden. Damals war sie aber noch recht neu und allenfalls Semi-Underground-Filmen wie Abel Ferraras DRILLER KILLER (1979) vorbehalten. Handwerklich ist der Film ordentlich gemacht und funktioniert recht gut, kein Feinschliff, eher eine rostige Abrißbirne, aber auch die passen manchmal gut in den Feierabend hinein. Regisseur Tomás Aznar ist meines Wissens nicht verwandt mit dem ehemaligen Ministerpräsidenten Spaniens und fertigte auch nur einige weitere Filme, deren Titel nicht den Eindruck von Grübelware machen. Am Drehbuch beteiligt war immerhin einer der profiliertesten spanischen Genrefilmer, Juan Piquer Simón, dessen Meisterstreich der immens blutrünstige, aber überaus launige Faux-Ami-Slasher PIECES (MIL GRITOS TIENE LA NOCHE, 1982) war. Auch sehr hübsch sein splatteriges Schneckenragout SLUGS (1988). Ebenfalls erwähnenswert finde ich die verwendete Filmmusik, die zum großen Teil aus etwas besteht, das an italienischen Progressivrock der 70er erinnert. Obwohl kein Komponist angegeben ist (nur der Musikverlag „CAM Espana"), gab es sogar mal eine Plattenveröffentlichung, die ich irgendwo rumfliegen habe.

„Terror ist unser Leben, uns stoppt nur der Tod!" trompetet die Videohülle. Und da ich nicht weiß, wie ich den Text elegant beenden soll, zitiere ich einfach einen Satz vom Cover des wenig bekannten Italowesterns DIE BESTIE: „Auf brennenden Häusern wird ein blutiges Süppchen gekocht." In diesem Sinne.

Der blutige Weg nach Hollywood

Wer nach Hollywood gelangen und dort bestehen will, der braucht eine Menge Glück und Durchsetzungsvermögen. Das Glück kann etwa darin bestehen, daß man in den Segen hineingeboren wird und vom Fest der koksgeschwängerten Inzucht profitiert. Vielleicht ist man auch nur zur rechten Zeit am rechten Ort, wenn ein erfolgreicher, aber nichtsdestotrotz trauriger Produzent das kürzlich erfolgte Hinscheiden seiner siebenten Ehe beweint. Wenn man dann eine kulleräugige Blondine aus Wyoming ist, der vom Herrgott zwar keine nennenswerten Geistesgaben auf den Weg gegeben wurden, wohl aber schwere Busen auferlegt, kann man vielleicht punkten. Manch ein Filmemacher wäre gern diese Blondine aus Wyoming.

Joe Saxon ist keine Blondine aus Wyoming, aber er wünscht sich nichts sehnlicher, als in den Tümpel „Tinseltowns" einzutauchen und dort wohlig zu planschen. Zu diesem Zwecke hat er nicht nur den Großteil seiner Ersparnisse auf den Kopf gehauen, sondern auch den ohnehin nur schwach ausgebildeten Bezug zur Realität, den er mal besaß. Als Inhaber eines mondänen Bungalows mit Swimmingpool kann er prima Hollywood-Leute der unteren Preisklasse beeindrucken, nur bezahlen kann er den ganzen Krempel nicht. Seiner Frau Liz ist auch schon aufgefallen, daß sie bei dem schmalzlockigen Zampano mit Zitronen gehandelt hat. Die Liebe ist aus dem Fenster, wie man so schön sagt.

Im Luftschloß eines anderen zu wohnen, geht nur eine Zeit lang gut. In Lindas Autobahnraststätte finden die beiden wieder zusammen und bekommen Gelegenheit, ihre Zwistigkeiten auszudiskutieren. Das heißt, unter anderen Umständen wäre es ihnen möglich, das zu tun, aber ausgerechnet jetzt befinden sich drei gemeingefährliche Geisteskranke dort, und

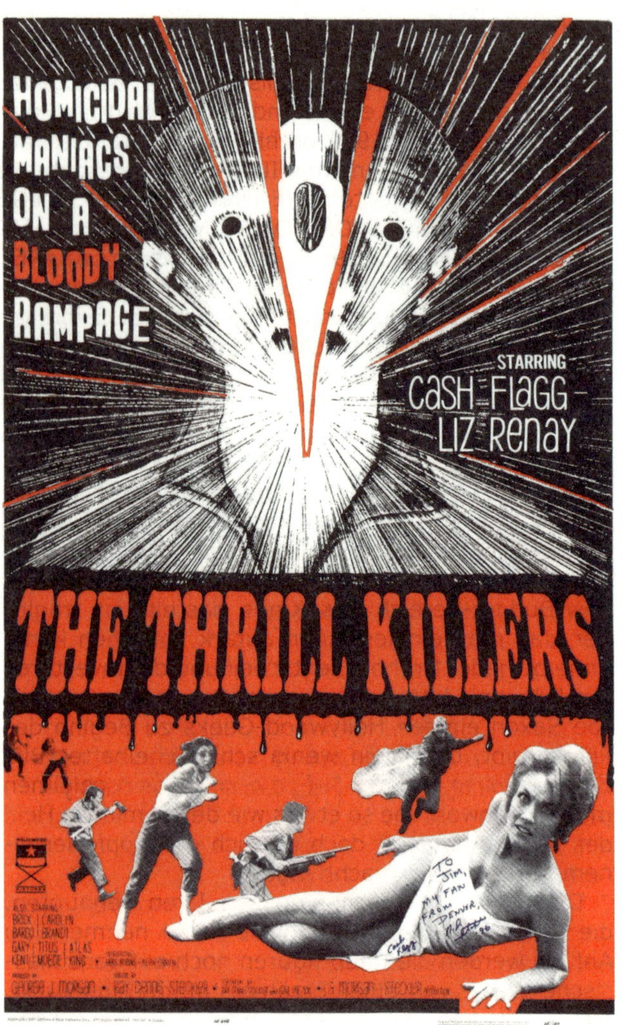
HOMICIDAL
MANIACS
ON A
BLOODY
RAMPAGE
STARRING
CASH FLAGG
LIZ RENAY
THE THRILL KILLERS
TO JIM,
MY FAN
FROM
DENVER,
ALSO STARRING
BROCK BARDO
CAROLYN BRANDT
GARY KENT
TITUS MOEDE
ATLAS KING
GEORGE J. MORGAN
RAY DENNIS STECKLER

sie haben nicht nur eine Axt dabei, sondern auch die Absicht, jene zu benutzen ...

Man kann über Ray Dennis Steckler eine ganze Menge sagen, aber eine Blondine aus Wyoming war auch er nicht. Seit 1962 drehte er Exploitationfilme. Nach dem Halbstarkenfilm WILD GUITAR präsentierte er den sperrig betitelten THE INCREDIBLY STRANGE CREATURES WHO STOPPED LIVING AND BECAME MIXED-UP ZOMBIES (1964), der bei uns als CABARET DER ZOMBIES auf Video herauskam. Ob jenes Horror-Musical nun gelungen ist oder nicht, muß wirklich jeder für sich selbst entscheiden, aber ungewöhnlich war der Film auf jeden Fall. Das spätere Werk des Herrn Steckler zeichnete sich durch eine große Liebe zum Extravaganten aus. Sein mit Abstand bester Film war aber der dritte, THE THRILL KILLERS (1964). Hier zeigte Ray, daß ihm eigentlich großes Kino nach klassischem Strickmuster vorschwebte, in diesem Fall ein Noir-Thriller mit hollywoodkritischen Untertönen. Einer der Vorzüge, die man genießt, wenn man im Low-Budget-Bereich des Kinos bastelt, ist fraglos der, daß man einigermaßen autark vorgehen kann, ohne bei jeder Drehbuchentscheidung die Investoren um Erlaubnis bitten zu müssen. Die Party etwa, die Joe Saxon einigen Hollywood-Geeks zu Beginn des Filmes gibt, bietet ein wenig schmeichelhaftes Bild des Milieus, in das sich Joe so gerne hineinschleimen möchte. Obwohl Joe so etwas wie der nominelle Held des Filmes ist, ist er doch letztlich ein Tropf, der einem hohlen Traum nachhängt.

Dies kann man nicht von den Irren behaupten, die schon bald die Story in die Hand nehmen. Zu Anfang werden die Hauptfiguren noch auf ganz klassische Weise von einer Erzählerstimme eingeführt, die den Zuschauer mit lustvoll noiriger Prosa auf das einstimmt, was ihm bevorsteht. (Eine Technik übrigens, die Steckler sehr häufig verwendete, sogar in seinen späteren Pornos.) Während die braven Bürger aber weitgehend unsensationelle, fast leblose Existenzen führen, sind die entsprungenen Napfkuchen echte Männer der Tat. Am besten schneidet dabei Mort „Mad Dog" Click ab, der von einem langnasigen Zeitgenossen namens „Cash Flagg" gespielt wird. Bei ihm handelt es sich natürlich um Ray Dennis Steckler höchstselbst, und daß er sich hier die Rolle eines brutalen Sexmörders gegeben hat, spricht für seinen Sportsgeist. Obendrein ist er ziemlich überzeugend in der Rolle. Mit seinen kurzgeschorenen Haaren und seiner gefährlich leisen Stimme wirkt er wie der Fußballhooligan, dem man bitte nicht über den Weg laufen möchte. Der Mann ist eine tickende Zeitbombe! Wir erleben mit, wie er eine Prostituierte aufgabelt und sie dann, nach kurzem Bettgeflüster, in einen Schweizer Käse verwandelt. Allein diese Szene ist mit Leichtigkeit besser gemacht als die meisten anderen Sachen, die ich von ihm gesehen habe, mit einer interessanten Beleuchtungsstrategie, die dem An-Aus der Reklameleuchttafeln vor dem Fenster entspricht und den Akt der Gewalt in einen ständigen Wechsel von Licht und Dunkelheit taucht. Einen armen Geschäftsmann, der uns vom Erzähler zu Anfang noch wie eine Hauptfigur präsentiert wird, erledigt er erbarmungslos auf offener Straße und wie nebenbei.

Die anderen Psychos sind derweil nicht untätig. Als erstes bekommen sie ein junges Paar in die Finger, dessen weiblicher Bestandteil von Carolyn Brandt gespielt wird, einer hübschen Frau, die Ray wohl am Set von WILD GUITAR kennenlernte und bald darauf ehelichte. Die Psychos schmeißen den jungen Leuten einen abgetrennten Kopf entgegen. Dann geht sie los, die wilde Party. Der Hauptpsycho ist der eigentlich recht gutaussehende Gary Kent, der meistens eher Heldenfiguren spielte, hier aber einen

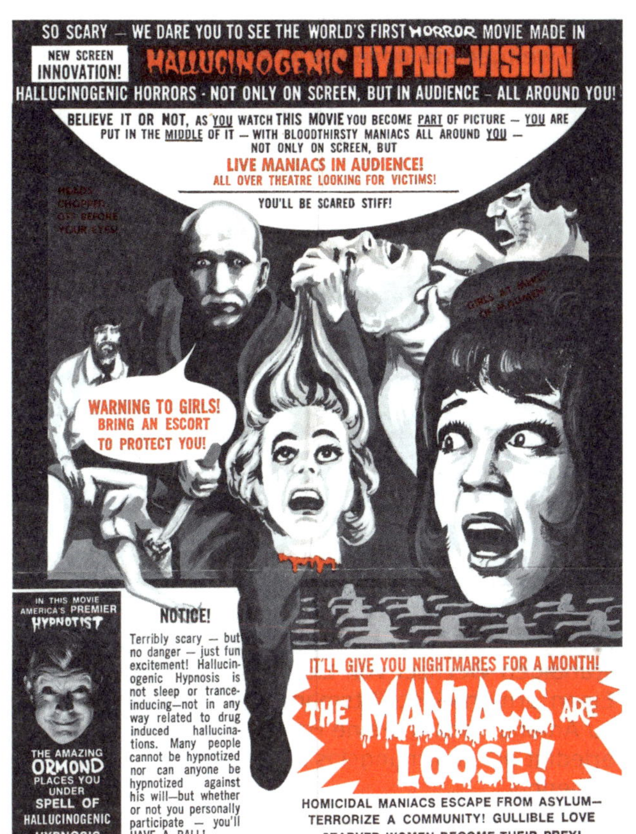

SO SCARY — WE DARE YOU TO SEE THE WORLD'S FIRST HORROR MOVIE MADE IN
NEW SCREEN INNOVATION!
HALLUCINOGENIC HYPNO-VISION
HALLUCINOGENIC HORRORS - NOT ONLY ON SCREEN, BUT IN AUDIENCE – ALL AROUND YOU!
BELIEVE IT OR NOT, AS YOU WATCH THIS MOVIE YOU BECOME PART OF PICTURE — YOU ARE PUT IN THE MIDDLE OF IT — WITH BLOODTHIRSTY MANIACS ALL AROUND YOU — NOT ONLY ON SCREEN, BUT
LIVE MANIACS IN AUDIENCE!
ALL OVER THEATRE LOOKING FOR VICTIMS!
YOU'LL BE SCARED STIFF!
WARNING TO GIRLS! BRING AN ESCORT TO PROTECT YOU!
IN THIS MOVIE AMERICA'S PREMIER HYPNOTIST
THE AMAZING ORMOND PLACES YOU UNDER SPELL OF HALLUCINOGENIC HYPNOSIS
NOTICE!
Terribly scary — but no danger — just fun excitement! Hallucinogenic Hypnosis is not sleep or trance-inducing—not in any way related to drug induced hallucinations. Many people cannot be hypnotized nor can anyone be hypnotized against his will—but whether or not you personally participate — you'll HAVE A BALL!
IT'LL GIVE YOU NIGHTMARES FOR A MONTH!
THE MANIACS ARE LOOSE!
HOMICIDAL MANIACS ESCAPE FROM ASYLUM— TERRORIZE A COMMUNITY! GULLIBLE LOVE STARVED WOMEN BECOME THEIR PREY!
DO NOT CONFUSE WITH OTHER MOVIES! NOTHING LIKE IT EVER BEFORE!

Brutalinski reinsten Wassers gibt. Am zurechnungsfähigsten von den dreien ist Herb Robins, der zehn Jahre später den Chefexzentriker Herman Umgar in DIE WURMFRESSER spielen sollte. Hier übt er schon mal. Die Brutalität, mit der die Kollegen vorgehen, ist für das Entstehungsjahr des Filmes ziemlich zackig. Das Schwarzweiß mildert das hier und da etwas ab, aber romantisiert wird eindeutig nichts. Der schmalzlockige Held wird von einem gewissen Brick Bardo gespielt, der in den späten 70ern zum Regisseur von Hardcore-Pornos reüssieren sollte. Hier drehte er unter anderem die Literaturbearbeitung DEEP ROOTS (1978) und den ziemlich drolligen DOWNSTAIRS UPSTAIRS (1979), der in der deutschen Fassung den sperrigen Titel DIE SEXUELLEN AUSSCHWEIFUNGEN DER OBEREN ZEHNTAUSEND VON BEVERLY HILLS bekam, was ihn wie einen Geistesverwandten des Hollywoodbildes von THE THRILL KILLERS wirken läßt, was er im Grunde auch ist. Seine Frau wird übrigens von Liz Renay gespielt, deren Leben einen eigenen Hollywoodfilm abgeben würde. Sie hatte einst als Showgirl begonnen und wurde bald die Geliebte von Chefgangster Mickey Cohen, den James-Ellroy-Fans bestens kennen werden. Statt vor Gericht gegen ihn auszusagen, wanderte sie lieber für geraume Zeit in den Knast. Danach machte sie bei Filmen wie diesem hier mit, später auch des öfteren beim Erotikspezialisten Carlos Tobalina. Auch in einigen Filmen von John Waters hatte sie gute Rollen. Ein echtes „Glamour Girl" der alten Schule, die Liz.

Ray Dennis Steckler sollte nach diesem ruppigen Kracher noch einige weitere Filme machen, die weit jenseits von Hollywood stromerten, aber nicht selten den Fan verrieten. RAT PFINK A BOO BOO (1968) ist einer seiner besseren, SINTHIA THE DEVIL DOLL (1970) einer seiner psychedelischsten und durchgeknalltesten. Mit seinen Pornos wurde er ausgesprochen ungern konfrontiert, und nicht alle, die ihm in der IMDb zugeschrieben werden, hat er wohl gemacht. Da aber viele von ihnen Erzählerstimmen besitzen, die entweder ihm selbst oder seiner Carolyn gehören, ist die Urheberschaft kaum anzuzweifeln. Einer der lustigsten davon war THE MAD LOVE LIFE OF A HOT VAMPIRE (1971), in dem ein besonders trashiger Vampir von einem Fernsehmann gespielt wird, der sonst Horrorfilme auf einem Privatsender ansagte und im Regionalfernsehen wohl so etwas wie eine kleine Legende war. Er behält die Hosen an, alle anderen ziehen sie aus, und diese Arbeitsteilung ist auch ganz sinnvoll. Ich habe noch in Erinnerung, daß der Vampir bei seinem Exitus Mutter Sonne noch einen Mittelfinger entgegenstreckt. Auch verhaspelt sich einer der Darsteller in einer Szene und nennt den Vampirjäger „Van Hursting". Aber jo mei, für Ray waren diese Filme wohl einfach Geldmaschinen. Seine Überzeugungstaten sind anderswo zu suchen.

Im Internet und anderswo wird viel Spott über den Mann ausgegossen, was ich völlig unberechtigt finde. Wohl wahr, die meisten seiner Filme sind keine ausgesprochenen Meisterwerke, aber er war ein persönlicher Filmemacher, dessen Herz wohl eher bei den Klassikern lag. Gleichzeitig hatte er den Rock´n´Roll im Blut und eine mehr als offensichtliche Vorliebe für Halbstarke auf Lebenszeit, für Rebellen wider das System. Sein Meisterstreich bleibt der von treibender Jazzmusik angefeuerte THE THRILL KILLERS, der mit seinen knackigen 70 Minuten nicht nur ein vorbildlicher Exploitationheuler ist, der so wirkt, als sei er den Machern von „Something Weird" in einem Traum erschienen, sondern er ist wirklich ein exzellenter Low-Budget-Reißer, ökonomisch, ruppig, rattenspannend. Ray lebte in Las Vegas und knackte niemals den Jackpot, aber er versorgte uns mit wilden Träumen. Dafür: Hut ab, Herr Steckler!

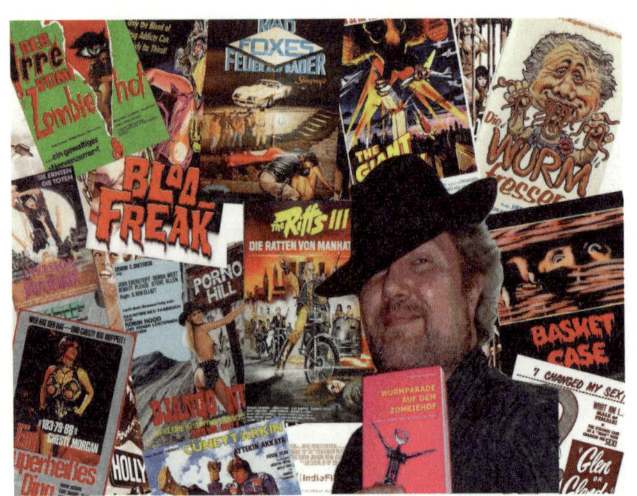

Der Irre vom Zombiehof
...ein gewaltiger Nervenzerrer!
MAD FOXES
THE GIANT
Die WURM
SIE ERNTEN DIE TOTEN
FREAK
The Riffs III
PORNO HILL
ROBIN HOOD
BASKET CASE
"I CHANGED MY SEX!
CHESTY MORGAN
CÜNEYT ARKIN
WURMPARADE AUF DEN ZOMBIEHOF

6. Teil
Freßfilme

Runtergespült im Dixie-Klo

In den unterschiedlichsten Nationen der Welt trifft man das Phänomen an, daß der Süden mit Vorurteilen zu leben hat. Das ist in Deutschland so. Das ist in Italien so. Das ist in den Vereinigten Staaten von Amerika so. Dem Süden haftet dabei häufig der Vorwurf an, konservativ bis rückwärtsgewandt zu sein und sich an rustikalen Eigenheiten festzuklammern, die anderswo nur für Kopfschütteln oder Erheiterung sorgen. Gleichzeitig aber gilt der Süden als überaus pittoresk, als farbig und musisch reichhaltig, als Wiege von Künsten, die man im industriellen Norden vor langer Zeit verlernt hat.

Betrachtet man sich vor diesem Hintergrund Herschell Gordon Lewis´ TWO THOUSAND MANIACS (1964), muß man konstatieren, daß auch dem lustvollen Zerschnetzeln und Ausweiden von Yankee-Touristen eine große Pittoreskheit anhaftet, und dies zu einer Zeit, als Doris Day und Rock Hudson die Leinwände mit Bonbonfarben und unerbittlicher Niedlichkeit erfreuten.

Die Einwohner von Pleasant Valley haben Fremde ausgesprochen gern. Von falschen Umleitungsschildern in die Einöde gelockt, sehen sich Besucher einer jubilierenden Menge fröhlicher Landeier ausgesetzt, deren Gesichter geprägt sind von unverstellter Urwüchsigkeit und einem sonnigen Gemüt. Hier wird Gastfreundschaft noch großgeschrieben, hier ist der Kunde König. Eine Einladung zum Essen jedoch sollte man, wenn man seine Sinne beisammen hat, ausschlagen. Denn dort ist man nicht Ehrengast – man ist das Hauptgericht!

Schon verwunderlich, daß der amerikanische Bürgerkrieg relativ selten in Horrorfilmen abgehandelt wurde. Nun ja, das Trauma, das er einst erzeugte, dürfte mittlerweile abgeklungen sein. Doch der Süden

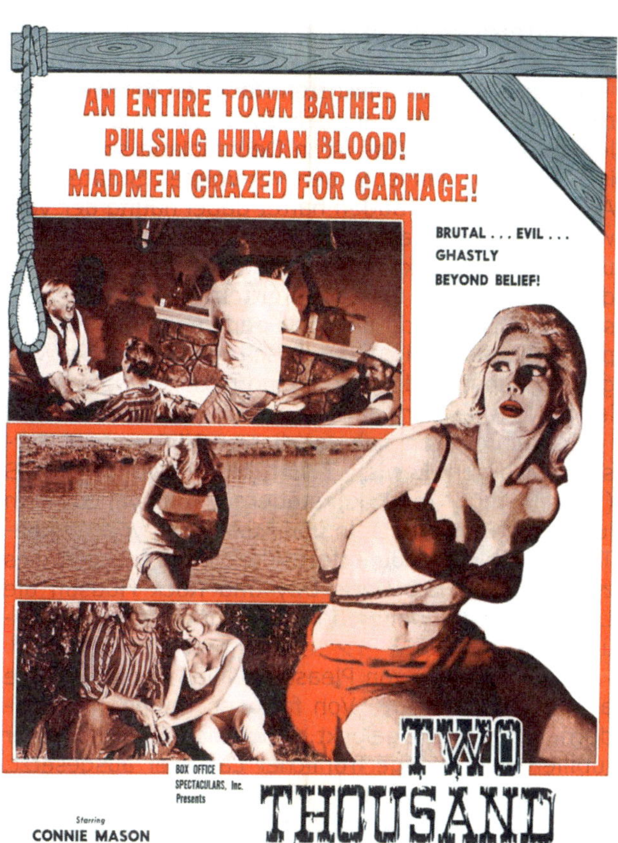
AN ENTIRE TOWN BATHED IN
PULSING HUMAN BLOOD!
MADMEN CRAZED FOR CARNAGE!
BRUTAL . . . EVIL . . .
GHASTLY
BEYOND BELIEF!
BOX OFFICE
SPECTACULARS, Inc.
Presents
TWO
THOUSAND
MANIACS!
Starring
CONNIE MASON
Playboy's Favorite Playmate
with
THOMAS WOOD
JEFFREY ALLEN
GRUESOMELY STAINED IN BLOOD COLOR!
Produced by DAVID F. FRIEDMAN
Directed by HERSCHELL G. LEWIS

war im Kino schon immer populär, meistens in seiner dämonisierten Variante. Wer kennt sie nicht, die Filme, in denen langhaarige, junge Menschen in die Fänge grenzdebiler Rednecks geraten, häufig angeführt von einem fetten Dorfsheriff in fleckiger Uniform? In denen moderne Stadtfräcke von entmenschten Hillbillys dazu gezwungen werden, wie ein Schwein zu quieken oder sich Banjomusik anzuhören? In denen der „Rebel Yell" zusammen mit der Muttermilch in die Seele der Landbevölkerung einsickert, Ungutes gebärend? Rhett Butler und Scarlett O´Hara, schön und gut, aber wenn Butterfly dem Ashley mit einer Sense die Nudel abrasiert, hat der Bauer gut lachen!

Die Karriere von Herschell Gordon Lewis begann unscheinbar, mit einer Handvoll von harmlosen „Nudie Cuties" – exakt jener Sorte von Filmen, in denen der Alltag in Nudistenkolonien schonungslos offengelegt wurde. Da die Zensur es damals noch verbot, die samtene Haut der Darsteller und Darstellerinnen mit sexuellen Aktivitäten zu verbinden, wurden eben Nackedeis beim Volleyball gezeigt. In Nudistenkolonien wurde nämlich besonders gern Volleyball gespielt, schenkt man diesen Filmen Glauben. Da springt man nämlich immer hoch und kommt wieder runter. Schwerkraft, Brüste, comprende? In einem von Lewis´ Filmen gibt es sogar einen Nacktanzwettbewerb zu bewundern – da wird getwistet und gehottet, da werden die Glieder ausgeschüttelt, daß es nur so eine Art hat!

1963 kamen er und sein Mitverschwörer, der großartige Produzent Dave Friedman (nur echt mit dicker Zigarre!), auf die Idee, einen Film zu machen, der dem Publikum etwas anderes zeigte, das ihm bislang vorenthalten worden war. Der Mensch ist mehr als die Summe seiner Teile, wohl wahr, aber wenn man ihn auf seine Teile reduziert und diese schön durch die Gegend fliegen, dann kreischt das Publikum, und wer kreischt – so die merkwürdige Logik des Horrorkinos –, der kommt wieder! BLOOD FEAST entstand für wenig Geld, und er erwies sich als Riesenerfolg. Nie zuvor hatte man das komplizierte Innenleben des modernen Menschen so anmutig auf einer Leinwand ausgebreitet wie hier. Die Geschichte von einem ägyptischen Catering-Service-Besitzer namens Fuad Ramses war ebenso grotesk wie genial, und der Umstand, daß der Film deutlich billiger und ramschiger geraten war als vergleichbare Hollywoodprodukte, wurde mehr als ausgeglichen von der Ausgelassenheit, mit der im Kunstblut geplanscht wurde. Für Herschell und Dave bedeutete das, daß sie auf eine Goldader gestoßen waren. Und nachdem das Pionierwerk, qualitativ gesehen, eher ein billiges Stieleis für zwanzig Pfennige gewesen war, schuf Lewis mit TWO THOUSAND MANIACS eine denkwürdige Süßspeise, eine königliche Crème Brulée des Gemetzels!

Die Story des Filmes stellt eine Variation des märchenhaften Musicals BRIGADOON (1954) dar, das von einer Stadt handelt, die alle 100 Jahre erscheint und dann wieder verschwindet. Natürlich wird in jenem Hollywood-Klassiker niemand von Pferden gevierteilt, und Gene Kelly wird auch nicht in ein mit langen Nägeln ausgestattetes Faß hineingesteckt und den Hügel hinuntergerollt, obwohl das durchaus interessant gewesen wäre, aber Hollywood war eben noch nicht reif dafür. Das Exploitationkino von Herschell und Dave hingegen war reif dafür, es war vollreif, und es machte keine Gefangenen! Angesichts der zunehmenden Brutalisierung des Mainstreamkinos, das seit William Friedkins DER EXORZIST (1973) die Anregungen des Exploitationsektors dankbar aufgegriffen und hoffähig gemacht hatte, wirken die ausgelassenen Splattereien von Lewis´ Pionierarbeiten nahezu possierlich – eklig, ja klar, aber kein Vergleich zu den naturalistischen und computerveredelten Metzelstudien, die heutzutage selbst in Filmen zu sehen sind, die von der FSK ab 16 freigegeben werden. Damals aber, 1964, muß das die Leute schockiert haben jenseits aller Vorstellungsmöglichkeiten. Das war echter Rock´n´Roll, das war der Tritt in die Magengrube. Man stelle sich den Stürmerstar seines bevorzugten Fußballclubs vor, wie er einem, horizontal heranfliegend, mitten in den Bauch donnert – so etwa muß sich das damals angefühlt haben. Wenn ich mir die Neuverfilmungen von einstigen Schockern wie LAST HOUSE ON THE LEFT oder I SPIT ON YOUR GRAVE anschaue, komme ich nicht umhin, festzustellen, daß die neuen Sachen technisch gesehen natürlich in einer anderen Liga spielen. Ihnen geht aber die subversive Sprengkraft der Oldies völlig ab, der sumpfige Charme der übertretenen Tabugrenze. Sie sind keine wagemutigen Gipfelstürmer – sie benutzen die Seilbahn und fressen dazu Popcorn.

2000 MANIACS gehört ganz eindeutig zu den besten Filmen, die Lewis jemals hingekriegt hat. Die Grundidee ist exzellent und verbindet das alte Spannungsfeld Nordstaaten-Südstaaten mit einer Replik auf die hochmütigen Vorurteile, die man vermeintlich rückständigen Regionen entgegenzubringen pflegt. Als Held und Heldin fungieren Bill Kerwin (damals Dauergast in Herschells Filmen, der, da er nebenbei noch Hollywood-Charakterdarsteller war, meistens unter Pseudonym auftrat) und dessen damalige Gattin Connie Mason. Beide sehen hübsch aus und sehr amerikanisch, aber die wahren Hauptdarsteller sind natürlich die bizarren Schurken, die entmenschten Hillbillys. Jene besitzen nämlich alle Eigenschaften, die man normalerweise eher den „Good Guys" zugestehen würde: Sie sind leidenschaftlich, sie verstehen es zu feiern, und sie sind überaus fröhlich. Tatsächlich ist 2000 MANIACS ein Film, in dem viel gelacht wird – der Süden rächt sich, und er hat eine Menge

Spaß dabei. Die Helden hingegen werden von Anfang an als weitgehend freudlose Naturen gezeichnet, die eher widerwillig bei den Dorfdeppen ausharren, da sie ja eigentlich wahnsinnig wichtige Termine haben. Da sind Rufus, Lester und der Bürgermeister doch ein ganz annern Schnack – die feiern die Köpfe, wie sie fallen, und dazu schraddelt aufgekratzt die Bluegrass-Musik. (Einige der Schauspieler wurden auch in dem eher komödiantisch akzentuierten MOONSHINE MOUNTAIN wiederverwendet.)

Die weitere Karriere des Herschell Gordon Lewis sollte ein ständiger Wechsel bleiben zwischen mehr oder weniger freizügigen „Nudies" und eben diesen Splattergranaten. Mein persönlicher Favorit ist THE GRUESOME TWOSOME (1967), der einzige Blutmatschfilm, der von zwei Perücken erzählt wird. Aber auch THE WIZARD OF GORE (1970) ist ziemlich gut, in dem Zauberer Montag so manche Jungfrau zersägt. Weitgehend unbeachtet blieb leider JIMMY THE WONDER BOY (1966), ein gänzlich unfaßbares Musical für Kinder (!), das wie eine Low-Low-Budget-Version der Dr.-Seuss-Verfilmung DIE 5000 FINGER DES DR. T (1953) wirkt und definitiv nicht unter LSD-Einfluß gesichtet werden sollte. Wenzel Storch würde diesen Film lieben.

Die spät erfolgte Wiederentdeckung von Lewis´ Oden an die Eingeweide führte 2002 zu BLOOD FEAST 2, in dem sich sogar John Waters die Ehre gab. Ähnlich wie jener orientiert sich auch Tim Sullivans 2005 herausgekommene Quasi-Neuverfilmung 2001 MANIACS an den heutigen Sehgewohnheiten. Der Film ist sauber produziert, hat ein gutes Tempo und liebt ganz offensichtlich Lewis´ Vorlage. (Sehr hübsch etwa der Einfall, eine krachige Noise-Version von 2000 MANIACS´ Titelthema, „The South´s Gonna Rise Again", zu basteln!) Trotzdem fällt auch hier auf, daß der Reiz des Originals nicht wirklich zu erreichen ist, höchstens nachzuempfinden. Guter Wein wird aus Trauben gemacht, aber wenn er obendrein ein großes Ereignis veredelt, dann wird man sich ewig an ihn erinnern, dann wird er zu Rock´n´Roll. 2000 MANIACS ist Rock´n´Roll, und der Süden wird immer bestehen bleiben!

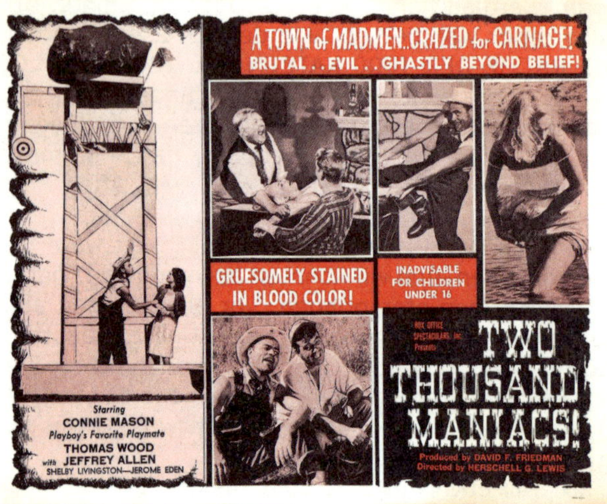

Katzen würden Whiskey saufen

Wie der Vater, so der Sohn. Der Apfel fällt nicht weit vom Stamm. Der Spatz in der Hand ist besser als die Taube auf dem Dach. Ich liebe Sprichwörter! René Cardona, der Regisseur von NIGHT OF THE BLOODY APES, hatte einen Sohn, den er der Unkompliziertheit halber René Cardona jr. nannte. Und auch jener war tierlieb, wie der 1972 entstandene DIE RACHE DER 1000 KATZEN (LA NOCHE DE LOS MIL GATOS) zeigt. Mit Katzen verbindet mich eine lebenslange Liebesbeziehung. Katzen sind Eleganz auf Pfoten. Ich möchte behaupten, daß – stammte der Mensch von der Katze ab statt vom Affen – die Welt heute anders aussehen würde. Anmut würde großgeschrieben werden, Geschicklichkeit wäre uns allen gegeben, und wir könnten auch von ganz hohen Schränken herunterspringen. Vor allen Dingen aber hätten wir keinen Bart wie Hugo Stiglitz, Hauptdarsteller vieler Werke der Cardonas und ein echter Star in seinem Heimatland. Ein Star namens Stiglitz, der in einem Katzenfilm mitspielt – so etwas gibt es nur in Mexiko!

Ich will Euch mal was über meinen Freund Hugo erzählen. Also, Hugo, Hugo ist wirklich der Größte! In Deutschland kennt man ihn am ehesten aus dem Film GROSSANGRIFF DER ZOMBIES, in dem er den Helden spielte, aber tatsächlich war er in über 200 Filmen dabei, eigentlich in nahezu allen mexikanischen Filmen, die sich seit 1970 nach Übersee verkauft haben. Theoretisch hätte er auch in allen anderen Filmen sein müssen, die jemals produziert wurden. Aber man kann nicht überall sein. Nicht einmal Hugo kann das.

Ansonsten kann Hugo aber so ziemlich alles. Hugo kann mit einem Schnellboot umgehen wie kein zweiter, Hugo kann Hubschrauber, und Autos kann

Hugo sowieso. Hugo war der erste Mann auf dem Mond, und als Erfinder verdanken wir ihm alles, vom Wankelmotor bis zur atomgetriebenen Tortenspritze. In DIE RACHE DER 1000 KATZEN spielt Hugo einen reichen Playboy adeliger Abkunft. Der Playboy heißt Hugo, genau wie er. Und genau wie Hugo ist auch Hugo toll! Er macht in der Badehose eine gute Figur, und die Frauen fahren voll auf ihn ab. Alle wollen Hugo! Und Hugo will alle, wenngleich eher als Futter für seine Katzen, aber immer langsam. Mit seinem Privathelikopter baggert er sie alle an, die Frauen. Und die finden das nicht im mindesten merkwürdig, wenn ein Fremder mit einem Hubschrauber fast in ihrem Swimmingpool landet. Das ist Mexiko! Viva México, cabrón! Eine Mutter hat sogar nichts dagegen, daß Hugo, ohne sie zu fragen, ihre kleine Tochter mit in den Hubschrauber nimmt, zu einer kleinen Spritztour, höhö! Sie ruft nicht die Polizei, nein, sie lacht nur, denn sie weiß, Hugo ist verwegen, Hugo ist ein Teufelskerl!

Okay, so nebenbei ist Hugo auch ein Blaubart für Arme, ermordet gewohnheitsmäßig Frauen, deren Köpfe er dann in Glasvitrinen ausstellt. Den Rest verfüttert er an die Katzen, denn Hugo ist tierlieb, genau wie René Cardona jr. Und er bekommt sie alle: die Amerikanerin Anjanette Comer, die Deutsche Christa Linder, die argentinische Tänzerin. Ein Wahnsinn, der Hugo!

Das Tolle an DIE RACHE DER 1000 KATZEN ist, daß er ohne einen wie auch immer gearteten Spannungsbogen auskommt. Das hat Hugo gar nicht nötig. Seinen Spannungsbogen hat der in der Hose, und jede Menge Pfeile im Köcher. Sobald der Film beginnt, geht das los: „Ich werde dich jetzt umbringen!" sagt er zu der einen. Und: „Ich werde dich zu Chappi verarbeiten für meine Kätzchen!" Synchrontechnisch Feinschliff. Gesprochen wird er von Hartmut Neugebauer, der später immer Gene Hackman gesprochen hat. Doch wer ist Gene Hackman gegen Hugo? Es läuft immer gleich: Hugo umwirbt das Mädel (blond, brünett, egal), meuchelt sie, dann Raubtierfütterung, und am Schluß schiebt sein Diener Dorgo einen mysteriösen Sack in den Ofen. Und Dorgo ist auch so ein Fall für die Gummiklinik der Madame Olga: glatzköpfig, debil, und schnüffelt Miederwaren! Grunzend, aber loyal, das gab es noch in den frühen 70ern. Gutes Personal ist schwer zu finden.

Charaktervertiefung? Och bitte, was sind das denn für vorsintflutliche Konzepte? Man braucht Hugo nur einmal zuzusehen, wie er wieder bei einem steilen Zahn auftrumpft, dann weiß man aber, wo der Frosch die Locken hat. Ohne unnötigen dramaturgischen Ballast wird hier eine direkte Verbindung geschaffen vom Hugo des Films zum Hugo in uns allen. Tatsächlich verfügt der Film kaum über nennenswerte Dialoge. Wozu auch? Hugo spricht für sich selbst. Wenn er Badenixen klarmacht, reicht der Film schöne Travelogue-Aufnahmen von Acapulco und anderen mexikanischen Prachtorten. Die Geheimnisse, die in ihm wohnen, behält er schön für sich. Er liebt es zu posieren, in Badehose, im saloppen Freizeitzeug. Schauspielerisch ist Hugo ein Gewinner des Steven-Seagal-Gedächtnispreises. Wobei – Seagal lacht wenigstens von Zeit zu Zeit mal. Hugo lacht fast niemals, denn lachen ist nicht cool. Lachen bringt die Miezen nicht ans Gerät, wie das mal so ähnlich bei den Ärzten hieß. Der Musikgruppe, nicht Hugos Ärzten.

Was der Film präsentiert, ist eine Welt, die nur aus Hugo besteht, wie in jener Szene in Spike Jonzes BEING JOHN MALKOVICH, in der John Malkovich in John Malkovich hineinschlüpft. Die etwas monomanische Struktur von DIE RACHE DER 1000 KATZEN ist folgerichtig, das künstlerische Konzept konsequent.

Die Welt, wie Hugo sie sah, festgehalten für nachfolgende Generationen, die nicht wissen, wie Kino gemacht wird. Hugo mag ein gemeingefährlicher Psychopath mit wahnhaften Zügen sein, aber in gewisser Weise spiegelt er die machistische Verblendung vieler Männer wider, die Frauen lediglich zur Bestätigung ihres eigenen brüchigen Selbstbildes mißbrauchen. In diesem Fall kommen die Frauen sogar in die Wurst – drastisch, aber die logische Fortführung machistischen Denkens. Der Mann toastet wohlig am Goldstrand, derweil die Katzen traulich maunzen. Hugo hat den Bogen raus.

Kurzum, DIE RACHE DER 1000 KATZEN ist ein erstklassiger Partyfilm für Genrekinofans mit experimentellen Neigungen. Hier und da gelingt Cardona nämlich auch mal ein formaler Leckerbissen, zum Beispiel in einer der wenigen Dialogszenen des Filmes, für die jeder einzelne Satz an einem anderen Ort, in einer anderen Situation aufgenommen wurde. Wie wäre AUSSER ATEM geworden, wenn statt Belmondo der Hugo die Hauptrolle bekommen hätte? Dann wäre Belmondo der Mann mit dem Katzenpferch geworden, und der Hugo hätte jetzt eine eigene Weinkelterei in der Bretagne. Oder so. Na ja, ich vertraue darauf, daß Hugo Stiglitz auch so sein Leben genossen hat, und es seien ihm noch viele weitere schöne Jahre gegönnt. Miau! Miau! Miau!

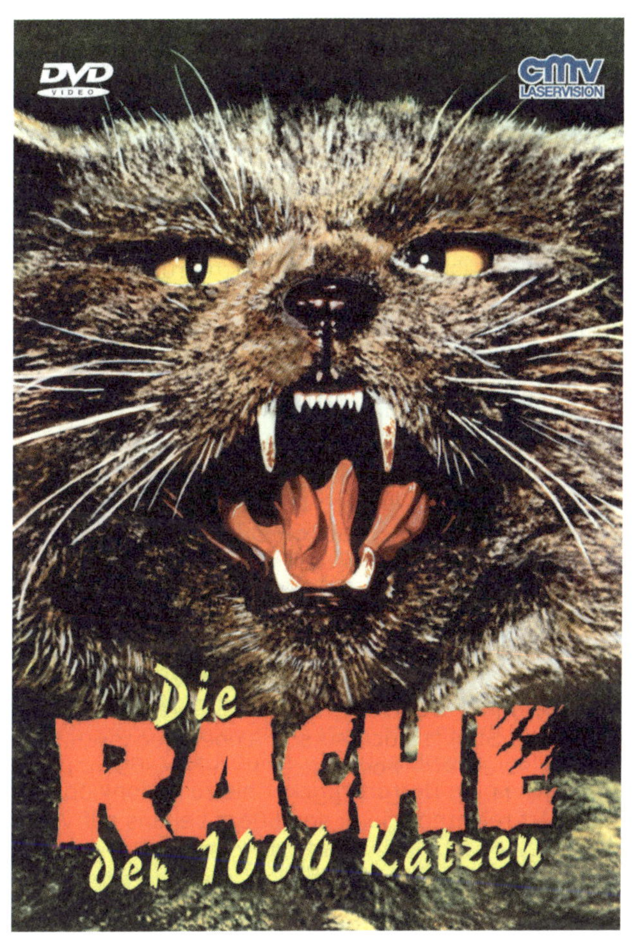
DVD
VIDEO
cmv
LASERVISION
Die
RACHE
der 1000 Katzen

Emm wie Mikels

Wenn man von Ted Mikacevich spricht, weiß kaum jemand, wer gemeint ist. Das kann ein berühmter tschechischer Hausmeister sein, aber auch der Erfinder des faltbaren Murmeltiers. Wenn man hingegen von Ted V. Mikels spricht, dann wissen zumindest Eingeweihte, daß hier von einer der faszinierendsten Gestalten des amerikanischen Exploitationkinos die Rede ist. Nicht dem besten Regisseur, der sich auf diesem Gebiet verwirklicht hat, das ist mal sicher, aber einer schillernden Gestalt. Bis zum heutigen Tag dreht der Mann seine Filme – etwa 25 nach letzter Zählung –, und kaum einer bekommt in der IMDb eine Bewertung von über 4.0. Trotzdem, ein Mann mit einem Spitzbart, der mit 10 bildschönen Frauen in einem kalifornischen Schlößchen gehaust hat, verdient es einfach, schillernd genannt zu werden! „Lebenskünstler" reicht da einfach nicht mehr. Der Mann ist ein Vorbild.

Aber weiß er auch, wie man Filme macht? Die Meinungen darüber gehen auseinander. Mit Sicherheit ist er kein Künstler wie Russ Meyer, der mit geringem Budget Zauberwerke zustandegebracht hat. Seine Filme waren meistens reine Exploitationware, die von milder Sexploitation – seine Ursprünge – über fadenscheinige Horrorschocker bis zu Actionkloppern jener Art reichten, die in den 80ern bei uns auf Video herausgedroschen wurden, wo man niemals genau wußte, ob es sich um amerikanische, um italienische, um philippinische oder um lappländische Produkte handelte. Mittlerweile unterhält er eine Art Workshop, in dem er mit jungen Leuten zusammen Cheapo-Horrorfilme zusammenbastelt, die mit schöner Regelmäßigkeit herauskommen. Das wird er machen, bis er mit den Füßen voran seinen Workshop verläßt, jede Wette.

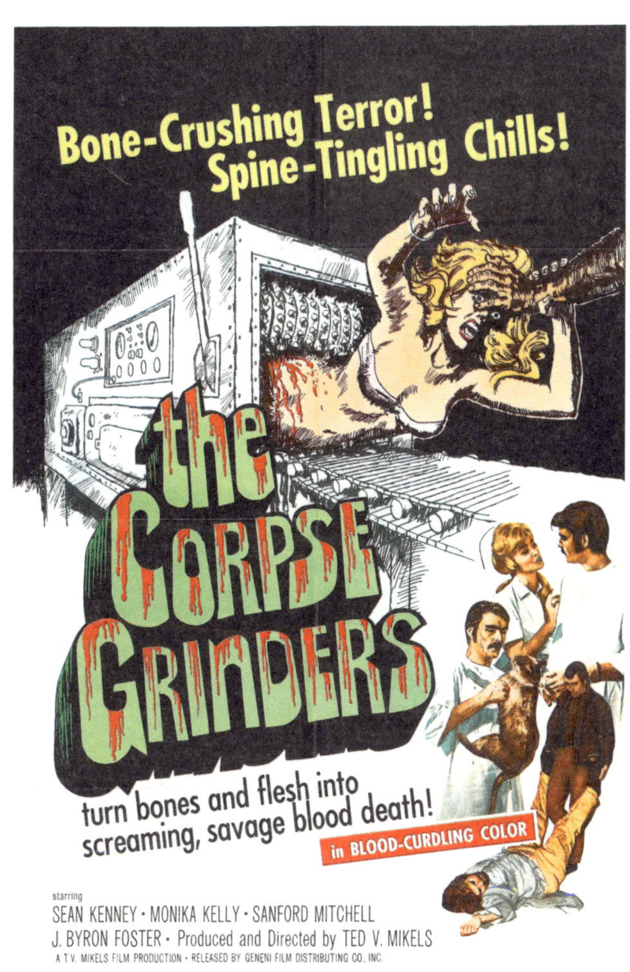
Bone-Crushing Terror!
Spine-Tingling Chills!
the CORPSE GRINDERS
turn bones and flesh into screaming, savage blood death!
in BLOOD-CURDLING COLOR
starring
SEAN KENNEY · MONIKA KELLY · SANFORD MITCHELL
J. BYRON FOSTER · Produced and Directed by TED V. MIKELS
A T.V. MIKELS FILM PRODUCTION · RELEASED BY GENENI FILM DISTRIBUTING CO., INC.
71

Als repräsentatives Werk habe ich mir seinen vermutlich bekanntesten Film, DIE LEICHENMÜHLE (THE CORPSE GRINDERS, 1971), ausgewählt, der auch gleichzeitig einer seiner besten ist. Der bereits vorher veröffentlichte THE ASTRO ZOMBIES (1968) hatte zwar einen tollen Titel und John Carradine und Tura Satana in der Besetzungsliste, war aber trotzdem eine schwer durchzusitzende Gurke. Wo andere Filmemacher mal eine Minute schinden, in der ein leicht dement wirkender Carradine als verrückter Doktor einem Mann einen metallenen Lampenschirm auf den Kopf schnallt und dazu wirren pseudowissenschaftlichen Mumpitz zum Besten gibt, waren es bei Mikels gleich fünf! Es ist recht offensichtlich, daß auch diese Frühwerke bereits „tongue in cheek" gedacht waren, also nicht ganz ernst gemeint, aber irgendwie wirken sie trotzdem wie merkwürdig verquere Genrearbeiten. Was immer Ted in seine Kamera hineinkurbelte, wurde zu einer eigenwilligen Reflexion über die Aufrechterhaltung der Würde im Angesicht der Widrigkeiten.

DIE LEICHENMÜHLE macht es dem Betrachter etwas einfacher, da der Film von Anfang an klarstellt, daß es sich um eine schwarze Komödie handelt. Niemand kann das ernst gemeint haben. Hoffe ich. Zumindest sehen nahezu sämtliche Charaktere aus wie Schießbudenfiguren. Gleich zu Beginn lernen wir ein Pärchen kennen, das sich als modernes Gegenstück zu den historischen Leichendieben Burke & Hare betätigt. Sowohl Caleb als auch Cleo tragen lustige Perücken auf dem Kopf und sind bizarr überschminkt. Cleo wird zudem von unterdrücktem Kinderwunsch geplagt und schleppt andauernd eine Puppe mit sich herum, die sie behandelt wie ihr eigenes Kind. Man möchte nicht wissen, wie diese Menschen zu dem geworden sind, was wir hier sehen. Hundert Jahre Einsamkeit, transzendentale Obachlosigkeit gnostischen Ursprungs und ein IQ von unter 40 wären eine Erklärung, aber erneut – wir wollen es nicht wissen! Sie klauen Leichen für ein weiteres Gespann, das wohl die wenigsten zu ihrer Hochzeit einladen würden: Maltby und Landau, Inhaber einer Fabrik für Katzenfutter. Man kann kurz erforschen, ob man selber einen IQ von über 40 besitzt, indem man einen Zusammenhang zwischen Leichendiebstählen und einer Katzenfutterfabrik herstellt. Der Zusammenhang ist unappetitlich. Tatsächlich aber ist „Lotus Cat Food" sehr erfolgreich, seit es diese spezielle Ingredienz aufweist. Leider reagieren die pelzigen Lieblinge unvorteilhaft auf den Leckerbissen. Nachdem sie einmal Blut geleckt haben, brechen die verschütteten Urinstinkte hervor. Hauskatzen fallen über ihre Besitzer her und lassen die Krallen tanzen. Der vorzügliche Arzt Dr. Glass (gespielt von Sean Kenney, der in der klassischen „Raumschiff Enterprise"-Folge „The Menagerie" den jungen Captain Pike verkörpert hat) merkt sofort, daß das wilde Treiben der vierbeinigen Lieblinge auf schlimmes Tun zurückzuführen ist. Zusammen mit seiner Assistentin Angie betätigt er sich als Hobbydetektiv. Die Spuren führen alsbald zur Lotus-Fabrik. Doch dort sind Maltby und Landau mittlerweile hinreichend entmenscht, daß sie ihr Katzenfutter auch aus lebenden Personen herstellen. Wer immer ihnen in die Quere kommt, wandert in den Wolf ...

Und ja, der Fleischwolf ist eigentlich das Herzstück, das „piéce de résistance" des Filmes! Da in Kalifornien die Stiftung Warentest offenbar gänzlich unbekannt ist, werden die Leichen in voller Montur in die Schnetzelmaschine geschickt. Man mag argwöhnen, daß ein Katzenfutter, das auch Bestandteile wie Tweed, benutzte Taschentücher und Hirschhornknöpfe enthält, keine Chance auf dem freien Markt besäße, aber dieser Film beweist, daß dem nicht so ist. Da der Film in den USA ein R-Rating bekam, also als für Kinder und Jugendliche nur bedingt geeignet eingestuft wurde, wundert es mich, daß hier in Sachen Kleckermatsch etwas gegeizt wurde. Ich kann es mir nur so denken, daß Ted zart besaitet war und ihm deswegen nicht an Blutrunst gelegen war. Sein späterer BLUTORGIE DER SATANSTÖCHTER bekam sogar nur ein PG-Rating, was etwa unserem „Ab 12 Jahre" entspricht. Ted war eben ein Gemütsmensch. Für die kommerzielle Verwertbarkeit wäre ein etwas zupackenderer Modus natürlich von Vorteil gewesen, zumal die Story eindeutig Exzesse im Stile der Filme von Herschell Gordon Lewis zugelassen hätte (oder zumindest des obskuren, aber auch ziemlich drolligen Splatterdramas THE UNDERTAKER AND HIS PALS von 1967), aber Mühlen mahlen eben langsam, und gut Ding will Weile haben. Das gilt auch für Katzenfutter.

Die Besetzung ist weitgehend unbekannt, macht ihre Sache aber ordentlich. Besonders gut gefallen hat mir die Lotus-Angestellte Tessie, die ausschaut wie Peggy Bundys stumme, einbeinige Mutter. Der andere Angestellte ist ein extrem hagerer Greis namens Willy, der aber bald in den Wolf wandert. Der auf Gangstergestalten festgelegte Charakterschauspieler Vincent Barbi spielt, na ja, einen Gangster. Und einen der beiden spaßigen Leichenbestatter habe ich auch gekannt, Bill Kirschner. Jener spielte einst in George Stevens´ DAS TAGEBUCH DER ANNE FRANK mit, landete dann aber irgendwann in Pornos wie Ann Perrys THE INCREDIBLE SEX-RAY MACHINE (1972). Und eben in DIE LEICHENMÜHLE. Es gibt schlimmere Schicksale. Nehme ich an. Weiß ich aber nicht so genau.

Die Katzen werden gut behandelt. Diese Feststellung ist mir sehr wichtig. Sie setzen sich eben zur Wehr gegen ihre Verkitschung als schnurrende Dekoelemente von Menschen, die sich schon als Memmen erweisen, wenn sie mal von ihren Mitbewohnern gekratzt werden oder jene sich morgens auf ihr Gesicht legen. Sie weigern sich, als wohlfeile Wegbegleiter mißverstanden zu werden. Katzen besitzen eine eigene Persönlichkeit, das macht sie so liebenswert, denn Liebe setzt immer auch Respekt voraus. Ted V. Mikels ist auch liebenswert. Sein bester Film bleibt ohne Frage das engagierte Antirassismus-Drama THE BLACK KLANSMAN (1966), das bei uns mal auf „Tele 5" uraufgeführt wurde. Auch hübsch ist das vergnüglich käsige Musical TREFFPUNKT LOS ANGELES (GIRL IN GOLD BOOTS, 1968). Mittlerweile ist Mikels über 80 Jahre alt und dreht immer noch Filme. Und das finde ich gut so. Mach´ weiter, Ted!

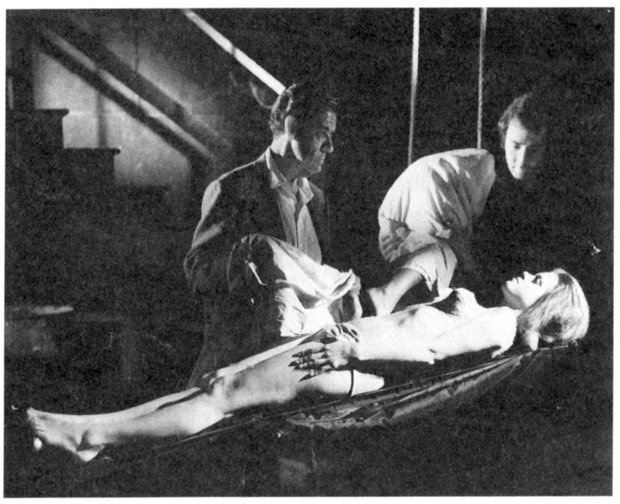

Der Tod im Beißfeld

„Hey Bob, ich habe eine tolle Idee für einen neuen Film!" – „Francis, äh, schön, dich zu sehen! Erzähl´, wat haste?" – „Ein dicker, alter Mann geht in den Wald und errichtet ein Reich der Finsternis. Was sagst du nun?" – „Tja, äh, bisher gut, aber ... Was macht der dicke, alte Mann denn so? Ich meine, der errichtet ja nicht nur. Haut der auch so ein bißchen auf den Pudding?" – „Ja, Bob, aber feste! Das geht mörderisch los. Und nun halte dich fest: Der dicke, alte Mann wird von Marlon Brando gespielt!" – „Marlon Brando? Der mit der Watte in der Backe?" – „Genau der, aber die Watte braucht der jetzt gar nicht mehr. Der brabbelt auch die ganze Zeit über nur so einen unverständlichen Kram, über Schnecken auf Rasiermesserklingen und so. Das wird übrigens der beste Film über Vietnam, der je gedreht worden ist! Der wird zeigen, wie´s wirklich war! Marlon Brando im Wald! Und wenn dann noch die Zombies kommen ..." – „Die Zombies? Da kommen auch Zombies drin vor?" – „Ja logen, Bob, Zombies! Du kannst dich doch noch an DIE NACHT DER LEBENDEN TOTEN erinnern? Genau so! Die Zombies sind eine Metapher für die Entmenschlichung des Menschen im Krieg. Die Zombies sind die Kinder des Krieges. Und nach Ende des Krieges gehen die alle nach Amerika, angeführt von Marlon Brando, und dann frißt sich Amerika selber auf! Geil, wa?" – „Tja, äh, muß man mal drüber nachdenken. Hast du denn den Brando schon gefragt?" – „Nee, ach was, wir erzählen dem, wir drehen DER PATE 3, der kriegt das gar nicht mit! Wir sagen ihm einfach, daß er jeden Tag drei warme Mahlzeiten bekommt. Der Marlon frißt mir aus der Hand, das ist´n ganz Netter! Und wenn ich ihm sage, daß er obendrein singen darf, dann greift der zu, das kann ich dir flüstern!" – „Die Zombies singen?" – „Ja, singende Zombies! Das wird

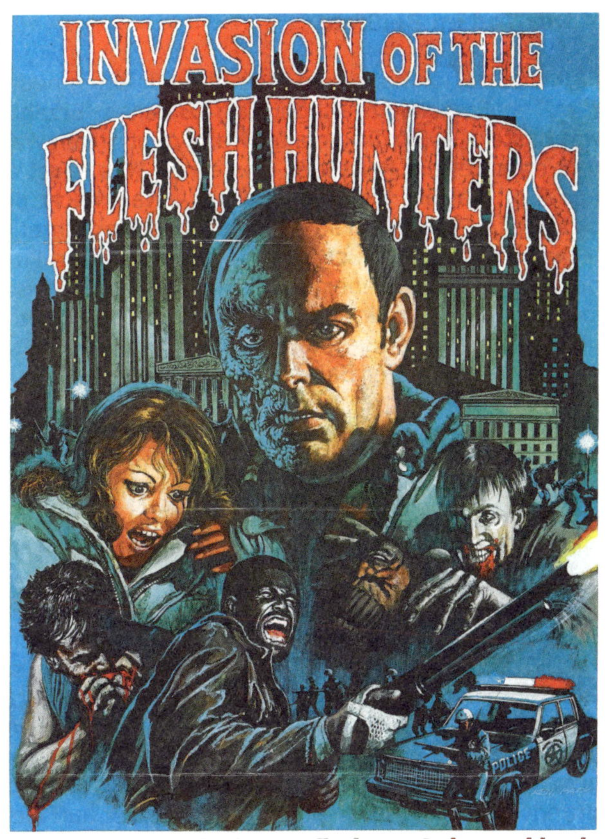

INVASION OF THE
FLESH HUNTERS
POLICE
Their rabid lust for human flesh created an epidemic
EDMONDO AMATI PRESENTS JOHN SAXON IN
"INVASION OF THE FLESH HUNTERS"
WITH ELIZABETH TURNER · JOHN MORGHEN · CINDY HAMILTON
FEATURING • TONY KING • WALLACE WILKINSON • RAY WILLIAMS • JOHN GEROSEN • MAY HEATHERLEY
DIRECTED BY ANTHONY M. DAWSON PRODUCED BY MAURIZIO and SANDRO AMATI
ALMI CINEMA 5 FILMS™
AN ALMI CINEMA 5 FILM

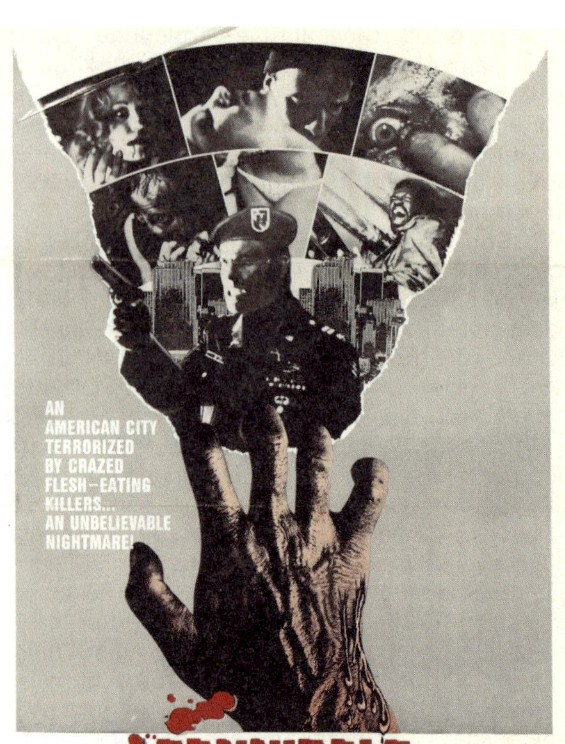
AN
AMERICAN CITY
TERRORIZED
BY CRAZED
FLESH–EATING
KILLERS...
AN UNBELIEVABLE
NIGHTMARE!
CANNIBALS
IN THE STREETS
EMONDO AMATI PRESENTS
JOHN SAXON IN
"CANNIBALS IN THE STREETS" WITH ELIZABETH TURNER JOHN MORGHEN CINDY HAMILTON
FEATURING TONY KING WALLACE WILKINSON RAY WILLIAMS JOHN GERONSEN MAY HEATHERLEY DIRECTED BY ANTHONY M. DAWSON
PRODUCED BY MAURIZIO AND SANDRO AMATI
ALMI CINEMA 5 FILMS
AN ALMI CINEMA 5 FILM ©1982 ALMI CENTURY DISTRIBUTION CORP.
R

obendrein eine Parabel auf die Verblödung durch die Mainstreamkultur. Nur noch Zombies und Idioten! Das wird allegorisch, kategorisch, spitze!" – „Okay, du, Francis, ich muß jetzt zum Aerobic, laß´ uns mal die Tage telefonieren, wir machen da was!" – „Wie gefällt dir der Titel ZOMBIE APOCALYPSE NOW?" – „Du, ich muß jetzt weg ..."

APOCALYPSE NOW (1979) wurde ein guter Film. Mit Zombies wäre er groß geworden. Aber wenn Hollywood sich so eine Gelegenheit durch die Finger schlüpfen läßt, dann sind da ja immer noch die Italiener. Die Rede ist von ASPHALT-KANNIBALEN (1980), der im Original unbescheiden APOCALISSE DOMANI hieß, also „Apocalypse morgen"! Ich wette, der Titelschmied, der diesen Clou gelandet hat, lachte einen ganzen Tag lang und ging danach noch in den Puff. Aus dem Werk hätte ein gigantischer Haufen Mist werden können. Daß tatsächlich einer der besten italienischen Zombieschocker daraus wurde, liegt vor allem am Regisseur: Antonio Margheriti. Dieser Mann war seit den frühen 60ern als Hans Dampf in allen Genres unterwegs: Sandalenfilme, Agentenfilme, Western, Horror – was immer gewünscht wurde, Margheriti lieferte es, und er lieferte gute Ware. Seine besten Filme drehte er wohl im Horrorbereich. LA DANZA MACABRA (GB: CASTLE OF BLOOD, 1964) gehört zu den feinsten Übungen im „Gothic Horror"-Bereich, die in Italien hergestellt wurden.

Daß er mit der Regie von ASPHALT-KANNIBALEN betraut wurde, war eigentlich überraschend. Nach eigener Aussage war er kein besonderer Freund von Blutrunst im Kino. Er war eher interessiert an Abenteuerfilmen, an Action, die auch sein starkes Gewand darstellte. Außerdem zeigte er stets großes Geschick darin, für wenig Geld gutaussehende Spezialeffekte zu basteln. Wir hatten damals insgesamt dreimal das Vergnügen, ihn besuchen zu dürfen. Antonio war ein robuster, liebenswerter, fröhlicher Zeitgenosse, der Zuversicht und Lebenstüchtigkeit ausstrahlte. Außerdem machte ihm das, was er machte, großen Spaß. So jemand, für den der wichtigste Film immer der ist, an dem er gerade arbeitet. Als er das Projekt mit den Vietnamveteranen bekam, die sich mit einem Kannibalismusvirus infizieren, entsprach das mit Sicherheit nicht seinen Wünschen, aber er gab dann alles, was er zu bieten hatte. Und das war eine Menge.

Gedreht wurde in den Südstaaten der USA, genauer: in Georgia. Dort wohnt ein Militäroffizier namens Norman Hopper, der nach einem traumatischen Zwischenfall mit Kriegsgefangenen aus dem aktiven Dienst ausgeschieden ist. Die Gefangenen waren zu Menschenfressern degeneriert. Einer von ihnen biß Captain Hopper sogar in den Arm. Abgesehen von intensiven Alpträumen, von denen er Nacht für Nacht geschüttelt wird, überkommen ihn merkwürdige Gelüste. Seine Angst wird konkret, als einer der Kannibalen-G.I.´s ausrastet – jener beißt zuerst eine Frau und verschanzt sich dann in einem Supermarkt. Hopper gelingt es, die Situation zu entschärfen und Charles Bukowski (so heißt der G.I.!) zur Aufgabe zu bewegen. Doch dann merkt er, daß er selbst von Fleischeslust gepackt wird. Und so dauert es nicht lange, bis Hopper, Bukowski und die anderen durch die Stadt ziehen und das Virus verbreiten ...

Eine grundsätzlich närrische – wenn auch originelle – Grundidee wird zu einem sehr effektiven Reißer, und dies allein auf Grundlage des Geschicks von Teufelskerl Margheriti und Drehbuchautor Sacchetti, die das unterliegende Thema – der Vietnamkrieg wird nach Hause getragen – mit großer Ernsthaftigkeit abhandeln. Verglichen mit anderen italienischen Zombiefilmen der Zeit ist ASPHALT-KANNIBALEN eine gnadenlos düstere und deprimierende Nummer. Allein die Bukowski-Figur (eine ungewöhnlich gute Rolle für

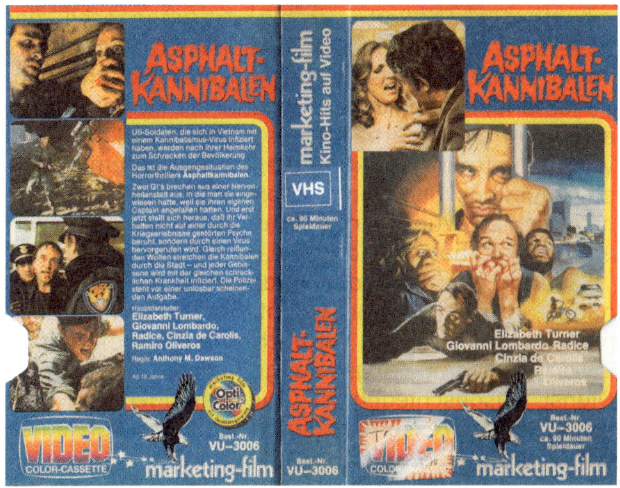

John Morghen alias Giovanni Lombardo Radice, hier übrigens gesprochen von Klaus Löwitsch!) ist massiv runterziehend und entspricht den ganzen traurigen Soldaten, die seelisch ausgebombt und von ihrer Gesellschaft verstoßen mit ihrem Leben klarkommen mußten, meistens ohne fremde Hilfe, Kollateralschäden, von denen keiner sprach. In diesem Fall sind die Spätfolgen des Kampfeinsatzes aber noch viel drastischer. John Saxon spielt seinen Captain Hopper als einen harten Mann, der sich keine Schwächen zugestehen mag, auch gegenüber seiner Frau nicht. Doch erst, als er mit den anderen Kannibalen-Kumpels wieder auf die Piste gehen kann, das fühlt man, ist er richtig in seinem Element. ASPHALT-KANNIBALEN ist alles andere als ein Spaßfilm, noch wesentlich weniger als die surrealen Zombiefilme von Lucio Fulci. Was Margheriti auftischt, ist Großstadt-Noir mit Kannibalen, nicht mehr und nicht weniger. Die Maskeneffekte liegen wieder einmal in den fähigen

Händen von Giannetto de Rossi, und sie sind definitiv nicht für das Nachmittagsfernsehen des Bayerischen Rundfunks geeignet. Ein Doppelprogramm mit APOCALYPSE NOW und APOCALISSE DOMANI wäre sehr in meinem Sinne. Da würde sich die Spreu vom Weizen trennen, das ist mal sicher.

7. Teil
Musikfilme

Ich schnitt in seine Rinde

Mit Musicals habe ich mich immer sehr schwer getan. Vielleicht liegt das daran, daß ich zu sehr an dramatische Spielhandlungen gewöhnt bin. Wenn Menschen ohne ersichtlichen Grund – teilweise mitten in Unterhaltungen – ausgelassen zu singen und zu tanzen beginnen, dann beißt sich das mit meiner Lebenserfahrung. Zum Glück. Ich habe prinzipiell nichts gegen fröhliche Milchmänner, Erlöser oder Katzen einzuwenden, aber manchmal muß man auch mal etwas für sich behalten. Man singt und tanzt ja auch nicht auf Beerdigungen. Oder auf dem Arbeitsamt.

Bei singenden Kannibalen hingegen liegt der Fall anders. Da schaue und höre ich auch mal ganz genau hin. CANNIBAL: THE MUSICAL (1993) begann seine Existenz als ALFERD PACKER: THE MUSICAL und befaßt sich kritisch mit einem der düstersten Kapitel der amerikanischen Pioniergeschichte. Im Groben und Ganzen war die amerikanische Pionierzeit ja ein nicht enden wollender Taumel des Humanismus und des gegenseitigen Wohlwollens. Der gute Umgangston galt den Westmännern alles, und was heute als politische Korrektheit von manchen Uneinsichtigen hämisch belacht wird, war damals Alltag. Auch die Indianer zeigten sich beeindruckt von der geradezu enervierenden Toleranz der Siedler und beugten sich bereitwillig den Segnungen der Zivilisation. Natürlich gab es in diesem Paradies auf Erden auch einige weniger ergötzliche Geschehnisse. Etwa die Sache mit der „Donner Party", die 1846 in die Sierra Nevadas aufbrach, wo sie vom Schnee in den Bergen überrascht wurde. Um am Leben zu bleiben, griff man zum letzten Mittel: Kannibalismus. Von den 87 Menschen, die aufgebrochen waren, kehrten nur 48 zurück. Von den übrigen fehlte jede Spur, aber da kann sich wohl jeder seinen eigenen Reim drauf machen.

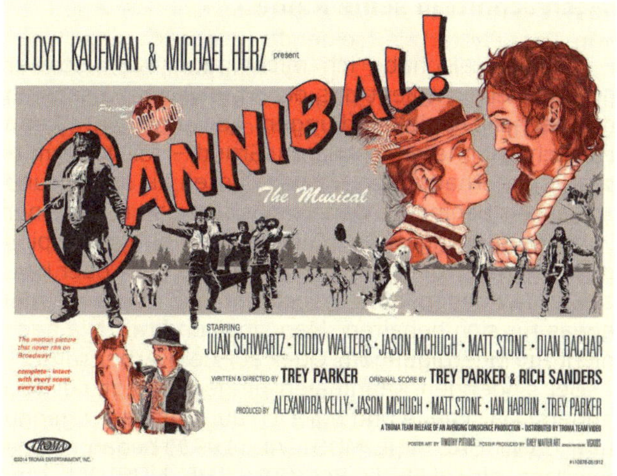

Alfred „Alferd" Packer war einer von fünf Goldschürfern, die 1873 nach Colorado auszogen. Sie lernten das Fürchten, denn auch ihnen blühte das Schicksal der „Donner Party". Packer war der einzige, der lebend aufgegriffen wurde. Trey Parkers Film erzählt seine Geschichte. Er tut dies auf Grundlage der erhältlichen historischen Fakten, und er tut es als fröhliches Musical. Irving Berlin wäre begeistert gewesen!

Inwieweit es besonders geschmackvoll ist, ein Musical über Kannibalen zu machen, weiß ich nicht. Schließlich gibt es ja auch kein Anden-Flugzeugabsturz-Kochbuch. Immerhin handelt es sich um eine weit zurückliegende Episode, die mittlerweile als historisches Ereignis betrachtet werden darf. Das wäre in etwa so, als würde man eine Operette über Leben und Werk von Fritz Haarmann machen. Nun ja, das wäre wohl auch etwas geschmacklos. ALFERD PACKER: THE MUSICAL ist also geschmacklos. Aber auch sehr lustig. Unentschuldbar, aber wahr! Woran liegt das? Zuerst einmal wäre da die reine Anwesenheit von Trey Parker als treibende Kraft, der zusammen mit seinem zukünftigen „South Park"-Mitverschwörer Matt Stone für das Drehbuch verantwortlich zeichnete und im übrigen mit jenem gerade die Universität von Colorado besuchte, als der Film entstand. Außerdem komponierte er Teile der Musik und übernahm die Hauptrolle. (Hierfür verwendete er das Pseudonym „Juan Schwartz", das eine Verballhornung jenes Namens darstellte, den der historische Packer verwendete, um dem Galgen zu entkommen, nämlich „John Schwartze".)

Der Film beginnt, wie jedes gute Musical beginnen sollte, nämlich mit einem Gemetzel: Ein Arm wird abgerissen, eine Kehle wird zerfetzt, das Blut spritzt meterweit. Der entmenschte Packer läuft Amok, eine Bestie in Menschengestalt. Dies soll die Bebilderung der Darstellung sein, die der Staatsanwalt den Geschworenen vorträgt. Packers eigene Version klingt aber ganz anders. Er erzählt sie der Journalistin Polly, die ihn im Gefängnis besucht. Gleich bei seinem ersten Auftritt schmettert er ein Lied über die Schönheit des Lebens: „It´s a shpadoinkle day!" Unter sich hat er sein Pferd Liane, dem er in Liebe zugetan ist. (Benannt wurde das Pferd übrigens nach Parkers früherer Verlobter. An einer Stelle wird es im Dialog bezeichnet als „the horse that would let anyone ride her". Hust.) Irgendwann verschwindet es, vermutlich entführt von drei französischen Trappern, was Packer dann dazu bringt, einen Pfad einzuschlagen, der die Gruppe von ihrem Ziel entfernt. Ob das historisch verbrieft ist, weiß ich nicht, aber wen zum Geier interessiert das? Sie geraten dadurch in die Not, die schließlich zur Katastrophe wird, und darum geht es nun mal im Leben! Vorher treffen sie allerdings einen Indianerstamm, der sich als extrem freundlich und hilfsbereit erweist. Sämtliche Indianer werden von Japanern gespielt, der Häuptling vom Betreiber des Sushi-Restaurants, in dem sich Parker und Stone während ihrer Studententage bevorzugt verköstigten. Mehrere Professoren der beiden wurden auch eingebaut, darunter der namhafte Experimentalfilmemacher Stan Brakhage (THE ACT OF SEEING WITH ONE´S OWN EYES, 1971). Matt Stone spielt selber natürlich auch mit, als ein eher schlichtes Gemüt, das mit einer diskriminierenden Spaddelkappe geschlagen ist. In einer Szene versucht er sich als Dolmetscher für die Indianer und verwendet dazu Gebärdensprache, die übersetzt „Jesus Christus ist tot" lautet, aber das ist mir natürlich entgangen, denn die einzige Gebärdensprache, die mir geläufig ist, ist der Mittelfinger. Mir sind allerdings auch die insgesamt drei Aliens entgangen, die an einigen Stellen des Films auftauchen, meistens irgendwo im Hintergrund versteckt. Drauf achten!

Die Musikszenen des Filmes sind grandios entworfen, und anders als in anderen Musicals verbindet sich ihre kompositorische Pracht nahtlos mit der erzählerischen Wucht der Ereignisse, mit der Ungeheuerlichkeit der Situation, in der sich Packer und seine Begleiter befinden. Dem Hungertod nahe, stolpern sie durch das erbarmungslose Weiß der Berge. Die Moral ist schlecht. Was macht mein Lieblingsgoldschürfer, Swan? Er singt das aufmunternde Lied „Let´s build a snowman", inklusive Stepeinlage! In diesem Moment wächst der Film über sich selbst hinaus und zeigt, daß der Mensch selbst in Augenblicken abgründiger Hoffnungslosigkeit aus den Tiefen seines Wesens Mut hervorzaubern kann. (Swan wird daraufhin das Gehirn herausgeblasen.) Auch herausragend sind der Trapper-Song, das von einer tanzenden Menschenmenge geschmetterte „Hang the bastard" und natürlich die Liebesode von Packer an sein Pferd Liane, „On top of you". (Die echte Frau Liane spielt übrigens selber mit, wie auch in ORGAZMO. Auch wurde Cartmans nymphomane Mutter nach ihr benannt. Die Frau scheint einen gesunden Sinn für Humor zu haben!)

„Troma" brachte diesen Film 1996 heraus. Er mauserte sich verdientermaßen zu einem Kultfilm. Doch, was heißt „verdient" – er gehört eindeutig zu den besten Filmen, die jemals gemacht wurden, und es wird gesungen! Und es wird Menschenfleisch gegessen! A CHORUS LINE, CATS und dieser STARLIGHT-Scheiß sind ein feuchter Dreck, vergleicht man sie mit diesem singenden, klingenden Monolithen des Film-Musicals. Mein Vokabular reicht nicht aus, um meine Hochachtung vor diesem schönen, ruppigen Rohdiamanten zu bekunden, der es irgendwie fertigbringt, Blutrunst, Gesang und Niedlichkeit unter einen Cowboyhut zu bringen. Mit diesem Film wurde Alferd Packer ein würdiges Denkmal gesetzt. Mit Sicherheit das beste Kannibalen-Musical aller Zeiten!

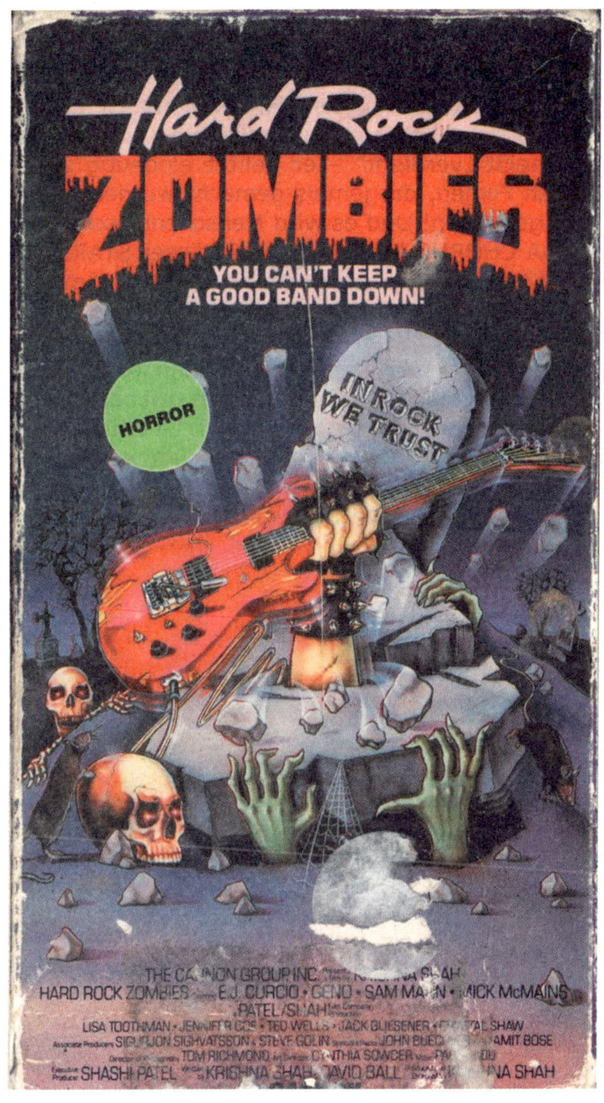
Hard Rock
ZOMBIES
YOU CAN'T KEEP
A GOOD BAND DOWN!
HORROR
IN ROCK
WE TRUST

Schmutzige Taten schmutzbillig getan

Kommen wir nun zu einem echten „schuldigen Vergnügen". Die 80er Jahre waren eine harte Zeit. Ich wuchs damals heran und partizipierte ein wenig an dem Reigen. Die Eltern meiner Spielkameraden waren meistens Hippies und versuchten, mir die Schönheit von Grace Slick beizubiegen, die mit bunten Tüchern an einem Strand entlangtanzt und von weißen Hasen singt. Wenn es ganz hart kam, wurde ich auch mit Folkrockbands malträtiert. Die erinnerten mich an jenen denkwürdigen Abend, als ich neben einem haarigen Zeitgenossen zu sitzen kam und ihn, in Ermangelung eines originelleren Gespächsthemas, fragte, was für Musik er denn so höre. Er strahlte mich an und meinte: „Ich bevorzuge engagierten Rock!" Da wußte ich Bescheid.

Im Zuge der „New Wave" und ihrer deutschen Entsprechung, der „Neuen Deutschen Welle", wurde der Zeichentrickfaktor der obwaltenden Musikgruppen immer mehr in die Höhe getrieben. Schaut man einen Film, der etwa Mitte der 80er hergestellt wurde, so erklingen da in der Regel die Mütter der heutigen Friseusensoul-Sängerinnen oder aber Whitesnakes debile Brüder. Bei letzteren war in der Regel die Frisur wichtiger als die Musik, die jaulenden Gitarren klangen nicht selten nach Synthetikerzeugnissen, und die Soli waren meistens so langweilig wie ein Diaabend über die Paarungsgewohnheiten der Engerlinge. Ein Film, der die 80er Jahre kulturtechnisch auf den Punkt bringt, ist Krishna Shahs HARD ROCK ZOMBIES (1984), ein Film wie der Hauptgewinn eines Preisausschreibens in einer finnischen Hasenzüchterzeitung. Tatsächlich existierte der Film nur, weil der indische Regisseur zu jener Zeit gerade eine Teenieklamotte namens AMERICAN DRIVE-IN (1984) drehte, in der es – wie der Titel bereits dezent andeutet – um ein amerikanisches Autokino geht. Und auf der Leinwand läuft eben dieser trashige Horrorfilm. Shah und seine Geldgeber beschlossen, noch ein paar Tausender dazuzuballern und aus dem „Film im Film" ein abendfüllendes Produkt zu basteln. Und da war er auf einmal, HARD ROCK ZOMBIES.

Es fällt schwer, sich eine noch geschmacklosere Komödie vorzustellen. Der Film ist steindumm, aber man sieht in ihm eben viele Dinge, die man nicht jeden Tag sieht. Zwerge, die sich selbst essen, zum Beispiel. Aber von Anfang an. Es geht um eine Rockband, wie es sie damals zu Tausenden gab. Niemand trägt ein Umhängekeyboard. Das ist schon mal ein Pluspunkt. Sie gehört eindeutig zu den freundlichen Rock-Acts, wie sie auch in dem alten Sesamstraßen-Lied „Wer sind die netten Hardrocker von nebenan?" besungen wird. Sänger Jesse hat eine tolle Vokuhila-Wuschelfrisur, nur eindeutig fluffiger als etwa bei Rudi Völler. Kajal war damals auch schon angesagt. Ein weiterer Pluspunkt für ihn: Er spielt das eleganteste Instrument, das man in einer Rockband spielen kann, nämlich die Baßgitarre. Das war´s dann allerdings bereits mit den Pluspunkten. Als sie in einem Kuhkaff namens Grand Guignol auftreten sollen, stoßen sie auf den geballten Volkszorn der Rednecks. Ohne etwas anzustellen – die haben ja noch nicht einmal TÄTOWIERUNGEN! –, landen sie sofort im Knast. (Dort hätte ich sie auch hingesteckt, aber aus anderen Gründen, z.B. Verbreitung von Zeitkolorit an Minderjährige.) Kaum raus aus dem Knast, treffen sie auf der Straße eine archetypische Gruppenschlampe namens Elsa: Beine bis ans Kinn, ein mörderisches Fahrgestell, ständig am Tanzen. Das geborene Go-Go-Girl. Wollte nie was anderes werden, wurde das auch schließlich. Elsa bringt die Langmähnigen zum Haus ihrer Eltern, die aus Österreich stammen. Beim Vater/Großvater handelt es sich um niemand anderen als Adolf Hitler! Nachdem jener mit Truman einen Deal gemacht hatte, schlüpfte er nämlich unter in Grand Guignol und führte dort das Leben eines Biedermannes. Eva Braun ist aus nicht näher erklärten Gründen ein Werwolf, geht im Bett aber immer noch ab wie eine Rakete. (Hitler: „Ach, scheise, du mach´ it agänn? Ha, geschleckte Fuckemachen ...") Außerdem hat Hitler zwei kleinwüchsige Enkel, von denen der eine eine Augenklappe hat und der andere kein Gesicht. Der ohne Gesicht ist auch derjenige, der sich später selbst ißt, mit reichlich Senf. Neben Elsa gibt es noch einen jungen Mann namens Christian, der voyeuristischen Tendenzen frönt und fotografiert, wann immer seine Familie wieder mal jemanden massakriert. Die Identität des alten Mannes wird bereits nach etwa 30 Minuten enthüllt, wenn er eine offizielle TV-Ansprache hält: „Schweinebrains! Schwarze, killmachen, tot! Today Kalifornia, tomorrow ze world!" Die deutsche Fassung liegt mir nicht mehr vor, aber ich erinnere mich noch sehr gut an den Nonsens, der da verzapft wird. Mit der Stimme von Klaus Miedel, also Dean Martin, schmettert der Gröfatz Zeilen wie: „Heute ist der Tag der Tage, auch der kritischen Tage, meine Damen! Ich fasse zusammen: No hope, no dope, no future! Amis raus aus USA, Winnetou ist wieder da!" Bei uns lief der Film sogar im Kino, wurde aber – da er auf dem Höhepunkt der hiesigen Horrorvideodebatte erschien – nicht nur um jeden Schnipsel Blutrunst bereinigt, sondern gleich noch um ein paar humoristische Szenen, die zugegebenermaßen sehr geschmacklos sind. Die ungeschnittene Fassung ist aber in Großbritannien frei erhältlich und dort ab 15 Jahren freigegeben.

Die Rockgruppe wird vom Herrn Schnitzelhuber und seiner Familie jedenfalls niedergemetzelt. Da Sänger Jesse aber ein niedliches Zopfmädchen namens Cassie kennengelernt und ihr sogar eine Rockballade gedichtet hat, spielt sie am Grab des Angebeteten einige Songs der Gruppe. Darunter befindet sich auch ein Werk, das sich „Morte ascendere" nennt, auch wenn Jesse eher „Morte assandray" singt. Und so kommt es, wie es kommen muß – die Hard Rock Zombies steigen aus dem Grab und geben dem Nazigewürm und den Rednecks das, was ihnen zusteht ...

Es ist mir wirklich unsagbar peinlich, aber mir hat dieser sehr dumme Film Spaß gemacht! Er ist fraglos grober Unfug, ein todsicherer Kandidat für ein „Wir raten ab" im „Filmdienst" vergangener Tage, aber ich habe schallend gelacht, wenn ich nicht gerade entsetzt vor dem Fernseher gesessen habe. Während CANNIBAL: THE MUSICAL das Werk von intelligenten Menschen mit Humor und Esprit war, ist HARD ROCK ZOMBIES geschmackstechnisch ein völliger Griff ins Klo, das letzte Lallen des greisen Barden.

Aber was wäre der für ein Doppelprogramm mit EAT THE RICH? Auch der Umstand, daß die Mode des schrecklichen Jahrzehnts, dem der Film entstammt, an Scheußlichkeit kaum zu überbieten war, wird durch ihre Präsentation unter den oben angedeuteten Bedingungen mehr als wettgemacht. Die Bassline, die Jesse für „Morte ascendere" entwirft (eigentlich Komponist Paul Sabu), ist zudem unglaublich eingängig, das bekommt man nicht mehr aus dem Kopf raus. Was gibt es noch zu sehen? Es gibt einen Unglücklichen namens Arnold, der von jemandem, der ihm gerade bis zum Gürtel reicht, enthauptet wird. Es gibt eine großartige Stadtversammlung, auf der die Rednecks die Gefahren von Rock´n´Roll erörtern (Drogen, vorehelicher Geschlechtsverkehr und Selbstbefleckung – stimmt alles!) Es gibt eine völlig selbstzweckhafte Duschszene mit Elsa, die sich lustvoll die Brüste einseift. (Der einzige sinnvolle Grund für den Einsatz von Duschszenen, wie ich finde.) Es gibt taktlose Stotterwitze und einen Mann, der einer Leiche ihre

Zigaretten mopst. Und es gibt die wunderschöne, wenngleich völlig unsinnige Hypothese, daß Ghule Angst vor Köpfen haben. („Ghouls are the antithesis of intellectual existence!") An die deutsche Synchro kann ich mich nur noch auszugsweise erinnern, aber sie war – wie bereits angedeutet – ziemlich bananesk. Herausgekommen ist der Film bei uns auf VCL, einem Videolabel, das eng mit dem „Filmverlag der Autoren" zusammenhing. Wir erinnern uns: Rainer Werner Fassbinder, Wim Wenders ... und HARD ROCK ZOMBIES!

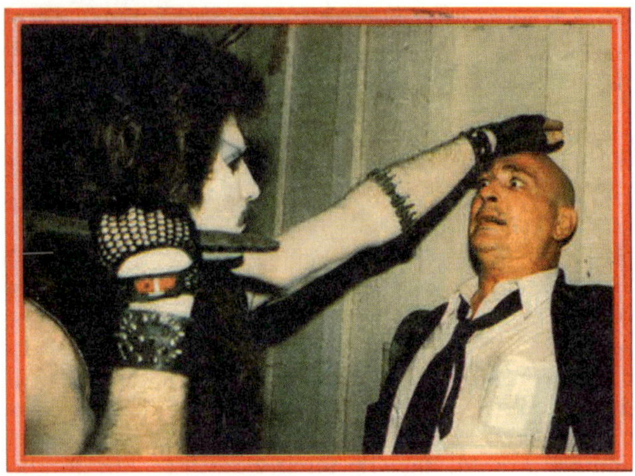

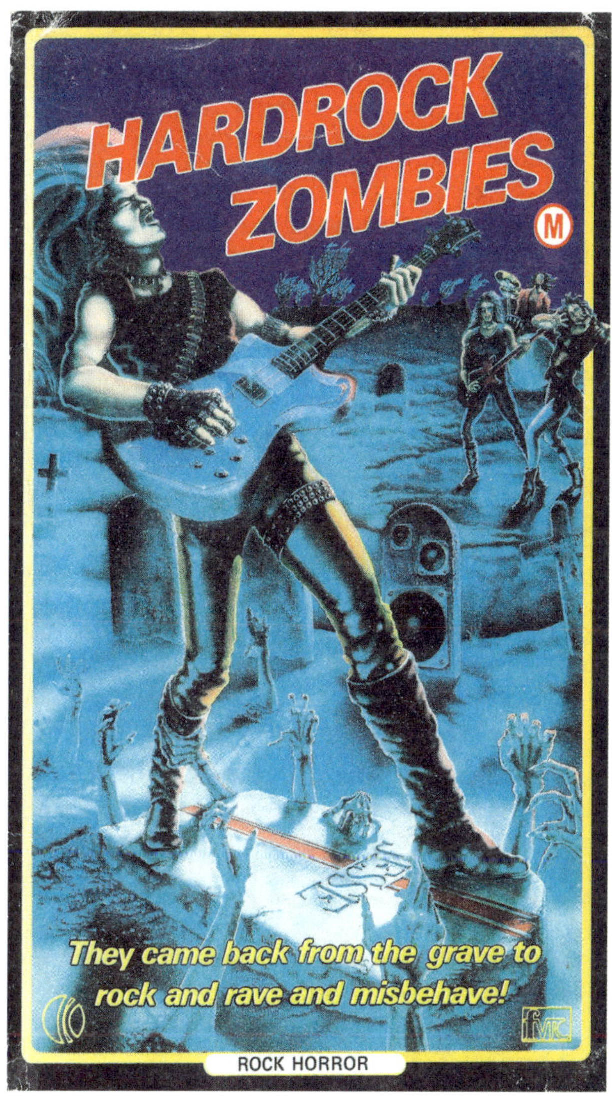
HARDROCK ZOMBIES
M
They came back from the grave to rock and rave and misbehave!
ROCK HORROR

Der letzte Frühling

„Immer enger, leise, leise, ziehen sich die Lebenskreise, schwindet hin, was prahlt und prunkt", heißt es bei Theodor Fontane. Daß er damit Recht hatte, weiß ich ungefähr seit meinem 40. Geburtstag. Es tut weh, zum ersten Mal zu registrieren, daß man im Begriff steht, von einer prachtvollen Autobahn auf eine wenig befahrene Landstraße auszuweichen. Schon bald wird man über einen holperigen Feldweg brettern, man wird jedes Schlagloch mitnehmen, und grausam ächzt´s im Getriebe und im Achswerk. Nun gehören Filmjournalisten traditionell nicht zu jener Berufsgruppe, die von ausgefallenen Haaren und angefallenen Pfunden am meisten kompromittiert werden. Sicher, es gibt auch hier Fälle, in denen eine zerbrechliche Seele den Zumutungen des Schicksals nicht mehr gewachsen war. Doch sind es eher jene, die auf das Rampenlicht abonniert sind, denen Applaus und der künstliche Sternenglanz alles bedeuten, die am Altern besonders zu knabbern haben. Manch einer geht in die Offensive, setzt sich in Talksendungen und sagt dann Sachen wie: „Das Älterwerden ist eine Chance." Andere unterziehen sich in Spezialkliniken mühseligen und nicht selten schmerzhaften Operationen, bei denen Fett vom Po abgesaugt und direkt in die Brust hineingespritzt wird. Oder so. (Zitat Didi & Stulle: „Du hast ja das Bindegewebe einer LEICHE!") Bei anderen wird die Haut gestrafft, wie in Terry Gilliams BRAZIL, mehrere dicke Männer nehmen einen bei den Backentaschen und ziehen den welken Schamott nach hinten, wo er dann mit speziellen Titaniumklammern zusamengetackert wird. Bei anderen hilft nur noch eine Handgranate.

Manchmal aber hilft es auch, wenn man sich in sündhaft teuren Filmen von ganz vielen jungen Männern ansingen läßt. Jüngere Menschen werden kaum

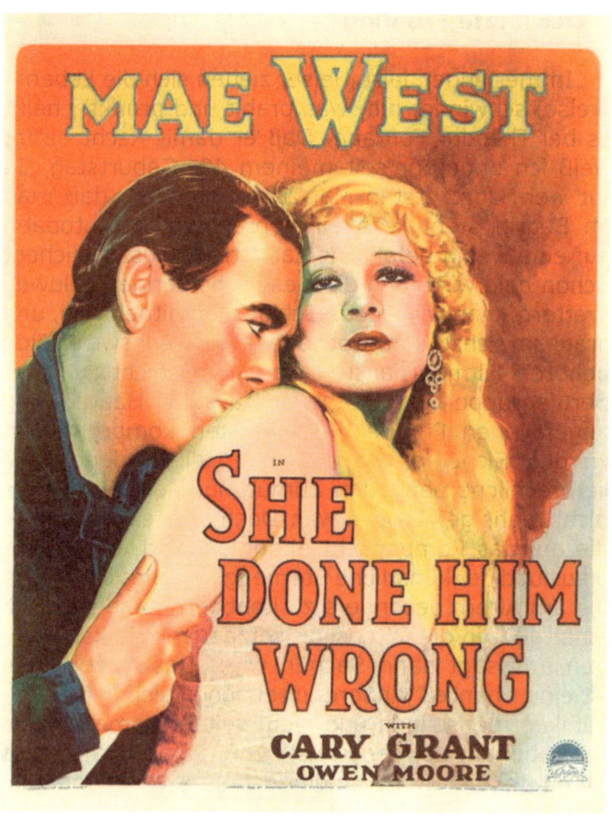
MAE WEST
IN
SHE DONE HIM WRONG
WITH
CARY GRANT
OWEN MOORE

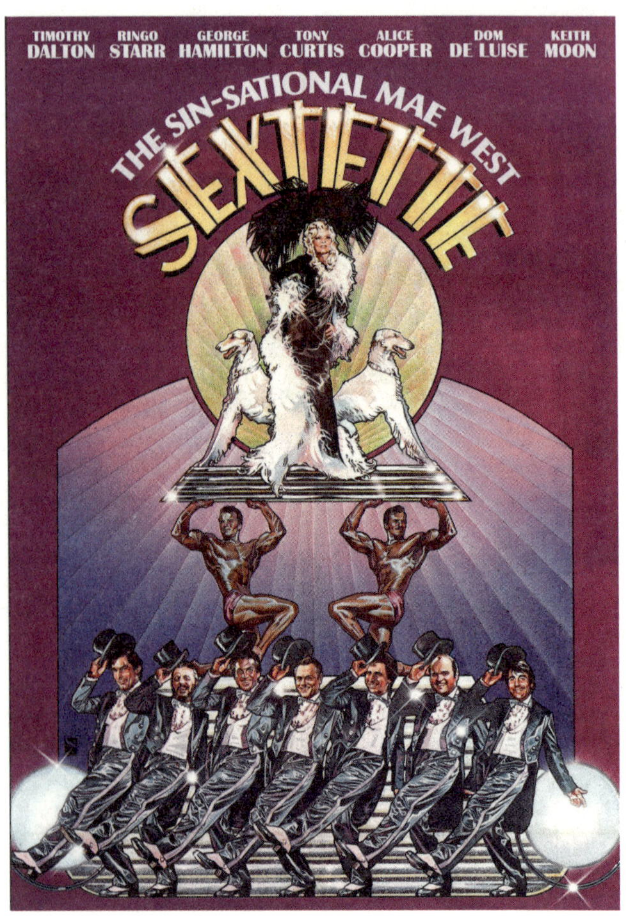
TIMOTHY DALTON
RINGO STARR
GEORGE HAMILTON
TONY CURTIS
ALICE COOPER
DOM DE LUISE
KEITH MOON
THE SIN-SATIONAL MAE WEST
SEXTETTE

noch wissen, wer Mae West war. Genaugenommen weiß selbst ich das nur noch aus alten Berichten und von Zeichnungen an Höhlenwänden. Mae West war der Showstar schlechthin. Sie war nicht irgendeine Schauspielerin, sie war ein Mythos, eine Legende, eine Göttin. Außerdem war sie ein lebendig gewordener Affront gegen die Zensurbehörden, die im Hollywood der 30er Jahre ihren schmallippigen Betrieb aufgenommen hatten. Sie war eine Ein-Frau-Armee wider die Konvention. Mit Sätzen wie „Hast du eine Rolle Hartgeld in der Hose, oder freust du dich bloß, mich zu sehen?" trieb sie die Massen ins Kino und die moralischen Eiferer auf die Palme. Sie war so etwas wie die lustvolle Weiterentwicklung des „Femme Fatale"-Prinzips – sie hatte an jedem Finger zehn Männer, und sie fand das ganz großartig. Die Männer meistens auch. Als ihre große Zeit im Kino vorbei war, verlegte sie sich auf Bühnenshows nach dem Vorbild Las Vegas, mit Glamour, mit Pauken und Trompeten, und natürlich mit Männern, besonders gerne muskelbepackten Kraftpaketen.

Abgesehen von dem hochgradig exzentrischen MYRA BRECKINRIDGE (1970), der von der amerikanischen MPAA tatsächlich ursprünglich ein totales Jugendverbot (X!) angehängt bekam, machte sie sich rar im Kintopp. Dies sollte sich erst 1978 wieder ändern, mit dem aufwendig produzierten SEXTETTE, der auf einem 17 Jahre älteren Musical aus ihrer eigenen Feder basiert. Sie spielt im Grunde sich selbst – einen Star namens Marlo Manners, der überall bejubelt, gefeiert und angebetet wird. Sie ist die Schönste der Schönen, sie ist der Inbegriff der begehrenswerten Frau. Und sie hat ein schmutziges Mundwerk. Sie ist wirklich eine scharfe Schnitte, da gibt es nichts. Sie ist allerdings schon 85 Jahre alt. Upps, jetzt habe ich es bereits verraten! Tun wir mal so, als hätte ich nichts gesagt. Also, sie wird von jedem angebetet, die

Straßen Londons werden gesäumt von Marlo-Fans. Sie hat gerade ihren sechsten, siebenten oder achten Ehemann geheiratet, Lord Barrington, gespielt vom 26-jährigen Timothy Dalton. Die Hochzeitsnacht steht vor der Tür. Und da kommt Onkel Sam des Weges, dem sie schon häufig als eine Art Mata Hari zur Seite gestanden hat. Im selben Hotel tagt nämlich just zu diesem Zeitpunkt eine wichtige Konferenz, die über Wohl und Wehe der wirtschaftlichen Geschicke der Welt entscheiden wird. Der russische Teilnehmer der Konferenz ist ein gewisser Alexei (Tony Curtis!), den Marlo noch als „Sexy Alexi" kennt. Wie jeder andere Mann im Film, so ist auch Sexy Alexi der schönen Marlo mit Haut und Haarteil verfallen. Wird es Marlo Manners gelingen, die Weltwirtschaft zu retten? Und wird es ihre Ehe mit Lord Barrington überstehen?

Aufmerksam geworden auf SEXTETTE bin ich durch Christoph Dompkes verdienstvolle Abhandlung über alte Frauen in schlechten Filmen, „Weil doch was blieb". (Dringende Leseempfehlung!) Als ich den Film dann endlich zu sehen bekam, war ich glücklich wie ein Schwein im Modder. Ich weiß nicht, was sich die Produzenten dabei gedacht haben, aber im Jahre 1978 viele Millionen in einem Hochglanz-Hollywoodmusical zu versenken, das in den 30er Jahren nicht anders ausgesehen hätte, mit tanzenden Hotelpagen, singenden Bodybuildern, mit Luftschlangen und Lametta, war schon sehr wagemutig. Und „wagemutig" verstehe man hier bitte als „an Wahnsinn grenzende Überheblichkeit". Der Film hatte, kommerziell gesehen, die Überlebenschance eines Schneemannes im Hochofen. Dies ist es aber auch, was mir an dem Film so prima gefällt: Er ignoriert die Realität, er hält die Uhren an, und nach ihm die Sintflut! Und er tut dies in gutem Stil. Als Komödie klassischen Zuschnitts ist der Film durchaus lustig, die Musiknummern sind „snappy", und während alles an diesem Film geschmacklich durchaus fragwürdig ist, so gibt er wirklich alles und serviert den Glämmer fässerweise. Daß Mae West für die Rolle, die sie spielt, bereits zu alt gewesen wäre, wäre sie auch nur halb so alt gewesen, sicherte dem Film nicht nur vernichtende Kritiken, sondern auch viel verletzende Häme und grausame Brennschärfe. Fakt ist, Mae war ein Showgirl. Sie war tatsächlich so etwas wie die Apotheose des Showgirls, die Kaiserin des Flitterreiches. Sie besaß einen sehr starken Willen, ansonsten hätte sie es in der Männerwelt Hollywood nie im Leben geschafft.

Während sie auf der Leinwand die laszive Männerfresserin spielte, kapselte sie ihr Privatleben streng ab, sehr im Unterschied zu einigen ihrer Kolleginnen. Sie formte sich ihr Leben so, wie sie es sich wünschte. Ihre berühmten Einzeiler und schnippischen Antworten, die sie auch in SEXTETTE reihenweise serviert, sind niemals wirklich zotig, eher milde anzüglich: „How do you like it in London, Marlo?“ – „Hmmm, I like it anywhere ...“ Daß sie eben bereits 85 war und offenbar große Schwierigkeiten damit hatte, ohne Rollator voranzukommen, versteckt sie hinter dick aufgetragener Kokettheit und Ironie. Wer immer den Film als eine überragende Peinlichkeit abtut und Frau West damit quasi entmündigt, übersieht völlig, daß Showstücke wie „Baby Face“ zu konfrontativ sind, um als Unfall in einem besonders schweren Fall von verschobener Realitätswahrnehmung zu erscheinen. Nein, für Mae war das ein Riesenspaß, davon bin ich überzeugt, und die teilweise verletzenden Verrisse, die der Film sammelte, werden von ihr mit einem Schulterzucken abgetan worden sein: „Ich bin Mae West – na und?“

Die Besetzung ist ziemlich glorreich. Neben Timothy Dalton (der ein Liebesduett mit Mae hat, bei dem er nahezu die ganze Arbeit macht) glänzt auch noch der unwiderstehliche Dom de Luise, bekannt aus unzähligen Mel-Brooks-Filmen, der hier u.a. „Honey Pie" von den Beatles trällern darf. Neben Tony Curtis spielen auch George Hamilton und Ringo Starr zwei Verflossene der Seniorin. Außerdem ist noch ein weiterer Schlagzeuger mit an Bord: Keith Moon. Alice Cooper spielt einen klavierspielenden Hotelkellner. Und die Hollywood-Veteranen George Raft und Walter Pidgeon schauen auch kurz vorbei. Als Regisseur verpflichtete man den Briten Ken Hughes, auf dessen Konto u.a. der Klassiker CHITTY CHITTY BANG BANG ging. Nach SEXTETTE drehte er als nächsten Film den blutigen Low-Budget-Slasher TERROR EYES – DER FRAUENKÖPFER, aber das nur so nebenbei.

Man mag gegen SEXTETTE sagen, was man will, aber er stellt eine anachronistische Extravaganz von hohem Reiz dar, ein Aufbegehren des alten, des sehr alten Hollywood im Angesicht einer völlig veränderten Filmlandschaft. Ich finde ihn ganz prima, denn er ist im Grunde seines Herzens lieb, und zumindest die hämischen unter seinen Kritikern sind es nicht. Mit wem ich ein Glas Champagner trinken gehe, steht somit außer Frage. Ich erhebe mein Glas auf Mae West, Kämpferin und Lichtgestalt!

Der afroamerikanische Befreuungskampf

Nachdem Melvin van Peebles mit seinem ebenso lebensfrohen wie aggressiven SWEET SWEETBACK´S BADASSSS SONG (1971) ein echtes Meisterwerk auf die Reise geschickt hatte, öffnete Hollywood die Pforten für eine ganze Reihe von großzügig budgetierten Filmen, die sich direkt an das afroamerikanische Zuschauersegment wendeten. Wir erinnern uns: Menschen mit schwarzer Hautfarbe, das waren diese sinistren Gestalten, die seit der Stummfilmzeit immer dräuend in der Gegend herumstanden und die Bedrohungen verkörperten, die uns der Alltag zumutet. Manchmal durften sie Clark Gable die Schuhe putzen oder Witze mit Hautfarbenbezug reißen, wie Willie Best oder Mantan Moreland dies in den 40ern tun mußten. Auch gab es hier und dort Szenen in veritablen Jazzclubs, die immer dann aufgefahren wurden, wenn man etwas Laszivität oder die Verheißung sündiger Sinnlichkeit an der Zensur vorbeischmuggeln wollte. Merke: Nackte Eingeborene sind exotisch, nicht erotisch. So sah man das damals in Weißbrothausen. Filme von afroamerikanischen Pionieren wie Oscar Micheaux waren die Ausnahme der Regel, wendeten sich aber an ein strikt ethnisches Publikum und sind heute weitgehend unbekannt, wenn nicht sogar dem „Essigsyndrom" zum Opfer gefallen.

Nachdem Sidney Poitier und Harry Belafonte das Auftauchen von afroamerikanischen Schauspielern in Hauptrollen salonfähig gemacht hatten, konnte man sich mehr herausnehmen. Früh-70er-Actiongeschosse wie SHAFT oder SUPERFLY besaßen überaus dunkelhäutige Helden, die allen Sätteln gerecht wurden und mehr Weißen in den Hintern traten, als ich Unterhosen im Schrank habe. Begleitet wurden die entfesselten Machos in ihrem Tun von souligen Beats und gurrenden Frauen. Mit Pam Grier und ihren FOXY

BROWN und COFFY DIE RAUBKATZE hatte das Subgenre sogar seine erste weibliche Heldin. Wohlgemerkt: Die Kohle scheffelten natürlich weder Dr. Kings Nachlaßverwalter noch die „Schwarzen Panther", sondern überwiegend weiße Geschäftsleute, die hier ein neues Publikum witterten, das es auszunehmen galt, aber die gesellschaftliche Signalwirkung muß trotzdem sondernormen gewesen sein. Das afroamerikanische Publikum liebte diese Filme, und noch heute haben sie zahlreiche Fans, Hautfarbe egal.

Einer der weniger bekannten Stars dieser Spielart des 70er-Jahre-Actionkinos ist der fabelhafte Rudy Ray Moore. Rudy Ray Moore war ein Phänomen für sich. Gutes Aussehen liegt ja nun mal im Auge des Betrachters. Schauspieler wie Richard Roundtree, Fred „The Hammer" Williamson oder Jim Brown waren ein imposanter Anblick. Im „Geheimnisvollen Filmclub Buio Omega" hatten wir ja unlängst die Ehre gehabt, Mr. Williamson als Gast begrüßen zu dürfen. Der Mann war damals 73 Jahre alt, wäre aber mit Leichtigkeit als Anfang 50 durchgegangen und sah immer noch so stabil aus, daß ich mich eher von einem 20 Meter hohen Turm in ein Wasserglas gestürzt hätte, als mich mit ihm anzulegen. Außerdem kann ich mich nicht daran erinnern, jemals einen Mann getroffen zu haben, der so viel natürliches Selbstvertrauen ausstrahlte wie Fred, und dies ohne jede Arroganz oder Prahlerei. Der Mann ist einfach toll!

Rudy Ray Moore hingegen war niemals ein Footballheld gewesen. Er war von Statur eher schmächtig und unscheinbar. Er drängte sich als Actionstar nicht direkt auf. Ihn in Aktion zu erleben, das war ein wenig so, als sähe man, sagen wir mal, Woody Allen oder Rick Moranis in einem Karatefilm, nur eben in schwarz. Wesley Willis als der neue James Bond, könnte man sagen. Trotzdem – und das ist das Tolle an ihm! – finden ihn immer alle super. Die Frauen verfallen

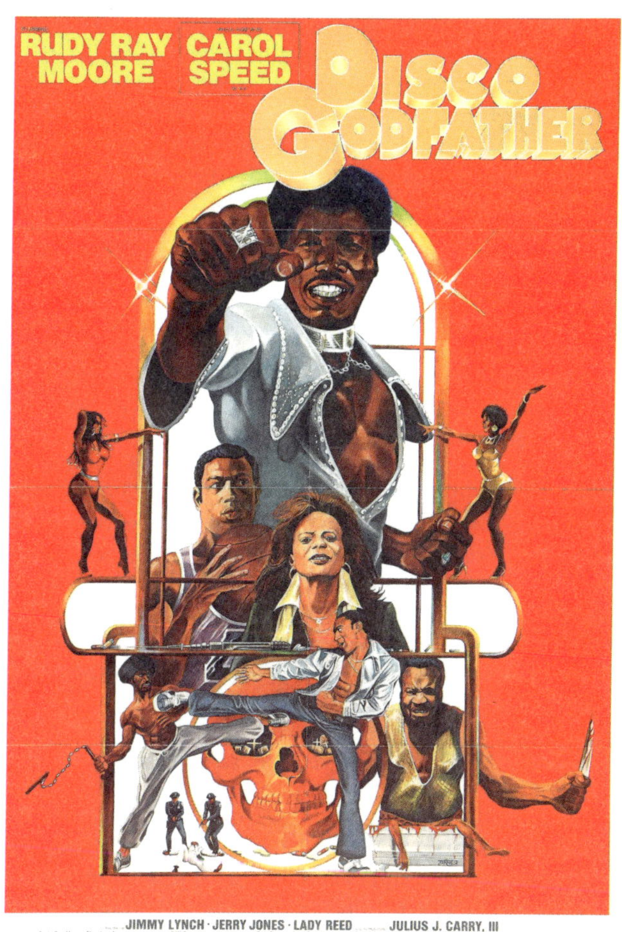
RUDY RAY MOORE
CAROL SPEED
DISCO GODFATHER
JIMMY LYNCH · JERRY JONES · LADY REED
JULIUS J. CARRY, III
Cliff Roquemore · Burt Steiger · Jules Bihari · J. Robert Wagoner · Cliff Roquemore · J. Robert Wagoner
ORIGINAL SOUNDTRACK PERFORMED BY JUICE PEOPLE · AVAILABLE ON APPLE JUICE RECORDS AND TAPES
TRANSVUE PICTURES CORP
R

ihm dutzendweise, die Männer haben voll „Respekt, ey!" vor ihm, und es gibt wirklich nichts, was er nicht kann. Inwiefern diese Filme ernstgemeint waren oder als augenzwinkernde Parodien zu verstehen sind, kann sich jeder selbst aussuchen. Ich empfehle zur weiterführenden Lektüre die Plattencover der zahlreichen Rudy-Ray-Moore-Schallplatten, die damals erschienen sind. Dort machte er Obszön-Rappern wie dem legendären Blowfly Konkurrenz und thronte regelmäßig als King Dick inmitten nackter Schönheiten. Sein erster Film, DOLEMITE (1975), war wohl so populär, daß sein Realname auf ewig mit dem Dolemiten verbunden blieb. Sein HUMAN TORNADO (1976) schaffte es sogar auf den deutschen Videomarkt, wo er als DER BASTARD reüssierte. Mein persönlicher Liebling ist allerdings der dritte Film, HELDEN DER NACHT (THE DISCO GODFATHER, 1979). Daß dieser Film allgemein etwas weniger geschätzt wird als seine Vorläufer, liegt mutmaßlich an seiner sanfteren Gangart, die dem Film auch ein „PG Rating" bescherte. Es handelt sich um Rudy Ray Moores Anti-Drogen-Film. Daß man sich nach Betrachten des Werkes trotzdem so fühlt, als hätte man einen ganzen Baumstumpf mit Magic Mushrooms abgekaut, erklärt sich durch die einzigartige Magie des Dolemiten.

In HELDEN DER NACHT ist Moore Tucker Williams, der enorm groovende Besitzer der Disco „Blueberry Hill", in der die wildeste Musik gespielt wird und die heißesten Cats´n´Kittens sich ein Stelldichein geben. Der DJ ist eigentlich nur dazu da, den „Disco Godfather" anzukündigen. Der macht alles selber: „Ich habe für euch den Funky-Sound, der eure Knochen voll zum Swingen bringt! Schmeißt euch voll hinein! Schmeißt euch voll hinein! Schmeißt euch voll hinein!" (Große Synchro, in der Hartmut Neugebauer das Krümelmonster-Gerappe eindeutscht.) Das „Schmeißt euch voll hinein!" heißt im Original

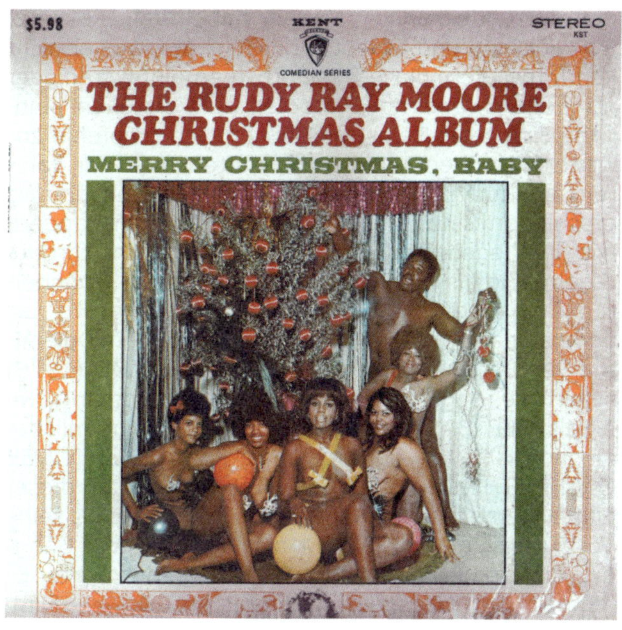

„Put your weight on it!" und wird von Tucker endlos repetiert. Tatsache ist, daß er – wenn man für einen kurzen, unglücklichen Moment aus dem schillernden Mikrokosmos des Filmes austritt – der Musik keine Chance läßt. Der quasselt alles kaputt! Trotzdem, die Leute lieben es, sie hotten wie die Berserker. Tuckers eigene Tanzvorführungen sind relativ verhalten. Genaugenommen erscheint er in seinem weißglitzernden Disco-Hosenanzug, führt ein paar einfache Balanceschritte durch (linkes Bein vor, rechtes Bein nachziehen, rechtes Bein vor, linkes Bein nachziehen, etc.) und wackelt mit dem Arsch. Aber er wird bejubelt wie das achte Weltwunder. So ist das nämlich, wenn man berühmt ist.

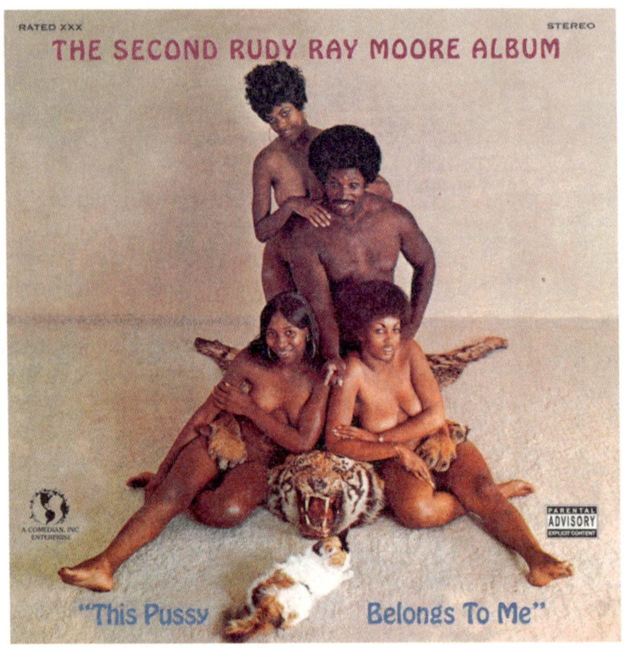

Da sein Neffe Bucky einem der gefürchteten PCP-Drogendealer zum Opfer gefallen ist, sagt Tucker dem „Angel Dust" den Kampf an. Wie es scheint, hat er sich über die Verheerungen, die diese Droge gerade bei jüngeren Konsumenten anrichtet, noch niemals zuvor Gedanken gemacht. Als ihn ein Doktor durch eine Drogenklinik führt, um ihm einige besonders abschreckende Drogenwracks zu zeigen, ist er ehrlich entsetzt. Die Auswirkungen, die man offenbar bereits nach einmaligem Konsum des Teufelszeugs zu gewärtigen hat, entsprechen in etwa dem Effekt des gefürchteten Blubberlutsch, mit dem sich Donald Duck in einer berühmten Carl-Barks-Geschichte zudröhnt. (Arzt: „Der Junge hat jeden Bezug zur

Realität verloren. Er hält sich für eine ungeborene Planierraupe.") Tucker geht daraufhin zu einem weißen Polizisten und bittet um die Erlaubnis, „offiziell ermitteln zu können". Sensationellerweise lassen die ihn nicht einfach vom Pförtner raustragen, sondern erteilen ihm die Erlaubnis! (Das LAPD ist auch nicht mehr das, was es mal war.) Da Tucker in der ganzen Stadt bekannt ist bei Mann, Frau und Kind, setzt er die Straße in Bewegung, um den Ursprung der Droge herauszubekommen. Der Drogen-Kingpin Numero Uno ist – so stellt sich heraus – der böse Stinger, ein Basketball-Impresario, der in einer Szene Journalisten gegenüber großspurig erklärt, er nähme die Spieler, die bei anderen Vereinen abgelehnt werden. Er sieht das so, daß die eben besonders „hungrig" seien. Daß jene vielleicht nur deshalb überall abgelehnt werden, weil sie ganz einfach schlecht sind, kommt ihm wohl nicht in den Sinn. Aber vielleicht nimmt er ja selber Engelsstaub, dann kann man das verstehen.

Die Mischung aus Sozialstudie, Tanzfilm und Actionkino, die der Film anstrebt, ist an sich bereits hochunterhaltsam. Zu richtiger „Ultrakunst" (C. Draxtra) wird sie aber in jenen Momenten, in denen die Folgen des Drogenkonsums visualisiert werden. Auch Tucker werden am Schluß des Filmes mittels einer Gasmaske PCP-Dämpfe eingetrichtert. Wie alle anderen, die in diesem Film mit dem Zeugs konfrontiert werden, sieht er eine schwarze Frau mit lustiger Perücke und (hoffentlich) falschen Zähnen, die krumm tanzt und eine Machete schwingt.

Selten wurden die Gefahren von Drogen so eindrucksvoll bebildert. Rudy Ray flippt voll aus, schneidet wilde Grimassen und knüppelt alles zu Klump, was nicht bei drei auf den Bäumen ist. Ehrlich, ich habe so etwas seit meinem letzten Sons-of-Tarantula-Konzert nicht mehr gesehen! Die Kampfchoreographie ist übrigens ein Fall für sich und orientiert sich weitgehend an der Augsburger Puppenkiste. Dem – erneut – ziemlich schmächtigen Tucker dabei zuzusehen, wie er in einem schebbigen Trainingsanzug herumhüpft und teilweise echte Bestien mit Leichtigkeit auf den Boden zwingt, ist einfach sehr, sehr kostbar. Es gibt natürlich auch eine Sexszene in diesem Film, die ebenfalls viel von Jim Knopf hat. Also, ehrlich, wer nach Betrachten dieses Filmes kein lebenslanger Fan von Rudy Ray Moore ist, der muß erst noch geboren werden. Rudy Ray hat alles, was wir haben wollen, und er teilt es mit uns. Mittlerweile ist er vom Sensenmann geholt worden, aber sein Vermächtnis lebt weiter, auf Videokassetten und auf Schallplatten. Dolemite forever!

8. Teil
Politische Filme

Aufstand ohne Anstand

Im Grunde meines Herzens bin ich ein sehr politischer Mensch. Ich trenne brav den Müll, finde Nazis doof und wähle seit vielen Jahren die Partei für den Akademiker mit dem schlechten Gewissen. Wenn die Stimme der Herzlosigkeit durch die Straßen schallt, dann teile ich mitnichten Ohrenschützer und Scheuklappen aus, sondern zücke mein güldenes Schwert und rufe: „J´accuse!" Immer wieder hat es Filme gegeben, die meine kompromißlose Einstellung gegenüber Ungerechtigkeit und Unterdrückung geteilt haben. Zerschlagt die Fesseln! Macht kaputt, was euch kaputt macht!

Das mit dem Fesselnzerschlagen hat in Australien einen besonderen Beigeschmack. Nicht umsonst war dieses Land einst ein riesiges Gefängnis gewesen. Nachdem James Cook 1770 das Eiland entdeckt hatte, dauerte es nicht lange, und es wurde von Großbritannien als Strafkolonie verwendet. Wer immer im Heimatland nicht mehr erwünscht war, kam nach Australien. Lange Zeit passierte dann gar nichts. Irgendwann wurde „Waltzing Matilda" komponiert, und die Koalas formten eine Gewerkschaft. Die Dingos und die Wombats folgten bald mit eigenen Interessenverbänden. Zum Nationalsport wurde das Bumerangwerfen erhoben – wer ein golden angepinseltes Schaf traf, durfte die Frau des Ministerpräsidenten höckern. Die Aborigines sahen sich das derweil in aller Gemütsruhe an und dachten sich neue Tätowierungen aus, die sie den Maori in Neuseeland für teuer Geld verkauften.

Eine Filmindustrie gab es dort auch, sogar schon seit der Stummfilmzeit. Ein internationales Interesse erwachte aber erst in den 70er Jahren, als Filmemacher wie Peter Weir, Bruce Beresford oder Fred Schepisi Erfolge in Übersee einfahren konnten und den Weg nach Hollywood antraten, nicht immer mit erfreulichen Resultaten. Als besonders erfolgreich erwiesen sich die Vertreter des Genrekinos. George Miller entwickelte seine Serie um den Polizisten Max Rockatansky, die Mel Gibson auf einen langen Weg voller Licht und Schatten schickte. Und Antony Ginnane produzierte eine ganze Reihe von zumeist gelungenen Horrorfilmen, darunter so schöne Exemplare wie Colin Egglestons Öko-Reißer LONG WEEKEND, Richard Franklins Telepathie-Schocker PATRICK oder Simon Wincers bizarre Polit-Parabel HARLEQUIN. Der mit Abstand brutalste, wütendste und sensationellste von seinen Filmen war aber Brian Trenchard-Smiths Dystopie INSEL DER VERDAMMTEN (TURKEY SHOOT, 1982). Und um die soll es hier gehen.

In „Camp 97", einem „Umerziehungslager" der gar nicht so fernen Zukunft, sammelt ein Militärregime faschistischer Prägung alle unerwünschten Elemente, die es an der richtigen „Einstellung zum Leben" vermissen lassen. Dem Straflager steht ein grauhaariger Militär vor, Thatcher, und er versteht in der Tat keinen Spaß. Während er sich den Gefangenen („Drückeberger und Subversive!") gegenüber mit schönfärberischen Floskeln wie „Freiheit ist Pflichterfüllung!" äußert, überläßt er es seinen Untermännern, das Lager auf Kurs zu halten. Dies erreichen jene, indem sie ihrem Sadismus freien Auslauf gewähren. Mit völlig selbstzweckhafter und unmotivierter Grausamkeit säen sie Angst und Schrecken. Als Chefwächter fungiert dabei ein Mr. Ritter, ein ca. 3 Meter großes Tier mit Glatze und Schnurrbart, unterstützt von seinem Assistenten Red, den man kastriert hat, um ihn noch bösartiger zu machen. (Eine eher zweifelhafte Ursache-Wirkung-Kette, wie ich finde, aber bei ihm hat´s offensichtlich funktioniert!) Dem Regime könnte nichts egaler sein als das, was mit den Gefangenen passiert. Tatsächlich dürfen einige ausgewählte Aristokraten an den

„besonderen Aktivitäten" teilnehmen, die Thatcher von Zeit zu Zeit arrangiert. Thatcher ist nämlich so etwas wie eine moderne Ausgabe von Graf Zaroff und richtet Menschenjagden aus. Die Gefangenen, denen diese besondere Ehre zuteil wird, sind nicht selten interessiert daran, denn, wie schon Zapata wußte: Es ist besser, auf den Füßen zu sterben, als auf den Knien zu leben. De facto werden den Delinquenten aber die Füße vorher abgeschnitten, denn Waffen bekommen sie keine, nur einen kleinen Vorsprung. Ihre Überlebenschance geht somit stramm gegen Null.

Und für die Hatz hat man sich genau die Falschen ausgesucht. Im Mittelpunkt des Grüppchens, das in den Urwald entlassen wird, steht Paul Anders, ein bekannter Regimegegner, der von Steve Railsback gespielt wird. Railsback war ein ziemlich guter Schauspieler, der 1976 bereits im prestigelastigen TV-Film HELTER SKELTER Charles Manson verkörpern durfte. Seine Karriere entwickelte sich leider nicht so, wie er es eigentlich verdient gehabt hätte. Er landete in unzähligen Genrefilmen wie Tobe Hoopers LIFEFORCE oder William Fruets BLUE MONKEY. 2005 holte ihn Fanboy Rob Zombie aber noch mal für seinen Film THE DEVIL´S REJECTS aus der Truhe. In TURKEY SHOOT gibt er einen mehr als brauchbaren Helden ab. Ihm zur Seite steht die wunderschöne Olivia Hussey, die ihre Kindheit in Argentinien verbrachte und dann an der britischen Bühne Erfolg hatte. Dort entdeckte sie Franco Zeffirelli und besetzte sie als Julia in einer Shakespeare-Verfilmung, deren Titel mir gerade entfallen ist. Da sie etwas fragil und ernsthaft wirkte, landete sie nicht selten in Opfer-Rollen, etwa in Bob Clarks exzellentem Thriller JESSY – DIE TREPPE IN DEN TOD (BLACK CHRISTMAS, 1973). Von Zeffirelli wurde sie später noch zur Jungfrau Maria befördert, in seinem TV-Opus JESUS VON NAZARETH. In INSEL DER VERDAMMTEN hat allerdings auch sie es nicht mit Shakespeare zu tun. Es war nicht die Nachtigall, es war die Leiche, sogar ganz viele davon, der Film macht keine Gefangenen.

Brian Trenchard-Smith macht bei diesem Film alles richtig, was man bei einem sturzbrutalen Actioner richtig machen kann. Zuerst einmal verkneift er sich jede Ahnung von Heiterkeit im Dienst. TURKEY SHOOT ist todernst, die Gefahren sind nicht nur behauptet, sie sind unmittelbar spürbar. Die Bösen sind wirklich böse. Thatcher ist ein widerwärtiger Despot, der sich nach oben hin absichert und nach unten hin völlige Menschenverachtung an den Tag legt. Gespielt wird er von dem britischen Theaterschauspieler Michael Craig, der sich später für Australien entschied und noch immer dort lebt. Als Kettenhund Nr. 1 brilliert Roger Ward, ein bekanntes Gesicht in australischen Filmen, den man u.a. aus George Millers MAD MAX kennen mag, wo er Max´ Chef Fifi spielt. In der 2014 herausgekommenen Neuverfilmung von TURKEY SHOOT wurde er sogar befördert und spielt den Diktator. Auch am Ende des (gar nicht schlechten) Remakes von LONG WEEKEND hat er einen kurzen, aber prägnanten Gastauftritt als Lastwagenfahrer, der die losen Fäden des Filmes aufrollt. Die beiden Aristokraten werden von einer sehr hübschen Dame mit Vorliebe für Pfeil und Bogen gespielt und einem Typen mit Krone-Schmalz-Frisur, der in der Tat wirkt wie Ingo Appelt an einem seiner schlechteren Tage. Zur Unterstützung hat er noch ein Faktotum dabei, einen Affenmenschen namens Alph, den er angeblich aus einer Freakshow herausgekauft hat (die offenbar von Dr. Moreau betrieben wurde). Während die recht massiven Splattereffekte der deutschen Fassung weitgehend erhalten geblieben sind, wurden die Passagen mit Alph fast vollständig herausgenommen, wohl weil dem deutschen Verleih dieses Fantasy-Element als zu outré erschien. Tatsächlich ist Alph ein würdiger Bösewicht und knabbert auch schon mal Häftlingen den kleinen Zeh ab. Die Proletarier haben nämlich – da hatte Marx mal unrecht – eine ganze Menge zu verlieren, auch ihre kleinen Zehen! Die deutsche Fassung wird übrigens von einer hübsch markigen Berliner Synchro verziert. So bekommt der nicht minder heruntergekommene Regierungsmann Mr. Mallory die Stimme von Gerd Duwner verpaßt, den ich immer besonders mochte, wenn er nicht heitere Spaßfiguren wie Ernie oder Barney Geröllheimer eindeutschen durfte, sondern abgründige Schmierlappen. Hier glänzt er, und das tun auch die Augen von Fans wirklich wilder, aufregender Ozploitation (=australische Exploitation), die mit diesem Film einen richtigen Lattenkracher in den Händen halten. Abgerundet wird der splatterige Schleckspaß (der übrigens koproduziert wurde von David Hemmings, der einst als Hauptdarsteller von Antonionis BLOW UP Meriten sammeln durfte) von einem ungewöhnlich synthielastigen Soundtrack des Australiers Brian May, der natürlich nicht mit dem Gitarristen von The Queen zu verwechseln ist. Am Schluß gibt es noch ein wohlklingendes Zitat von H.G. Wells: „Revolution begins with the misfits." Das ist zwar im Zusammenhang mit TURKEY SHOOT völliger Tönjes, aber wenn man mit den Misfits die populäre Garagenrockband meint, dann ergibt das schon wesentlich mehr Sinn. Das Schwein bestimmt das Bewußtsein!

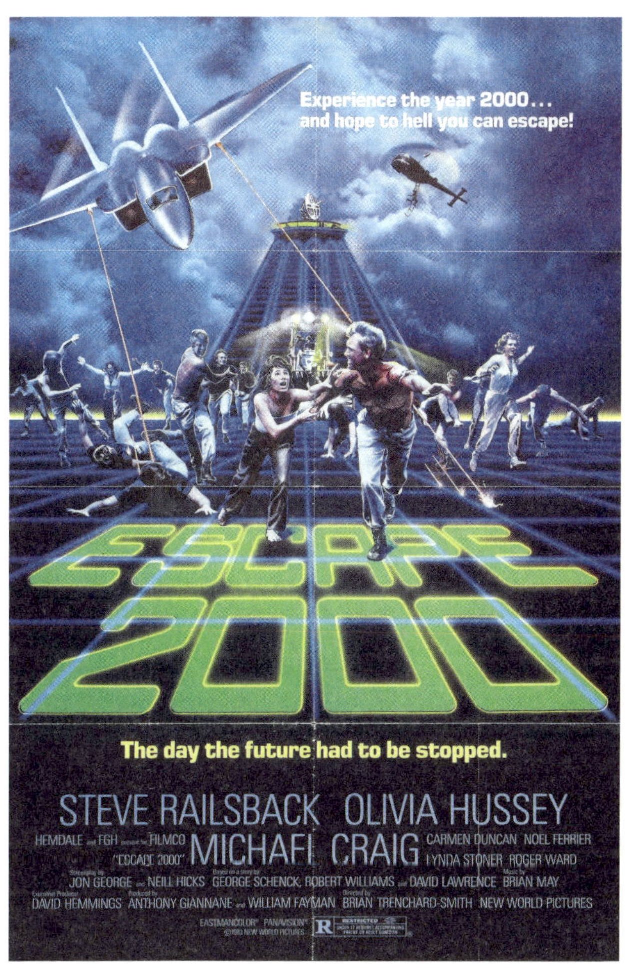
Experience the year 2000...
and hope to hell you can escape!
ESCAPE 2000
The day the future had to be stopped.
STEVE RAILSBACK OLIVIA HUSSEY
HEMDALE and FGH present the FILMCO "ESCAPE 2000" MICHAEL CRAIG
CARMEN DUNCAN NOEL FERRIER LYNDA STONER ROGER WARD
JON GEORGE and NEILL HICKS GEORGE SCHENCK, ROBERT WILLIAMS and DAVID LAWRENCE BRIAN MAY
DAVID HEMMINGS ANTHONY GIANNANE and WILLIAM FAYMAN BRIAN TRENCHARD-SMITH NEW WORLD PICTURES
EASTMANCOLOR PANAVISION
R RESTRICTED

Des Glückes Unterpfand

Vor einigen Jahren hatte ich den festen Wunsch, eine politische Spielshow zu entwerfen. Die Teilnehmer hätten die Aufgabe bekommen, innerhalb eines begrenzten Zeitraumes so häufig wie möglich das Wort „Deutschland" zu sagen. Die klare Artikulation des Wortes wäre dabei nicht zwingend erforderlich gewesen. Lediglich eine übermäßige Speichelabsonderung des jeweiligen Kandidaten hätte einen Punktabzug nach sich gezogen. Die Spieleshow hätte „Deutschland" geheißen, was niemanden überraschen wird. Ebenso wird es niemanden überraschen, daß aus der Show nichts wurde.

Immerhin hatten einige Leute vor vielleicht 10 Jahren die Idee zu dieser „Ich bin Deutschland"-Kampagne, die ich ziemlich großartig fand. Man konnte dort einigen der beliebtesten Prominenten Deutschlands dabei zuschauen, wie sie Dinge sagten wie „Ich bin ein Baum!" und „Ich bin 82 Millionen!" Ich hätte da total gerne mitgemacht, aber mich fragt ja niemand bei so was. Vielleicht hätte ich ein Zitat von Hermann Hesse oder Buddha oder Wum & Wendelin herausgekramt, ich weiß es nicht. Was man eben so sagt, wenn man in einer Talkshow sitzt und den „Ewigen Brunnen" nicht dabei hat. „Ich bin eine Hornhautraspel!" Oder so.

Dem Land meiner Väter nähere ich mich seit nunmehr 46 Jahren mit Wohlwollen, aber unsteten Schrittes. Manchmal nehme ich es wahr, denke, jetzt habe ich es fast erreicht, dann verpufft es schon wieder wie eine Fata Morgana. Die Menschen auf der Straße sind hierbei keine Hilfe, denn die sind eigentlich so wie anderswo auch. Ich schalte den Fernseher ein und hoffe auf eine Erleuchtung, aber da kommt leider nur Quatsch, mit dem ich mich kaum identifizieren mag – Flutschi, der lustige Tentakelclown. Manchmal wabert mir etwas von Dichtern und Denkern durch den Kopf, dann sieht man

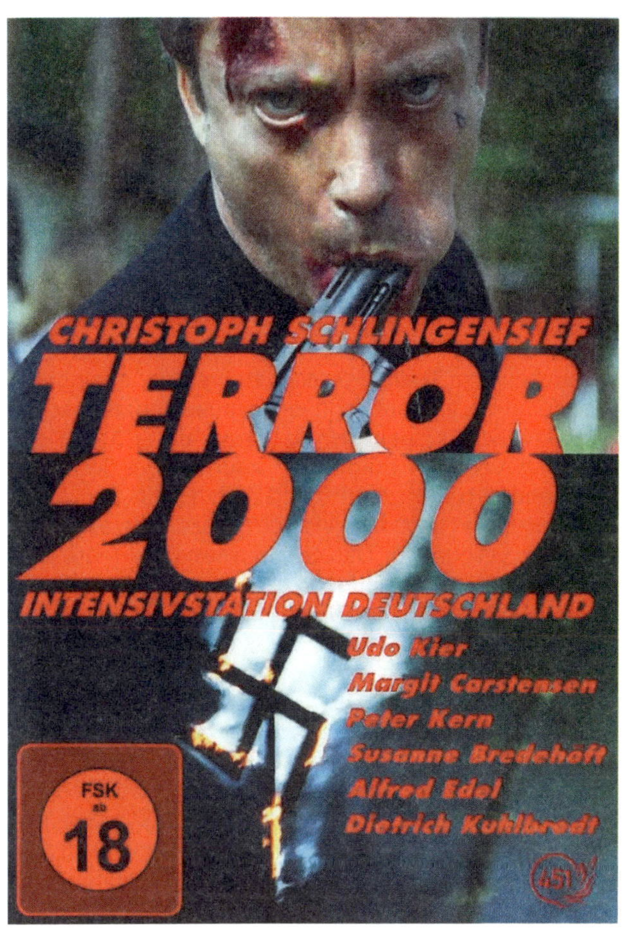
CHRISTOPH SCHLINGENSIEF
TERROR
2000
INTENSIVSTATION DEUTSCHLAND
Udo Kier
Margit Carstensen
Peter Kern
Susanne Bredehöft
Alfred Edel
Dietrich Kuhlbrodt
FSK
ab
18
451

wieder lauter Lemminge marschieren, klackklackklack matschen die Stiefel über den Kasernenhof. Wann immer die Katastrophe des Zweiten Weltkrieges zum Thema wird – und das ist praktisch jeden Tag der Fall, es laufen unzählige Dokus, Hitler und die Frauen, Hitler und die Hunde, Hitler hier, Hitler da –, gibt es dieselben Konsensformate zu besichtigen, die man sich im Umgang mit Nazi-Deutschland angewöhnt hat. Da ist vor 70 Jahren etwas Monströses geschehen, das ist dann aus dem Land getrieben worden, und jetzt haben wir unsere eigenen Probleme. „The power of Christ compels you!", wie das in DER EXORZIST einst hieß. Filmische Versuche, dem Thema gerecht zu werden, erschöpfen sich deprimierend häufig in einer musealen, fast schon respektvollen Perspektive, die in der Ausstattung Meisterschaft verraten mag, aber kaum etwas inhaltlich Erhellendes beizutragen hat. Ich bin kein Historiker, aber für mich ist immer alles ein Prozeß, ist alles miteinander verbunden. Das Gestern wird im Heute mitgeliefert. Filme wie Wolfgang Staudtes großartiger DIE MÖRDER SIND UNTER UNS gab es nach dem Krieg nur kurz zu bestaunen. Danach versank ganz Deutschland im Edelweiß. „Grün ist die Heide!" wisperte der Förster vom Silberwald verzückt, als er mit der Resi zum weißen Rößl galoppierte. Und: „Auf der Alm, da gibt´s koa Sünd!" Mit Winnetou gab es den ersten deutschen Indianer, die Edgar-Wallace-Filme präsentierten ein deutsches England, das in punkto Realitätsnähe den expressionistischen Stummfilmen entsprungen zu sein schien, und dazwischen kasperten Theo Lingen, Hans Moser, Heinz Rühmann und später auch Heinz Erhardt herum. Nette Lausbuben und Halbstarke erschienen, denen dann von Ernst Hofbauer die Hosen runtergezogen wurden in seinen Report-Filmen, und da waren sie endlich, die 68er! Die Revolution war da! Mit der Faust auf den Tisch hauen, sich kein X für ein U vormachen lassen. Juchhu!

Die deutsche Realität hielt Einkehr auf den Leinwänden der Lichtspielhäuser. Nicht alle der jungen Filmemacher waren Genies wie Fassbinder. Dessen SATANSBRATEN blieb immer ein geheimer Favorit von mir, da seine aggressive Groteske mir aufzeigte, wieso ich den erhobenen Zeigefingern, den Souffleuren und den ständig gut gelaunten Medienfratzen nicht mehr vertrauen mochte. Denn die legten mir eine Ordnung nahe, die ich einfach nicht mehr sah.

Christoph Schlingensief hatte schon als Kind das Bedürfnis, seine Eindrücke filmisch zu verarbeiten. Später drehte er tolle Filme wie TUNGUSKA – DIE KISTEN SIND DA! (1984) oder 100 JAHRE ADOLF HITLER – DIE LETZTE STUNDE IM FÜHRERBUNKER (1988). In diesen Filmen – so bizarr und grotesk sie auch sein mögen – findet Deutschland statt. Da ist ganz viel Deutschland drin, es rumort und ramentert, es will raus! Wenn man es rausläßt, kann es leicht sein, daß nicht jeder etwas damit anfangen kann, da es so gar nichts zu tun hat mit den Spaß- und Nachdenklichmachern, die man aus dem Fernsehen kennt. (Unglaublich, daß man so viel Schrott in eine so kleine Kiste einsperren kann!) Als ich mit Schlingensiefs Filmen zum ersten Mal konfrontiert wurde, stand ich davor wie der Ochs, wenn´s blitzt. Ich hatte schon den Eindruck, etwas ganz Erhabenem beizuwohnen, wußte es aber überhaupt nicht einzuordnen. Ich werde nicht der einzige Kinoverwirrte gewesen sein, der als ersten Schlingensief DAS DEUTSCHE KETTENSÄGENMASSAKER (1990) zu sehen bekam. Präsentiert wurde jener damals als so eine Art Splatterfilm mit Kunstanspruch, als Trash mit Hochschulabschluß sozusagen. (Plakatzeile: „Sie kamen als Freunde und wurden zu Wurst!") Tatsächlich halte ich ihn für einen der besten Filme über die Wiedervereinigung, die ich bis zum heutigen Tag gesehen habe. Wenn der große Alfred Edel an einer Stelle des Werkes gröhlt: „Jetzt beginnt der Markt!", denn stellt der Film bereits klar, daß er kein Schocker zum festlichen Ereignis sein will, sondern daß er die geschichtliche Zäsur als Teil eines Prozesses begreift. 1990 wußte man natürlich noch nicht im Detail, in welche Richtung das gehen würde, aber die drastische Weise, mit der Schlingensief das in dem Film veranschaulichte, erscheint in ihrer ketchupseligen Feierfreude fast schon anheimelnd, vergleicht man den Film mit der vorgefundenen Realität von heute. Sein TERROR 2000 (1992) konnte da schon eher aus dem Vollen schöpfen, und er tat dies mit kindlicher Lust am Spiel und am Streich. Er legte ganz offensichtlich keinen Wert auf den präzisen Pinselstrich, auf die klar bemessene und nach Möglichkeit alle themenbezogenen Feinheiten einschließende Geste. Ich habe Christoph leider niemals kennengelernt, aber ich ahne, daß er nicht daran glaubte, die Wahrheit einfangen zu können, nicht mit Wissenschaft und Konstantenhörigkeit. Und schon gar nicht mit gesellschaftlicher Konformität, mit guten Sitten. Mein Lieblingsfilm von ihm bleibt MUTTERS MASKE (1987), seine Neuinterpretation von Veit Harlans OPFERGANG. Den bombastischen Nazikitsch in eine Ruhrpott-Barock-Szenerie zu verfrachten und ihn sich dort ad absurdum führen zu lassen, war eine Superidee, die den deutschen Mythen das zukommen läßt, was ihnen meines Erachtens auch zusteht. Das ist es vielleicht auch, was mir an Schlingensief immer so gut gefallen hat – er scheint mir kein Provokateur im klassischen Sinne gewesen zu sein, kein Stratege des Widerstandes. Ich spürte bei ihm immer eine große Freude in dem, was er machte. Eine Freude, wie man sie nur bei Menschen verspürt, die eher ihrer Intuition vertrauen als einer statistisch gebenedeiten Einsicht. Menschen sind so, und Filme handeln nun mal von Menschen. Menschen schreien, und das tun sie auch bei Christoph. Menschen benehmen sich, wenn sie überfordert sind, wie die kompletten Idioten – so auch bei Christoph. Die expressiven Darstellungen in seinen Filmen, die hysterischen Ausbrüche, mögen den einen oder anderen Zuschauer irritiert und sogar schockiert haben. Bei Schlingensief dienen sie aber nicht dem Zweck, zuschauerwirksamen Exzeß zu liefern. Ich glaube, daß er die Welt einfach so gesehen hat. Der Musiker John Zorn hat mal zu einer seiner früheren experimentellen Kompositionen gesagt, daß das für ihn damals ganz normal gewesen sei. Die teilweise entsetzten Reaktionen seiner Mitmenschen hätten ihn erstaunt. Ich glaube schon, daß Christoph Schlingensief eine sehr genaue Vorstellung von der Wirkung seiner Sachen hatte, aber er tat das nicht, um solche Reaktionen zu erzeugen. Er wollte die Dinge so erzählen, wie er sie sah. Und das ist auch der Grund, weswegen ich seine schönen Filme auch mit im Buch haben wollte. Und weshalb ich diese Trash-Etikettierung einfach nicht mag. Die Beschäftigung mit Kino lohnt sich dann, wenn man das Erlebnis nicht als Zeitverschwendung, sondern als bereichernd empfindet. Wenn es sich dabei sogar um eine Begegnung mit einer von der Norm abweichenden Weltsicht handelt, die einem neue Wege aufzeigt, dann adelt das die Begegnung. Das wird dann kostbar.

Ich habe jetzt leider kaum etwas über den Film TERROR 2000 erzählt, über den ich eigentlich schreiben wollte. Ihr müßt ihn Euch also wohl selbst ankucken. Macht das, es lohnt sich! Mag sein, daß Christoph Schlingensiefs Filme von manchen als Trash bezeichnet werden, aber für mich gehören sie zu den tiefempfundensten Wortäußerungen zur Gegenwart, zu dem, was ist, und zu dem, was wir uns wünschen sollten. Christoph starb mit 49 Jahren, und ich finde das sehr, sehr schade. Er hat ganz viel in seinem Leben erreicht, worum ich ihn beneide. Ich weiß nicht, ob er Poesie schaffen wollte, aber er hat es getan. Er hat sie geschaffen, und sie traf mich tief ins Herz. Und er sagte die Wahrheit, in jedem seiner Filme.

Schwänze zu Pflugscharen

Jello Biafra sang einst, daß Patrick Henry seinen berühmten Ausspruch „Gebt mir die Freiheit oder den Tod!" zu einem Zeitpunkt tätigte, als er 65 Sklaven besaß. Also, Henry besaß die Sklaven, nicht Jello Biafra. Dies ist auch einer der Gründe, weshalb ich froh bin, daß es der ehemalige Sänger der Punkband „Dead Kennedys" war, der Bürgermeister von San Francisco werden wollte, nicht Patrick Henry. In den USA kann nämlich nahezu jeder kandidieren, sofern er ein gewisses Alter erreicht hat. Erneut Herr Biafra: „In San Francisco kann man als 18-Jähriger Bürgermeister werden, aber man muß 26 sein, um ein Taxi fahren zu dürfen." Was einem erzählt wird, ist nicht notwendigerweise das, was tatsächlich vorzufinden ist, wenn man die Wollmütze abnimmt, die einem tagtäglich von den Medien über die Augen gezogen wird.

Wenn der Mensch nicht nur die Wollmütze auszieht, sondern alles andere auch, dann ist er nackt. Er hat die Fesseln der Zivilisation abgestreift, ja, abgestriffen. Er will, daß man nett zu ihm ist, damit er nett reagieren kann – der paradiesische Urzustand, und ein idealer Nährboden für die Demokratie. Linda Lovelace war auch nett zu anderen, zumindest auf der Leinwand. Mit nur einem einzigen Langfilm – dem Porno-Klassiker DEEP THROAT von Gerard Damiano – wurde sie nicht nur ein Star, sondern auch ein „Household Word", bekannt wie ein bunter Hund. Daß nicht alle anderen nett zu ihr waren, ist Thema ihrer diversen Bücher, die sie in späteren Jahren schrieb. Sie sei zu den Geschlechtsakten gezwungen worden, teilweise mit vorgehaltener Waffe. Diese – von anderer Seite bislang unbestätigt gebliebene – Darstellung machte sie für einige Jahre zum Liebling der feministischen Welt, bestätigte sie doch aufs trefflichste sämtliche

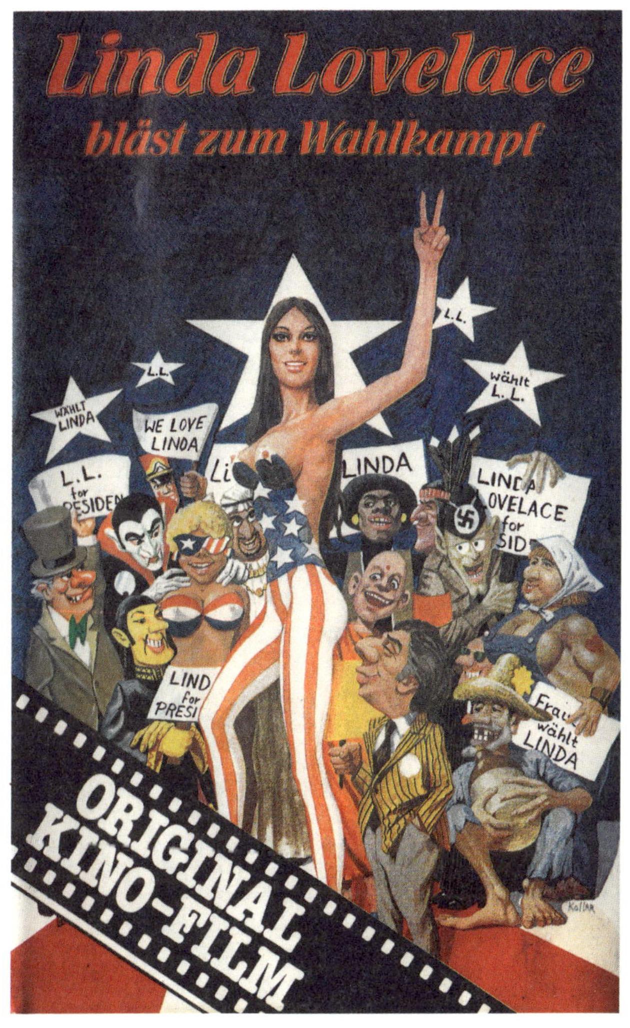
Linda Lovelace
bläst zum Wahlkampf
L.L.
wählt L.L.
L.L.
WÄHLT LINDA
WE LOVE LINDA
L.L. for PRESIDEN
LINDA
LINDA LOVELACE for SID
LIND for PRESI
Frau wählt LINDA
ORIGINAL KINO-FILM
Kollar

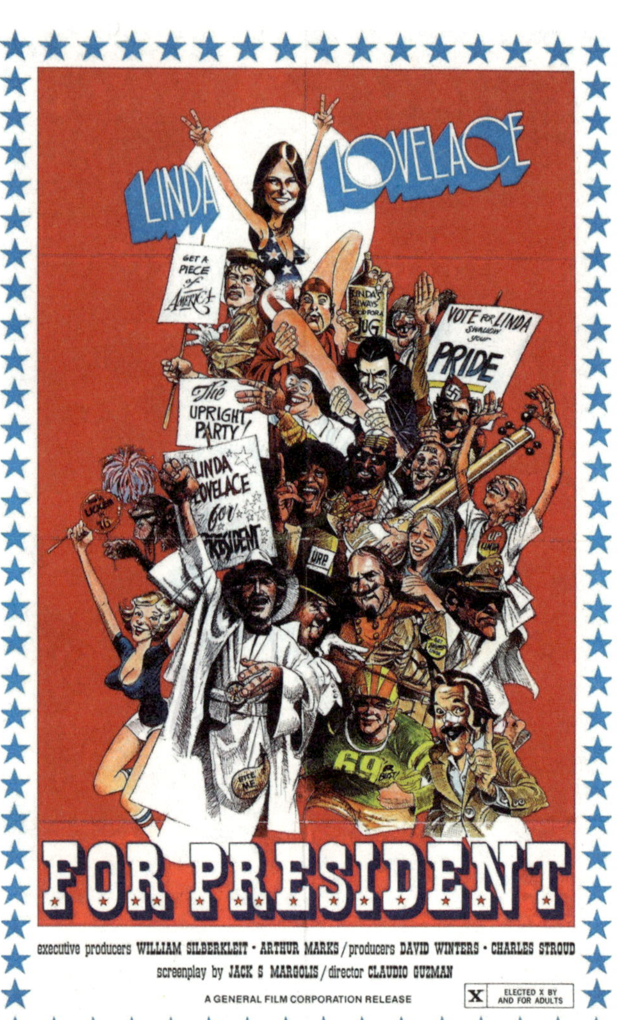
LINDA LOVELACE
GET A PIECE of AMERICA
LINDA'S ALWAYS GOOD FOR A JUG
VOTE for LINDA SWALLOW your PRIDE
The UPRIGHT PARTY!
LINDA LOVELACE for PRESIDENT
URP
UP LINDA
69
BITE ME
FOR PRESIDENT
executive producers WILLIAM SILBERKLEIT · ARTHUR MARKS / producers DAVID WINTERS · CHARLES STROUD
screenplay by JACK S MARGOLIS / director CLAUDIO GUZMAN
A GENERAL FILM CORPORATION RELEASE
X ELECTED X BY AND FOR ADULTS

Vorurteile, die man jemals in bezug auf das Pornokino gehabt haben mochte. Während sie ihre Teilnahme an dem fraglichen Film wie auch an zahlreichen anderen „Loops" im Nachhinein intensiv ablehnte, war die Hauptrolle in LINDA LOVELACE BLÄST ZUM WAHLKAMPF (LINDA LOVELACE FOR PRESIDENT, 1975) für sie scheinbar „okay-hey" (Chris Roberts). Und warum auch nicht, handelt es sich doch um eines der schonungslosesten Exposés der Mißstände, die den amerikanischen Wahlkampf zu dem machen, was er nun einmal bis zum heutigen Tag ist.

„Dieser Film wurde gedreht, um alle zu beleidigen!" wird bereits vor dem Vorspann klargestellt. Auf einem Kongreß, der scheinbar auf einer Wiese stattfindet, einigt sich eine politische Partei (die aus einem repräsentativen Querschnitt der amerikanischen Gesellschaft besteht, also einem Schwarzen, einem Chinesen, einem Altnazi, einer dicken Feministin und einer Transe) auf einen Kandidaten, der alle zufriedenstellt. Nach Abwägung aller Vor- und Nachteile, die die Kandidaten in spe vorzuweisen haben, kommt man einstimmig zu dem Ergebnis, daß Linda Lovelace die ideale Vertreterin des demokratischen Gedankens ist. Wer diese Wahl für eine satirische Überspitzung hält, braucht sich nur ins Gedächtnis zu rufen, daß die Pornodarstellerin Ilona Staller einige Jahre im italienischen Parlament saß und sich eines überwältigenden Zuspruches nicht nur von seiten der männlichen Bevölkerung erfreuen durfte. Linda ist auf jeden Fall von der Ehre, die ihr zuteil wird, höchst angetan und begibt sich sofort auf eine Werbetour, auf der genügend Platz ist für einen reichhaltigen Einsatz ihrer körperlichen Vorzüge. So macht sie in einer rassistischen Südstaatenstadt zum Beispiel einen gefeierten Olympioniken namens Huck Spritz glücklich, der sich daraufhin zu einem ihrer begeistertsten Fürsprecher entwickelt. Auch der verarmten Landbevölkerung („Das ist mein Vater und Bruder Sodom! Und das hier ist meine Frau und Schwester Pepe!") vermittelt sie den allesumarmenden Charakter ihres Gospels – zurück zur Basis, zurück zu den Wurzeln! Auch einen Priester namens Soylent Greenlawn kann sie für sich gewinnen, der in seinen Predigten Werbung macht für Bücher wie „Ich war ein Hollywood-Flittchen" oder Schallplatten namens „Thank Heaven For Little Boys". Die Zeichen stehen gut – so gut, daß die politische Konkurrenz einen abgefeimten Auftragsmörder anwirbt, der Linda um die Ecke bringen soll. Dies mißlingt aber, und so steht dem Jubeltag nichts mehr im Wege. Amerika liebt Linda, und Linda liebt Amerika!

Tja, wer braucht Gore Vidal, wenn auch Eberhard Crutzenhagen das Drehbuch schreiben kann? Zudem besteht ja immerhin die Möglichkeit, daß sich hinter dem Pseudonym tatsächlich Gore Vidal versteckt, oder zumindest Norman Mailer. Im englischsprachigen Raum bezeichnet man Humor, der eine gewisse Niveaugrenze unterschreitet, als „low-brow". Vielleicht liegt das daran, daß man, wenn man peinlich berührt ist, die Augenbrauen automatisch senkt. Hier gehen die Brauen so tief, daß sie praktisch mit der Schambehaarung identisch sind! Die lassen nichts aus: Stotterwitze, Zwergenwitze, Seniorenwitze. Gleich während des Kongresses zu Anfang sieht man einen polnischen Bewerber, wie er sein Publikum mit folgendem Witz zu umgarnen versucht: „Warum wird Fleisch auf den Altar gelegt bei ´ner polnischen Hochzeit? Um die Fliegen von der Braut fernzuhalten!" Später bestellt ein Afroamerikaner am Drive-In-Imbiß: „Einen Negerkuß, schwarze Bohnen, Schwarzbrot und eine Tüte dunkelbraune Fritten!" Und so geht das die ganze Zeit weiter, sieht man einmal davon ab, daß den Akteuren scheinbar nur die Direktive gegeben wurde, hysterisch und infantil in der Gegend herumzugackern. Ich sah es und konnte es nicht glauben. Ein Teil von mir war entsetzt, da waren die Augenbrauen ganz weit oben. Aber der andere Teil hatte sich verliebt. Ich bin immer wieder hocherstaunt, wieviel sich die politische Linke in den 70ern herausnehmen konnte, wenn es um politische Unkorrektheiten geht. In Kreuzberg in den 90ern wäre ein Kino, das diesen Film zeigt, sofort den Flammen überantwortet worden. Völlig undenkbar. Aber nein, es gab eben nicht nur Filme, in denen Bäume umarmt werden und bekiffte Wurzelsepps und – seppinen „Ich liebe dich!" murmeln. Es gab auch Carl Reiners fabelhaften WO IS´ PAPA? (WHERE´S POPPA?, 1970), der den Erfolg von HAROLD & MAUDE (1970) an Drastik und Anti-Establishment-Geist noch um einiges überstieg und Schoten serviert, bei denen selbst ich fast aus dem Sessel gefallen wäre. Die Möwe Jonathan ist bei LINDA LOVELACE BLÄST ZUM WAHLKAMPF lange abgestürzt, Ikarus gleich.

Uncle Sam hat übrigens auch einen Auftritt, als geiler, alter Sabbersack in einem Seniorenheim. Er ist nur ein Beispiel für das erhöhte Aufkommen an Schmierenkomödianten, mit denen in diesem Film zu rechnen ist. Gekannt habe ich nur die wenigsten, Chuck McCann zum Beispiel, der früher im amerikanischen Fernsehen Kindersendungen angesagt hat. Scatman Crothers hat einen Kurzauftritt als „Super Black". Und Mickey Dolenz, der Schlagzeuger der Monkees, spielt einen debilen Busfahrer. Das Beeindruckende an diesem Film ist, daß er eigentlich ein Dauerfeuerwerk schebbiger Witze abfeuert, einer schmieriger als der andere, aber wirklich witzig sind die wenigsten. Am erfolgreichsten ist er da, wo der Schmier fast schon dadaistisch wird, wo der Zuschauer an seiner Eignung als Publikum und als Staatsbürger zu zweifeln beginnt. („Bin ich es oder ist es der Film?") In gewisser Weise entspricht er damit aber voll und ganz meiner eigenen Einstellung zum Thema Politik, zumindest seitdem man auf Sendern wie „Phoenix" das volle Ausmaß der alltäglichen Vergackeierung miterleben kann, sogar in HD. Ich fände es eigentlich nicht schlecht, wenn ein gestandener Christdemokrat bei Jauch mal so richtig aus der Rolle fallen und einen deftigen Polenwitz erzählen würde. Da wäre mal was los! Wir Menschen – das sollte allen klar sein – kommen den selbstgesteckten Idealen selten auch nur nahe. Auf jeden großen Moment (z.B. die Abschiedsszene in CASABLANCA) kommen fast ein Leben lang nur verpaßte Gelegenheiten, die einen später verhexen wie die Fussel, die man morgens im Bauchnabel findet. Man versucht immer, das Richtige zum richtigen Zeitpunkt zu machen, und bevor man sich´s versieht, erzählt man einen Polenwitz in einer Grabrede und hat wieder alles versaut. Dann macht man (vielleicht) auch mal wieder was richtig. LINDA LOVELACE BLÄST ZUM WAHLKAMPF mag kein gutes Kino sein. Er ist vermutlich auch keine gute Komödie, kein gutes Irgendwas. Aber eines ist sicher: Bei Linda Lovelace würde die Wahlbeteiligung wieder steigen! Und das wäre nicht das einzige, was da steigt! Ich meine – man muß sowieso 18 sein, um wählen zu können, und das sollte man doch verdammtnocheins ausnutzen!

Wie sagt der von Paul Bartel gespielte Regisseur in HOLLYWOOD BOULEVARD doch so schön? „Wir drehen hier einen Film über Titten und Ärsche, nicht über die Conditio Humana!" LINDA LOVELACE BLÄST ZUM WAHLKAMPF ist beides, wenn das den Machern vielleicht auch nicht klar war.

Freie Fahrt für freie Bürger

Das Recht des Menschen, sich in ein kompliziertes Metallkonstrukt hineinzusetzen, um dann innerhalb von nur wenigen Sekunden die Metamorphose in eine Art Robocop der Straße zu erleben, ist unveräußerlich. Mit dem Autofahren ist es so wie mit dem Sex – selbst völlige Idioten können es bisweilen recht passabel. Sowohl beim Autofahren wie beim Sex geht es um die Aktivierung von archaischen Urimpulsen, die in Einzelfällen auch zum Orgasmus führen können. Beim Sex kommen allerdings gelegentlich Kinder bei raus, beim Autofahren landet alles in der Unterbuxe oder auf dem Tacho. Trotzdem, das Gefühl von Freiheit – eigentlich ja: Macht! –, das man genießt, wenn man an einem sonnigen Tag mit 160 km/h durch die Gegend kachelt und die schöne Landschaft genießt, während man sie verpestet, ist ebenso unverdient wie unwiderstehlich. Außerdem ist es leicht verfügbar. Wenn man vorher gerade Krach mit seinem Boß gehabt hat oder Ärger mit seiner Frau, dann bietet sich hier eine Verwandlung in einen mythischen Superhelden an, Motokloppo, der alles ausbremsen und anhupen kann, was seinen Weg kreuzt. Vorteil: Die Ärsche sind immer die anderen. Meistens handelt es sich bei solchen Deppen um Männer, aber ich habe auch schon Deppinen beim Verrichten ihres ebenso unnützen wie gefährlichen Tagewerks beobachtet.

Die Verwandlung vom Menschen zu Motokloppo ist eines der Hauptthemen im modernen Straßenwestern. Implizit vorhanden ist das Thema bereits bei sogenannten „Road Movies", in denen die Helden nach einem Ziel suchen, das ihnen noch nicht bekannt ist. Es liegt nicht selten in der Selbstauslöschung. In Rowdyfilmen wie MAD MAX, AUF DEM HIGHWAY IST DIE HÖLLE LOS oder etwa jedem zweiten amerikanischen Actionfilm jüngeren Datums wird es sogar explizit. Es

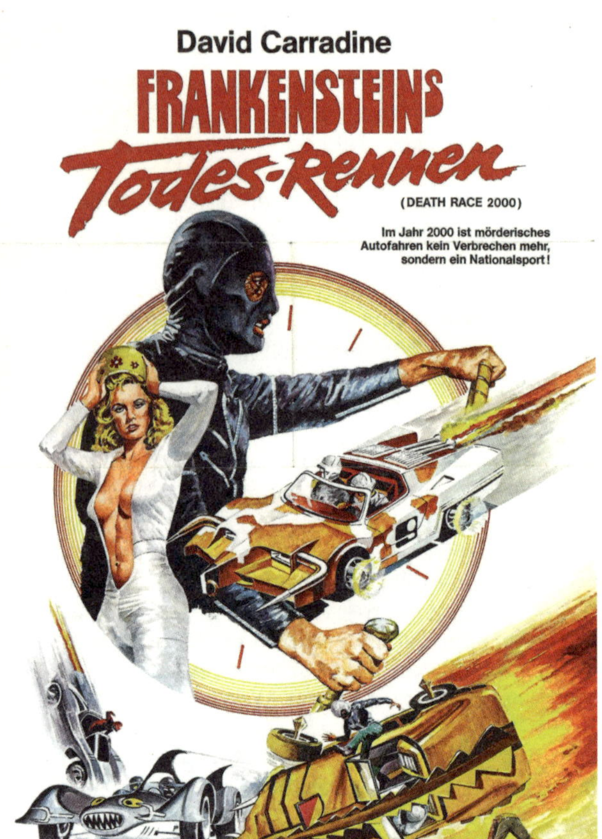
David Carradine
FRANKENSTEINS
Todes-Rennen
(DEATH RACE 2000)
Im Jahr 2000 ist mörderisches Autofahren kein Verbrechen mehr, sondern ein Nationalsport!
mit Simone Griffeth · Sylvester Stallone · Louisa Moritz · Don Steele · Regie: Paul Bartel
Eine Produktion der New World Pictures, New York · Constantin-Film

geht um eine Vorstellung von Macht, die sich durch das Ausmaß an Zerstörung definiert, das man anrichten kann, so als Einzelner. Ein Mann allein. Der wilde Westen. Der amerikanische Traum. Wie sehr diese Neigung des Menschen, fürchterliches Unheil anzurichten und das auch noch gutzufinden, die moderne Gesellschaft bestimmt, läßt sich in Norman Jewisons Science-Fiction-Film ROLLERBALL (1975) nachfühlen. Daß dieser gut gemachte, wenngleich sehr feierliche und pompöse Film auch einige preisgünstige Nachahmer finden sollte, war klar. Daß einer der besten vom B-Movie-Papst Roger Corman produziert wurde, ist keine Überraschung.

In FRANKENSTEINS TODESRENNEN (DEATH RACE 2000, 1975) geht es um eine Gesellschaft der nahen Zukunft, die flächendeckend von medialer Dauerkontrolle überzogen ist. An der Spitze der Regierung steht „Der Präsident", eine mythische Gestalt, die die Bürger Amerikas nur noch als Fernsehabbild kennen. Es ist für einen Normalsterblichen praktisch unmöglich, an ihn heranzukommen. Der Präsident inszeniert sich als wohlwollender Patriarch, der gnädig aus luftigen Höhen zum Volke spricht und ihm das gibt, was es will, damit es schön die Klappe hält – „panem et circenses", Brot und Spiele. Wie im alten Rom werden die ganzen mühsam unterdrückten Aggressionen von Kampfdarbietungen adressiert und kanalisiert, bis nur noch seichte Suppe übrig ist. Statt sozialer Unruhen gibt es eine zentralisierte Kampfveranstaltung, einen Stellvertreterkrieg, in dem die Gladiatoren – wie in den „Cannonball"-Rennen der 70er Jahre – ihre hochgetunten Autos quer durch die Vereinigten Staaten dreschen müssen, allen Geschwindigkeitsbegrenzungen zum Trotz. Damit es auch schön knackig wird, bekommen die Fahrer einen Sonderbonus für jeden plattgefahrenen Passanten. Besonders deftig punktet man, wenn man einen Senioren erwischt, aber auch

Kinder bringen einen schnell an die Spitze. Der Liebling des Volkes ist ein maskierter Mann namens Frankenstein, der einst speziell zu diesem Zweck gezüchtet worden war. Niemand weiß, wie er aussieht. Er soll Hunderte von Malen operiert worden sein, ein Gemengsel aus künstlichen Gliedmaßen und Transplantaten. Außerdem dabei sind sehr pittoreske Gegner wie „Machine Gun Joe" Viterbo (Sylvester Stallone, ein Jahr vor ROCKY!), „Nero The Hero", „Herman The German" und natürlich „Calamity Jane" (=die wunderbare Mary Woronov, die zu den wenigen Frauen auf der Erde zählt, aus deren Schuhen ich Champagner trinken würde!) Übertragen wird das Ganze mit großem Bohei und zahlreichen Sportreportern im Staatsfernsehen, wo man sich keinen Blutstropfen entgehen läßt. Eine Gruppe von Revolutionären hat sich zum Ziel gesetzt, das Rennen zu sabotieren. Sie wollen Frankenstein kidnappen und die Rennleitung dazu zwingen, die Gewaltorgie abzusetzen. Doch Frankenstein ist zu gut für die Revoluzzer, und er hat seine eigenen Pläne ...

Die Grundidee ähnelt ein wenig dem legendären deutschen Fernsehfilm „Das Millionenspiel", der auf Grundlage einer Kurzgeschichte von Robert Sheckley entstand. Ebenso findet sich diese Sache mit den Menschenjagden zum Gaudium des Volkes auch in anderen Filmen wieder, etwa der Stephen-King-Verfilmung THE RUNNING MAN oder Yves Boissets KOPFJAGD – PREIS DER ANGST. Daß die Prämisse sich für populärkulturelle Dollereien besonders eignet, liegt zum einen an den vielfältigen Möglichkeiten, die sie für donnernde Leinwandaction bietet. Gleichzeitig kann man das Geböllere auch mit einer Prise wohlfeiler Gesellschaftskritik versehen. Der Regisseur von FRANKENSTEINS TODESRENNEN, Paul Bartel, gehört zu meinen Lieblingen. Er sollte später (erneut mit La Woronov) die ebenso charmante wie boshafte

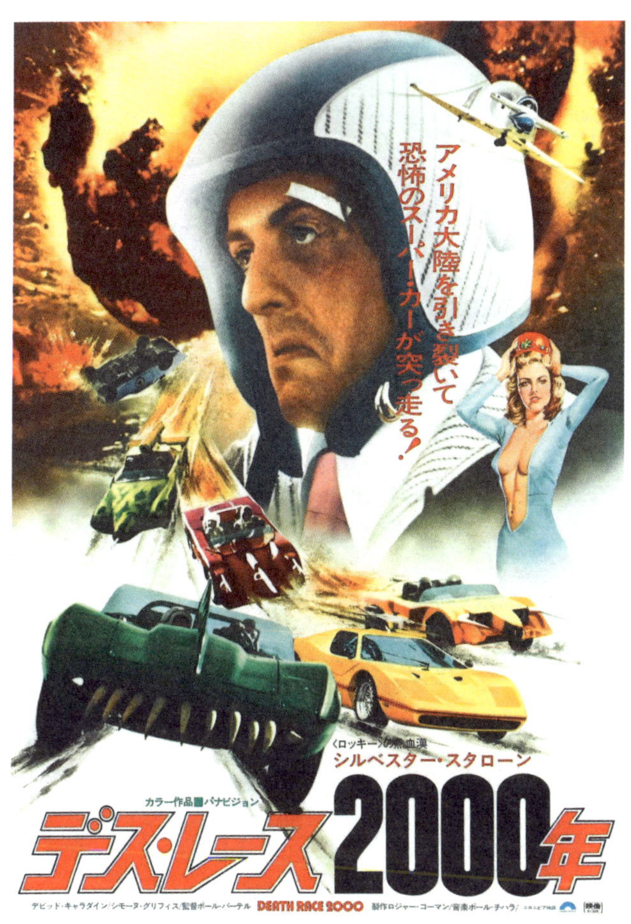

アメリカ大陸を引き裂いて
恐怖のスーパー・カーが突っ走る!
〈ロッキー〉の熱血漢
シルベスター・スタローン
カラー作品 パナビジョン
デス・レース2000年
デビッド・キャラダイン/シモーヌ・グリフィス/監督ポール・バーテル
DEATH RACE 2000
製作ロジャー・コーマン/音楽ポール・チハラ/

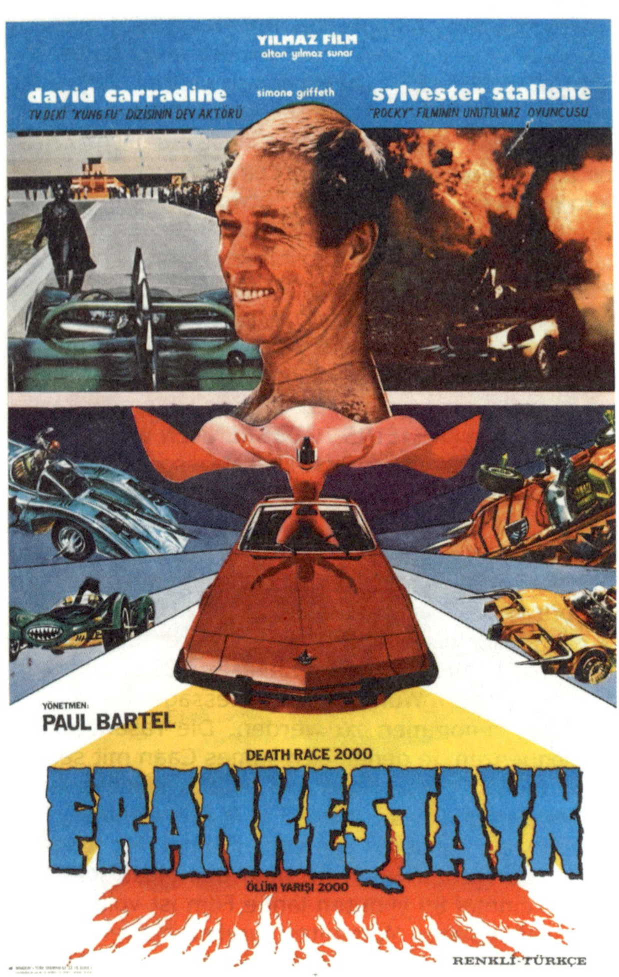
YILMAZ FİLM
altan yılmaz sunar
david carradine
TV DEKİ "KUNG FU" DİZİSİNİN DEV AKTÖRÜ
simone griffeth
sylvester stallone
"ROCKY" FİLMİNİN UNUTULMAZ OYUNCUSU
YÖNETMEN:
PAUL BARTEL
DEATH RACE 2000
FRANKEŞTAYN
ÖLÜM YARIŞI 2000
RENKLİ-TÜRKÇE

Kleinbürgerkomödie EATING RAOUL (1982) drehen, hatte aber bereits 1968 mit seinem etwa halbstündigen THE SECRET CINEMA einen echten Volltreffer gelandet. Seine Auftritte in Filmen befreundeter Regisseure sind ebenfalls eine Klasse für sich. Er ist mir allein durch seine häufige Leinwandpräsenz zu einem guten Freund geworden, etwa als Fachmann für Geschlechtskrankheiten in Joe Dantes wundervoller Parodie auf alte Aufklärungsfilme im unterschätzten AMAZONEN AUF DEM MOND (AMAZON WOMEN ON THE MOON, 1987). In Joe Dantes und Allan Arkushs HOLLYWOOD BOULEVARD spielt er einen Filmemacher, der (ein weiteres Mal mit La Woronov) einen schmierigen Actionstreifen drehen soll. Womit wir wieder bei FRANKENSTEINS TODESRENNEN wären, denn obgleich der Film natürlich liberal gesonnen ist und dem quasi-faschistischen Gleichschaltungsstaat den Fehdehandschuh hinwirft, so ist es doch das gänzlich unkomplizierte Bekenntnis zur rollenden Blutwurst, das den Film funktionieren läßt wie einen gut geölten Einspritzmotor. Der bereits erwähnte ROLLERBALL tat sich in dieser Hinsicht deutlich schwerer, befrachtete seine Botschaft mit Johann Sebastian Bach und dem offensichtlichen Wunsch, als „Message Piece" zur Kenntnis genommen zu werden. Die rasanten Actionsequenzen, in denen sich James Caan mit seinen Mitbewerbern balgt, waren nur leider viel interessanter als der Rest des Filmes. Ein Mißverständnis, das ihn mit vielen anderen Filmen verbindet. Nicht so bei Bartel, der genau weiß, wo man den Most holt. Der gerade einmal 80 Minuten lange Film ist vollgepackt mit spektakulären Momenten, greller, bisweilen sehr drastischer Komik und einigen Splatterüberraschungen, und falls alles nichts hilft, gibt es noch ein paar nackte Tatsachen. Der Kofferraum ist voll, der Tank auch, und wenn FRANKENSTEINS TODESRENNEN losfährt, dann steht der Gewinner bereits fest. Ein

Superfilm! Das Remake mit Jason Statham ist – verglichen mit Bartels Hochoktansatire – ein völlig humorbefreites, naturalistisches Schlachtfest, das jeden Charme vermissen läßt. Kommt heutzutage natürlich besser an, aber dafür schreibe ich ja dieses Buch, damit auch all jene, die es verdienen, zum Olymp emporgehoben werden! David Carradine spielt Frankenstein, und er sollte Bartel im darauffolgenden Jahr noch durch den nichtfuturistischen CANNONBALL (1976) begleiten, der ein ähnliches Terrain befährt. Neben dem noch unbekannten Herrn Stallone und der an diesem Ort nun wirklich ausreichend abgefeierten (GÖTTLICHEN!!!) Frau Woronov spielt auch Harriet White Medin mit, die seit Ende des 2. Weltkrieges in zahlreichen italienischen Filmen zu sehen war, besonders häufig in „Gothic Horrors". Hier ist sie die Anführerin der Revolutionäre. Zu ihren Gehilfen zählt auch Drehbuchautor Chuck Griffith. John Landis taucht kurz auf, als Schmiermaxe. Lewis Teague – der später z.B. den schönen DER HORROR-ALLIGATOR drehen sollte – macht einen Torero, der allerdings sofort plattgefahren wird. Merke: Jeder tote Torero ist ein freier Arbeitsplatz! Und Paul Bartel taucht natürlich auch auf, als Frankensteins Chirurg. Als der Film bei uns auf Video veröffentlicht wurde, geschah das in Gestalt einer gräßlichen Vollbildfassung in Pan & Scan, die obendrein zersäbelt war. Trotzdem geriet der Film damals auf den Index der Bundesprüfstelle. Mittlerweile ist er aber neu geprüft worden und komplett ungeschnitten ab 16 Jahre erhältlich, sogar auf Blu-Ray. Es gibt also absolut keine Ausrede mehr, diesen wundervollen Film nicht zu kennen. Ein absoluter Partyfilm, eine Gute-Laune-Bombe für ruppige Gesellen und ihre böse Schwester!

9. Teil
Ingwerfilme

Majestix in Bali

Ursprünglich hatte ich vor, dieses Kapitel asiatischen Filmen im allgemeinen zu widmen. Bei den Vorbereitungen jedoch verliebte ich mich in das indonesische Kino. Jenes ist nämlich der natürliche Freund von Schmelzmännern und paradierenden Würmern. Wenn man sich nicht ein Leben lang mit der asiatischen Kultur beschäftigt hat, steht man vor ihr wie der Ochs, wenn´s blitzt. Japanische Filme etwa erscheinen einem meistens sehr formbetont, sehr streng, sehr ernsthaft. Selbst Filme, die nach westlichem Verständnis Selbstläufer wären, wenn es um knallige Exploitation geht, erhalten eine sorgfältige Gewandung, prachtvoll anzuschauen und mit all der Ernsthaftigkeit, die man hierzulande einem Film über soziale Kälte oder Altersdepressivität angedeihen lassen würde. Könnte man sich Klaus Maria Brandauer in einem Film über einen Samurai vorstellen, der seinen Penis als tödliche Waffe benutzt? In Japan wäre das kein Problem, HANZO THE RAZOR (1972) machte es vor, wenn auch leider ohne Brandauer. Japan erscheint als relativ trashresistent. Lediglich jüngere Beispiele, die ihr Fähnchen nach dem Westwind gehängt haben, sind da anders, aber die gehören eher zu der Sorte des kalkulierten, selbstreferentiellen Trashes, die mir so rein gar nichts gibt. Das koreanische Kino empfinde ich als nicht wesentlich anders – sehr ernsthaft, sehr würdevoll, sehr kunstbeflissen. In Thailand hat man hingegen schon etwas mehr Freude am ausgelassenen Schangel. In Hongkong sowieso. Und dann ist da das indonesische Kino.

Was der im indischen Ozean gelegene Inselstaat im Laufe der letzten Jahrzehnte hervorgebracht hat, ist das mit Abstand wildeste und undiszipliniertеste Kino des ganzen asiatischen Raumes. Indonesische Genrefilme wirken auf den westlichen Betrachter wie

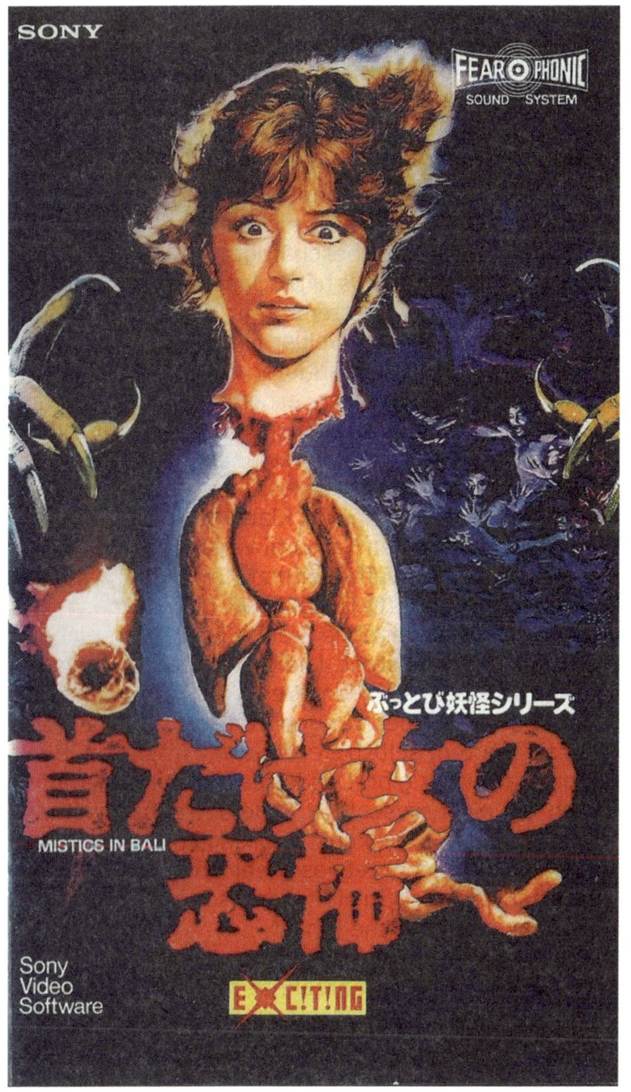
SONY
FEAR PHONIC
SOUND SYSTEM
ぶっとび妖怪シリーズ
首だけ女の恐怖
MISTICS IN BALI
Sony
Video
Software
EXCITING

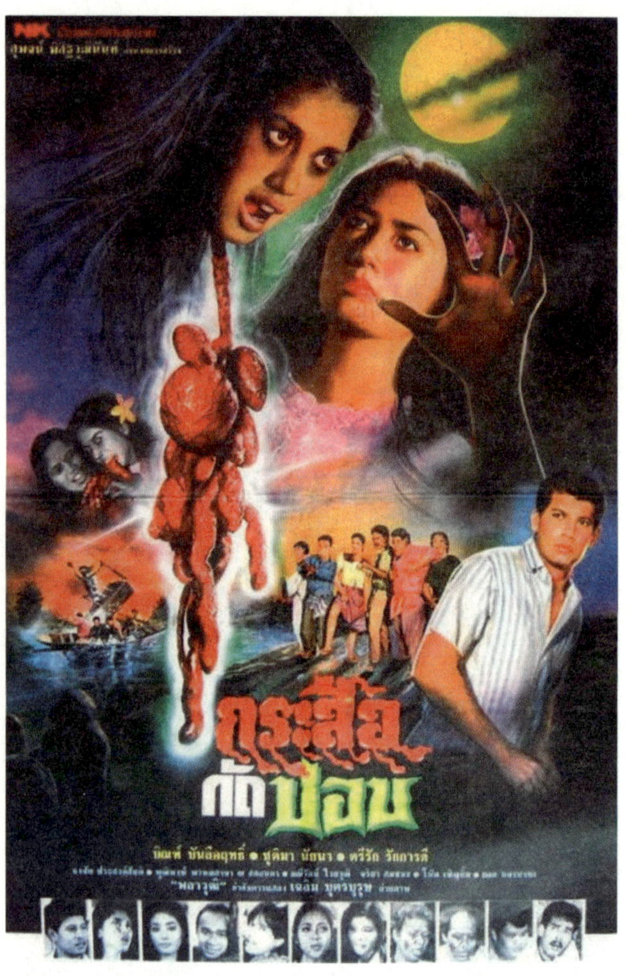

กระสือ
กัด
ปอบ
บิณฑ์ บันลือฤทธิ์ ● ชุติมา นัยนา ● ศรีรัก รัถการดี

ein vergnüglich aus den Fugen geratener Kindergeburtstag, bei dem man aus Versehen den Javatee mit Speed versetzt hat. Spätestens ab den 80er Jahren, als man ernsthaft Richtung Westen, genauer: Richtung Hollywood, schielte, schaltete der Remmidemmi in den Overdrive. In meiner Videothekenphase gerieten mir bisweilen einige Filme mit Stars wie Barry Prima vor die Flinte, aber ich wußte sie damals noch nicht zu würdigen, denn ich war ein seine Pickel ausdrückender Banause.

Beginnen möchte ich diesen Teil des Buches mit einem Film, dessen Macher ganz bewußt versuchten, ein Produkt herzustellen, das auch für westliche Zuschauer attraktiv wäre. Das Resultat dieses Bemühens verfehlt seine Absicht auf dramatische Weise, ist in seiner Bizarrheit und seinem grotesken Horror aber so unwiderstehlich, daß es als Eisbrecher an diesem Ort glänzend aufgehoben ist. Die Rede ist von MYSTICS IN BALI (LEÁK, 1981). Der Film ist der Wahnsinn auf Stelzen!

Catherine Keene ist eine junge Amerikanerin, die für ein Buchprojekt lokale Zauberkünste und Stammesriten untersucht. Im Rahmen ihrer Forschung hat es sie nach Bali verschlagen, wo sie mehr über die dort ansässigen Leáks (oder Leyaks) herausfinden möchte, Zauberer einer ganz besonderen Art. Zu diesem Behufe hat sie sich der Dienste eines freundlichen Balinesen namens Hendra versichert, der mit seiner glänzenden Mähne aussieht wie die indonesische Version von Shaun Cassidy oder Leif Garrett, so ein Teenieschwarm aus den 70ern eben.

Hendra, der Cathy sehr zugetan ist, vermittelt ihr ein Treffen mit einer echten Leák-Magierin, das eines nachts stattfindet. Jene erscheint als eine alte Vettel mit ca. 30 cm langen Fingernägeln, die keckernd und ausdauernd lacht. Das diabolische Lachen ist nämlich ein fester Bestandteil der Leák-Magie, ein Lachen, das zu töten vermag. Die Zauberin kann sich dabei jeder beliebigen Erscheinungsform bedienen, ob Tier, ob Mensch. Warum sie sich für dieses Date ausgerechnet als Plastiktütenfrau vom Hauptbahnhof verkleidet, bleibt ihr Geheimnis. Ich habe mir nur überlegt, wie man sich mit so langen Fingernägeln den Po abputzt, aber, wie bereits angedeutet, ich bin schließlich Banause. Zauberer können das. Sumoringer bekommen das schließlich auch irgendwie hin. Für abergläubische Einheimische stellen diese Magiere/Hexen eine finstere Schreckgestalt dar, die die „Königin des Leák", Rangda, anbeten. Ich hatte das Vergnügen, mir die englische Sprachfassung des Werkes anzusehen, und dort verpaßte man der Zaubervettel eine Stimme, die in einen Zeichentrickfilm mit Mister Magoo gepaßt hätte.

Nun ja, die Zauberin nimmt Cathy als Elevin auf. Um dies zu manifestieren, bekommt Cathy ein Tattoo auf den Oberschenkel gebeizt, und zwar von einer meterlangen Zunge, die aus einem Busch herauskommt. Man sollte hierbei anmerken, daß der Reiz, den der Film für westliche Betrachter bereithält, eben auch in solchen zutiefst ungewohnten Bildern liegt. Man denke etwa an die Regenschirmgeister aus japanischen Filmen. So etwas sieht man nicht alle Tage. Und ja, es ist toll, es macht Spaß! Cathy lernt einiges über den Alltag der Zauberer. Sie verwandelt sich in einer Szene in ein Schwein, in einer anderen in eine Schlange. Diese Metamorphosen werden minutiös vorgeführt, mit Spezialeffekten, die jenen von Rick Baker vielleicht in technischer Hinsicht kaum Konkurrenz machen werden, aber allein die Verwandlungsphase, in der Cathy handbreite Fischlippen wachsen, ist absolut unfaßbar. Gut, in Hollywood stehen die mittlerweile auf Botox-Frauen mit Fischlippen, aber das ist eindeutig too much!

Da die Zauberin ihr Mündel natürlich nicht so ohne weiteres wieder ziehen läßt, übernimmt sie deren Körper, denn sie ist ein echter Leyak – Cathys Kopf löst sich vom Restkörper, ein Gebaumel aus Innereien unter sich. Dieses Kopf-Innereien-Gemengsel fliegt nun durch die Gegend, auf der Suche nach einer schwangeren Frau. In der Mythologie ernähren sich Leyaks nämlich von ungeborenen Kindern, und ja, auch dieser Brauch wird vorgeführt, da kennt der Film nichts. Diese spezielle Form des Vampirismus trifft man übrigens auch in anderen asiatischen Ländern wieder. Auf den Philippinen spricht man von einem „Penanggalan". Muß man gesehen haben, man sinkt sonst unterinformiert ins Grab.

Das Finale zeigt dann schließlich einen Showdown zwischen einem guten Zauberer und der Leák-Hexe, bei dem es richtig hoch hergeht. Spezialeffektetechnisch klotzt der Film ran, als gäbe es kein Morgen, und wenn man hier vielleicht auch nicht auf die Professionalität von „Industrial Light & Magic" bauen konnte, so ist dieser handgemachte Hexenspuk eine Pracht für sich, voller Kraft, Wildheit und Lust am Kunterbunten. Meine launige Schilderung der Vorgänge soll übrigens nicht überdecken, daß Teile des Filmes durchaus unheimlich sind. Selbst das keckernde Gelächter der Zauberoma, das westlichen Betrachtern irgendwann mörderisch auf die Nerven geht, ist eigentlich ziemlich beunruhigend. Ich möchte nicht, daß jemand mir gegenüber so lacht, und schon gar nicht nachts! Hinzu kommt ein sehr eklektischer und fantasievoller Soundtrack, der die Vorgänge so eindringlich kommentiert, als handele es sich um den Mount Everest des Grauens. Das ist zwar nicht ganz der Fall, aber verunsichert wird man schon. Die Fremdartigkeit des Spektakels geht einem unter die Haut. Ich habe nur staunend vor dem Fernseher gesessen und dachte: Das darf nicht wahr sein!

Der Regisseur des Filmes, ein gewisser H. Tjut Dalil, sollte noch andere Filme in einem ähnlichen Modus machen. Einen der besten davon stelle ich am Schluß des Kapitels noch vor. MYSTICS IN BALI ist aber eindrucksvoll genug, um einen auf Lebenszeit zum Fan des indonesischen Kinos zu machen. Ich möchte auf jeden Fall noch ganz viele dieser Filme sehen!

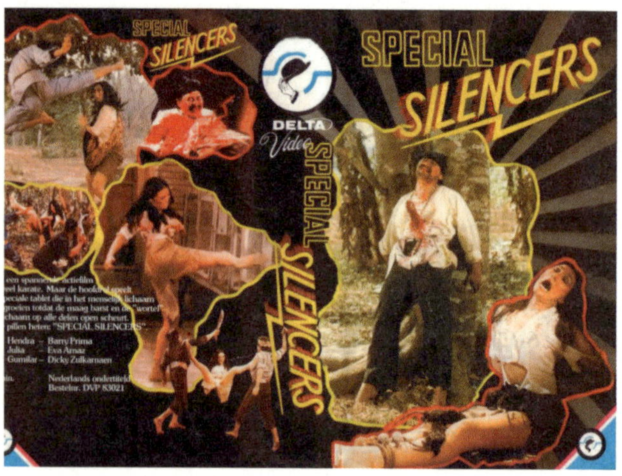

Der rote Daumen

Nach diesem Eintauchen in die bunte Mythenwelt Indonesiens kommen wir nun zu einem weiteren Brausespatz der oberen Gaga-Liga, und zwar SPECIAL SILENCERS (SERBUAN HALILINTAR, 1979), einem Film, der ein Leben von Grund auf verändern kann. Ob zum Besseren oder zum Schlechteren, das muß jeder für sich selbst entscheiden!

Ein schlimmer Schnauzbartträger will unbedingt Bürgermeister werden. Ich habe den ganzen Film über herumgerätselt: Bürgermeister von was? Man sieht keine Stadt, kein Dorf, gar nüscht. Ein Hühnerstall, ein Häuschen, dann ist da auch mal ein Fischer zu sehen, aber ansonsten bewegen sich sämtliche Figuren im luftleeren Raum. Handelt es sich um eine 5-Millionen-Stadt oder um ein Fischerdorf? Ich bin da überfragt. Der Schauzbart will aber um jeden Preis dort Bürgermeister werden, das ist mal sicher. Also muß es dort irgendetwas Tolles geben. Vielleicht bauen die da Hasch an oder Mohrrüben, keine Ahnung. Fakt ist aber, daß das Kaff bereits einen Bürgermeister hat, einen lieben, alten Zausel. Um den loszuwerden, bedient sich der Schurke einiger Zauberpillen, die er seinem Großvater, einem Mönch, aus dem Kreuz geleiert hat. Wer immer diese Pillen zu sich nimmt, darf sich gratulieren, denn in seinem Bauch beginnt Gestrüpp zu wachsen, das dann höchst unlecker aus der Bauchdecke herausbricht und herumwuselt. Warum eine Pistole benutzen, wenn man die mißliebige Partei stattdessen in eine Ligusterhecke verwandeln kann? Auf diese überaus blutige Art scheiden der Bürgermeister und sein Bruder aus dem Leben. Der Neffe des Bürgermeisters schwört Rache. Evil Schnauz hat mittlerweile einen weiteren Schnauzbartträger namens Gumilar eingesetzt, der sich bislang hinter der Maske eines braven Biedermannes versteckt hatte.

Nun kann er aber die Sau rauslassen und verbreitet mit seiner Schar schwarz gekleideter Kämpfer Angst und Schrecken. Schutzgeld kassieren ist noch das mindeste. Einem alten Fischer luchst er zum Beispiel das Töchterlein ab, das dann von ihm brutal geschändet wird. Aus Scham nimmt sie sich daraufhin das Leben und rammt sich einen Dolch ins Herz. Hektoliterweise Kunstblut sprudelt gegen die Wand. Dies ist einer jener Filme, bei denen man sich nur in den kleinen Finger zu schneiden braucht, und schon suppt alles wie ein Rohrbruch. In einer Szene, in der die „Special Silencer" (=die Zauberpillen) ihre Arbeit verrichten, pumpen die Spezialeffektetechniker so euphorisch, daß riesige Fontänen über die Kamera hinwegspritzen – Spaß bei der Arbeit, juchhu!

Gibt es jemanden, der dem bösen Treiben Einhalt gebieten kann? Natürlich gibt es ihn: Barry Prima! Barry Prima, der Name ist Programm. Indonesiens Superstar und Frauenschwarm Nr. 1 spielt hier einen jungen Mann, Hendra, der in seine Heimatstadt zurückkehrt. Erneut, ich erinnere daran, wir sehen die Stadt den ganzen Film über nicht. Lars von Trier (DOGVILLE) hätte seine Freude daran gehabt. In jedem Fall trifft er die Tochter des Bürgermeisters, die just in diesem Moment von Gumilars „Black Commandos" überfallen wird. Angeführt wird die Bande von NOCH einem Schnauzbart namens Tonto. Was für ein Glück, daß es sich hier um einen jener Filme handelt, in denen ausnahmslos alle Karate können, selbst der Hirte auf der Weide. Gemeinsam sind sie stark und boxen die Aggressoren zuschanden. Tonto wird von einem günstig positionierten Ast aufgespießt. Mehrere Angriffe auf das Leben von Hendra, Julia und dem Neffen schlagen fehl. (Habe ich erwähnt, daß der Neffe einen Schnauzbart trägt?) Auch hier erfreuen die Killer durch Spaß an der Arbeit – warum eine Faustfeuerwaffe benutzen, wenn man den Opfern genausogut auf offener Straße Würgeschlangen über die Schulter werfen kann? Der Neffe wird dann von einer Art Bärenfalle gefangen, deren Zähne vergiftet sind. Hendra schleppt ihn zu einem Hexendoktor, der ihm einen zischenden Zauberstein auf die Wunde legt. Und so weiter, und so fort. Das hört gar nicht wieder auf.

SPECIAL SILENCERS rockt, knallt und poppt von Anfang bis zum Ende! Die Handlung ergibt überhaupt keinen Sinn? Wen juckt das? Eine straff durchkomponierte Storyline ist dem Leben, wie ich es kenne, ohnehin völlig unangemessen. Dinge passieren, und sie verändern uns. Oder eben nicht. So ist das nämlich. Die indonesischen Filme sind Oden an die Freiheit des Willens. Dabei sind sie von einer so überbordenden Skrupellosigkeit, daß es einem schier die Sprache verschlägt. Indonesische Filme wie SPECIAL SILENCERS ahmen gar nichts nach, die stehen und wirbeln für sich! Scheinbar aus dem Nichts entstehen wüste Kampforgien.

Barry Prima und seine Partnerin Eva Arnaz (die übrigens auch im wirklichen Leben seine Partnerin war) geben den Legionen des Bösen schwer was auf die Mütze. Tatsächlich – so will es das Urwissen, das durch die asiatische Seele wabert – sind diese Kampfhändel natürlich nur scheinbar zufällig, denn alles ist vorgezeichnet. Barry Prima wirbelt, er wirbelte, und er wird immer weiter wirbeln! Da steht eine Kreissäge herum? Tja, die steht da bestimmt auch nicht ohne Grund, da kann man ja wunderbar einen Schurken hineinwirbeln. Barry Prima wird kopfüber aufgehängt? Kein Ding, da steckt ja ein Krummdolch in der Wand, den kann man zwischen die Zähne klemmen, sich biegen und damit die Fußfesseln durchtrennen. Barry Prima kann alles, er ist der Triumph des scheinbar Zufälligen über die Logik! Es scheint fast unmöglich, daß es Leute gibt, die nicht alle Barry-Prima-Filme sehen wollen, die es gibt. Ich persönlich halte das ja für ein Gerücht, daß es solche Leute gibt. Die haben ihn nur noch nie in Aktion gesehen. Auch W.D. Mochtar ist wieder mit dabei, der in MYSTICS IN BALI den guten Zauberer gegeben hatte. (Dort war übrigens auch seine Frau dabei gewesen, Sofia W.D., die die Zaubervettel spielte.) Die anderen Schauspieler waren wohl irgendwie am Set zugegen und fanden sich auf einmal im Film wieder. Ebenfalls großartig ist die Musik, ein wüstes Synthiegenorgel, das ich mal vorsichtig als „Trance-Techno" bezeichnen würde. Damit könnte man jede Gabba-Party in nur 5 Minuten plattmachen!

SPECIAL SILENCERS ist blutig wie Sau, aber er wirkt dabei entwaffnend unschuldig. Dies verbindet ihn übrigens mit den meisten indonesischen Filmen, die ich bisher gesehen habe. Die kalkulierte Bösartigkeit, die manchmal aus neueren Hollywoodprodukten spricht, ist völlig abwesend. Eher erinnert das an die Blutrunst in Filmen wie DIE RITTER DER KOKOSNUSS oder anderen Sachen von Monty Python, nur ohne die parodistische Absicht. Wenn Barry und sein Evchen wild um sich kloppen, dann wackelt die mächtige Lärche! Es führt kein Weg daran vorbei, ich muß noch einen weiteren Prima-Film ins Buch nehmen, und was wäre da besser geeignet als seine berühmeste Rolle, JAKA DER REBELL?

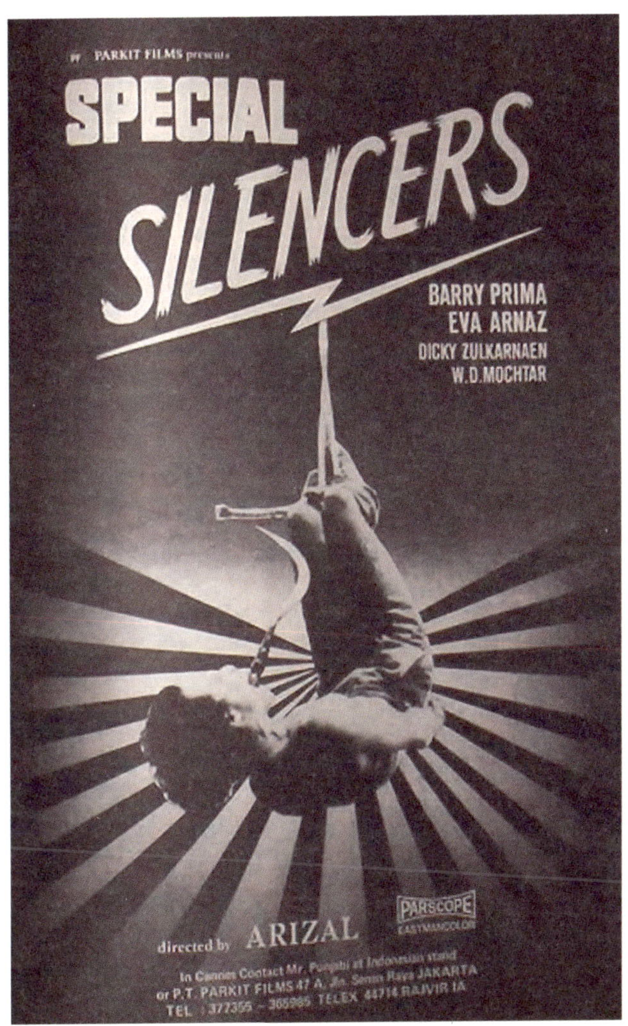
PARKIT FILMS presents
SPECIAL
SILENCERS
BARRY PRIMA
EVA ARNAZ
DICKY ZULKARNAEN
W.D.MOCHTAR
PARSCOPE
directed by ARIZAL

Käskopps Nachtgesang

Daß das Holländische in Indonesien nicht nur zärtliche Gefühle hervorruft, hat viel mit der Kolonialgeschichte des Landes zu tun. Bis 1945 stand Indonesien unter niederländischem Oberbefehl, fast dreieinhalb Jahrhunderte lang. Erst 1949 wurde Indonesiens Unabhängigkeit auch von den Niederländern anerkannt. Dazwischen gab es den Niederländisch-Indonesischen Krieg, der reich an Blut und Grausamkeiten war. Danach ließ man dort den Käse links liegen und griff lieber zu den Ingwerkeksen. Es folgten Sukarno, Suharto und Jaka der Rebell. Letzterer begann seine lange und erfolgreiche Karriere im Dienst der indonesischen Unabhängigkeit als Comic-Strip-Figur. Daß er dann 1981 auch das Licht der Filmwelt erblickte, war folgerichtig, ebenso wie die Wahl des Hauptdarstellers, welcher natürlich Barry Prima hieß. Prima hatte bereits 1980 im ersten Film des Regisseurs Sisworo Gautama Putra (alias „Sam Gardner"!) mitgespielt, DER TODESSCHREI DER KANNIBALEN. Dieser ethnologische Leckerbissen (der im Original den vortrefflichen Titel PRIMITIF trug!) wilderte in den Wäldern, die der italienische Kannibalenfilm der 70er Jahre noch unangetastet gelassen hatte. Die deutsche Fassung ist besonders bemerkenswert, da man dort den grandiosen Einfall hatte, Kraftwerks „Wir sind die Roboter" über den Film zu legen. Kannibalen und „Wir sind die Roboter" – darauf muß man erst einmal kommen!

Zu Beginn des Filmes JAKA DER REBELL (JAKA SEMBUNG, 1981) befindet sich Jaka in holländischer Gefangenschaft. Es gehört zu den großen Rätseln des Filmes, warum Jaka nicht weniger als zweimal in Gefangenschaft gerät, zumal er ansonsten mit geradezu übernatürlicher Behendigkeit kämpfen kann und ihm eigentlich niemand gewachsen ist. Aber na

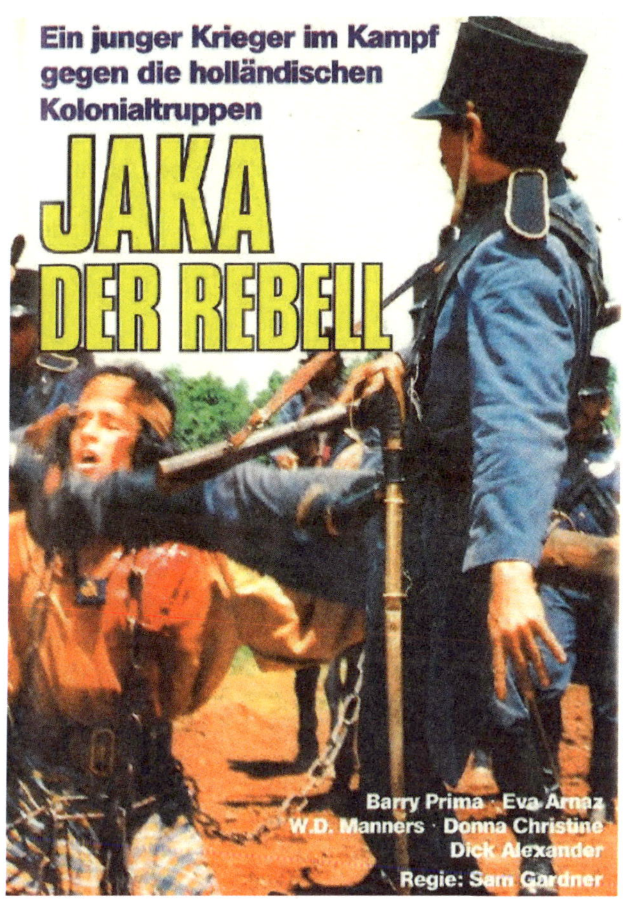
Ein junger Krieger im Kampf
gegen die holländischen
Kolonialtruppen
JAKA
DER REBELL
Barry Prima · Eva Arnaz
W.D. Manners · Donna Christine
Dick Alexander
Regie: Sam Gardner

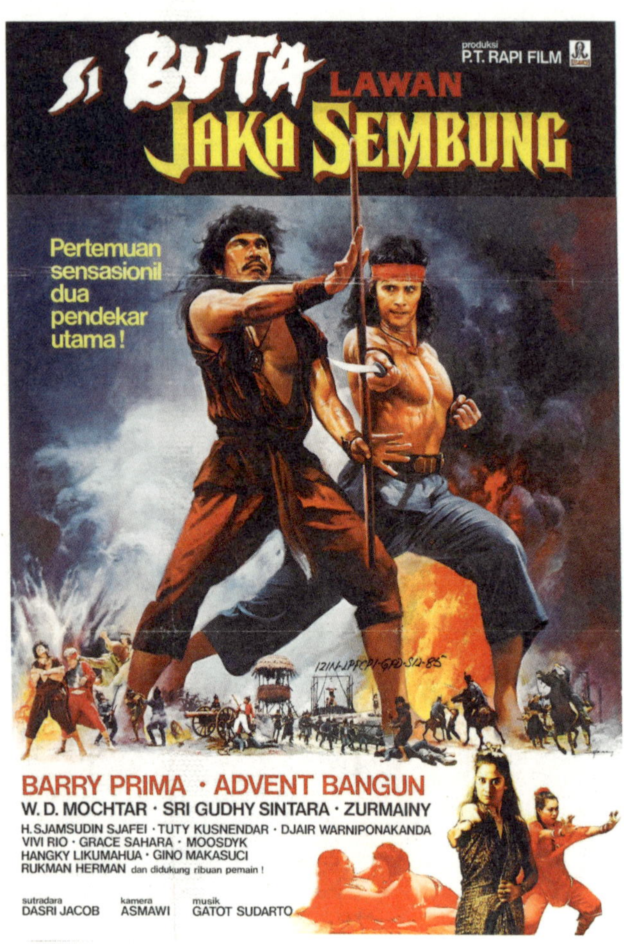

produksi
P.T. RAPI FILM
SI BUTA
LAWAN
JAKA SEMBUNG
Pertemuan
sensasionil
dua
pendekar
utama !
BARRY PRIMA · ADVENT BANGUN
W. D. MOCHTAR · SRI GUDHY SINTARA · ZURMAINY
H. SJAMSUDIN SJAFEI · TUTY KUSNENDAR · DJAIR WARNIPONAKANDA
VIVI RIO · GRACE SAHARA · MOOSDYK
HANGKY LIKUMAHUA · GINO MAKASUCI
RUKMAN HERMAN dan didukung ribuan pemain !
sutradara
DASRI JACOB
kamera
ASMAWI
musik
GATOT SUDARTO

ja, vielleicht dachte er ja: „Einfach kann jeder!" und hat sich einfach mal fangen lassen. Das Straflager steht unter dem Oberbefehl des Kommandanten Van Schramm, der nicht nur einen der groteskesten Bärte trägt, die Mann sich antun kann (das Gebilde nennt sich „Kaiserlicher Backenbart", gerade nachgegoogelt!), sondern auch mit eisernem Besen kehrt. Fürs Grobe hat er zudem Leutnant De Boer am Start, der von den Gefangenen nur als „Dieser dreckige Haufen Untermenschen!" spricht. Richtige Herzchen also. Ich kann mir nicht vorstellen, daß der Film in unserem sympathischen Nachbarland besonders erfolgreich gewesen ist. Sieht man einmal von rechtspopulistischen Vollpfosten ab, kommen ja fast nur gute Dinge von dort. Eigentlich sind die Niederlande fast so nett wie die Schweiz. Kann sich irgendjemand einen Film vorstellen, in welchem Schweizer als Bestien in Menschengestalt präsentiert werden? Ich nicht. „Diese Schweizer sind keine Menschen mehr, sondern wilde Tiere!" Solche Dialogsätze sind schwer vorstellbar. (=Dialogsatz aus JAKA, leicht verändert, kicher!)

Nun ja, die Holländer sind also die Bösen. De Boer hat sogar einen echten Niedrigkeits-Kaisermoment, als er einem kleinen Jungen eine Wumme an den Kopf hält und damit droht, ihn umzulegen. „Buuuh!" macht da das Publikum. Diese Holländer, nee doh, also ehrlich ... Kein Wunder also, daß Volksheld Jaka gegen sie mobil macht. Und die Holländer wollen ihn erwischen, um jeden Preis. Zu Beginn schicken sie einen glatzköpfigen Vierschrot, der aber von Jaka zur Minna gemacht wird. Als etwas anspruchsvoller erweist sich der tote Zauberer Ki Item (erneut gespielt von W.D. Mochtar), der von einem weiteren Zauberer mit einem sensationellen Gebiß zu neuem Leben erweckt wird. Ki Items großer Vorteil ist es, daß man ihm absäbeln kann, was man will – sobald das Körperteil den Boden berührt, wächst es wieder an. Schwierig also, aber nicht unlösbar, nicht für Jaka. Jener hat aber andere Probleme: Bei einer weiteren Gefangenschaft sticht ihm Van Schramm - dessen Tochter Maria sich in den feschen Rebellen verkuckt hat - mit einem langen Nagel beide Augen aus, blutigen Zatter in den Augenhöhlen hinterlassend. Diese üble Verletzung wird dann endlos vorgeführt. Ich kann mir den Umstand, daß der Film niemals auf dem Index gelandet ist, auch nur damit erklären, daß er wohl recht selten gewesen sein dürfte und so niemals auf den Prüfstein kam. Ist schon ein ziemliches Gematsche.

Den Holländern genügt dieses Handicap aber noch nicht - Ki Item verwandelt den Freiheitskämpfer auch noch in ein Schwein. Was für ein Glück, daß Jakas alter Lehrer seine Hütte ganz in der Nähe hat und den Schüler von einst sofort erkennt, auch als Borstenvieh. Er zaubert ihn wieder in menschliche Gestalt zurück. Ab da ist alles ganz einfach: Einem Leichnam werden die Augäpfel entnommen (in liebevollen Detailaufnahmen), dann läßt der Zausel die Kuckerchen durch die Luft schweben, direkt in die verwaisten Höhlen. Am Schluß wird dann noch die Bolognesesoße weggewischt, und da isser wieder, der Jaka!

Nicht nur bei dieser Szene - irgendwo zwischen Fulci und Taka-Tuka-Land - habe ich damals, beim ersten Betrachten, laut geächzt. Natürlich kommt es später noch zum großen Showdown zwischen Jaka und dem bösen Zauberer, und natürlich fliegen auch da die Körperteile nur so in der Gegend herum. Auch mit dem bösen Van Schramm muß sich Jaka noch befassen, und das tut er denn auch.

JAKA DER REBELL war in seinem Heimatland extrem erfolgreich. Es gab mehrere Fortsetzungen. Immerhin eine davon schaffte es als BLIND WARRIOR sogar nach Deutschland, wenn auch recht zersäbelt.

Die anderen möchte ich aber auch noch schauen, vor allem JAKA SEMBUNG VS. THE NINJA (1985). Vielleicht ist der Ninja ja auch ein Holländer. Ich möchte übrigens an dieser Stelle vermerken, daß ich überhaupt nichts gegen die Niederlande habe, vor allem nicht gegen den Flohmarkt in Groningen! Einige der hübschesten Frauen, die ich jemals getroffen habe, kamen aus den Niederlanden. Der durchschnittliche Niederländer ist edel und von Wohlgestalt. Nur Van Schramm war eben ein ziemlicher Kacker! Barry Prima verrichtet die ihm zugewiesene Arbeit erneut zu unser aller Zufriedenheit. Daß seine Stirn trotz Mähne schon verdächtig hoch war, kann man in diesem Film nicht sehen, da er ein Stirnband trägt. Wie günstig! Weiß auch nicht, warum mir solche Dinge immer auffallen. Vielleicht war ich in einem früheren Leben ein Friseur. Barrys Frau Eva Arnaz kämpft hier wieder an seiner Seite, als Rebellenbraut Surti.

Wenn man also einen historischen Abenteuerfilm aus Indonesien sehen mag, in dem es auch Zauberei und Splattereinlagen gibt – und für mich gilt das auf jeden Fall! –, dann ist man mit JAKA DER REBELL gut beraten. „Sandokan, der Tiger von Malaysia" war ja nicht schlecht, aber bei Kabir Bedi flogen eben keine Augäpfel durch die Stube. Der Film ist wirklich uneingeschränkt empfehlenswert, außer natürlich für Jugendschützer und Holländer. Abgerundet wird der cineastische Leckerbissen durch eine stark italowesternartige Filmmusik. Django ist also nicht weit, wobei auch hier gesagt werden muß, daß Franco Nero weder an eine Felswand gekreuzigt noch geblendet und in ein Schwein verwandelt wurde. Jaka ist eben unschlagbar! Und bevor ich jetzt in weitere Jubelarien bezüglich Barry Prima verfalle, lieber schnell weiter zu LADY TERMINATOR!

Prollmops mit Eiersalat

„Manchmal wäre es besser, die Vergangenheit bliebe nur Erinnerung, damit sich zwischen den Seiten des Buches, das die Zeit geschrieben hat, Staub sammelt." Mit dieser sinnigen Sentenz beginnt einer der schönsten indonesischen Filme, die ich bisher gesehen habe, und sie bringt den Film auf den Punkt. Die Rede ist von LADY TERMINATOR (PEMBALASAN RATU PANTAI SELATAN, 1989). Als Regisseur ist ein gewisser „Jalil Jackson" angegeben, bei dem es sich nicht um ein von der Fachliteratur unterschlagenes Frühmitglied der „Jackson Five" handelt. Tatsächlich steckt dahinter H. Tjut Dalil, auf dessen Konto – wir erinnern uns – der bereits angesprochene MYSTICS OF BALI ging. Außerdem drehte er mit SATAN´S BED (1984) einen NIGHTMARE ON ELM STREET-Ripoff und einen Teil der ebenfalls lohnenden JAKA DER REBELL-Reihe mit Indonesiens Herzensbrecher Nr. 1, dessen Namen ich schon wieder vergessen habe.

In LADY TERMINATOR versucht er sich an der Vermählung eines denkbar ungewöhnlichen Brautpaars: der klassischen indonesischen Geistergeschichte und dem 80er-Jahre-Actionklopperkino amerikanischer Prägung. Kann das gutgehen? Darf das überhaupt gutgehen?

Im Prolog lernen wir die mythische Südseekönigin kennen – eine männerverschlingende Hexe, deren Schönheit schon unzählige Schweifträger in ihren Bann und ins Verderben gezogen hat. „Gibt es einen Mann, der mich befriedigt?" stöhnt sie voller Wollust. Wer sich ihr hingibt, ist verloren. Zumindest seine Männlichkeit ist verloren, denn die Königin zwackt sie ihm mit ihrer Mumu einfach ab. Eine „Femme Castratrice", die Gute. Trau, schau, wem, wie ich immer sage. Da kommt auf einmal ein weißer Edelmann des Weges, der aussieht wie ein Bademeister, der bei „Baywatch"

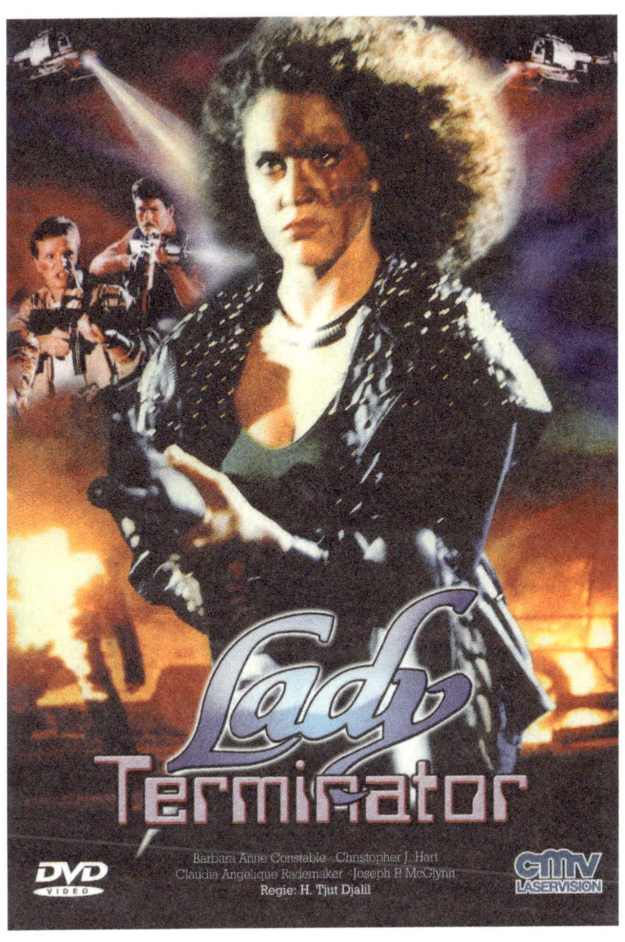
Lady
Terminator
Barbara Anne Constable · Christopher J. Hart
Claudia Angelique Rademaker · Joseph P. McGlynn
Regie: H. Tjut Djalil
DVD
VIDEO
cmv
LASERVISION

rausgeflogen ist. Er heißt Elias, und er macht es der Hexe richtig. Genaugenommen schnappt er sich die Schlange, die aus ihrer Lustgrotte herausgekrochen kommt und sich in einen Krummdolch verwandelt. Der Bann der Hexe ist daraufhin gebrochen. Einen schlimmen Fluch ausstoßend, versinkt sie für 100 Jahre in den Fluten.

100 Jahre später kommt eine junge Anthropologin des Weges, die ebenfalls so ausschaut, als sei sie bei „Baywatch" rausgeflogen. Die will eine Dissertation verfassen und taucht dafür an einem unheiligen Ort in die Fluten. Als sie dem Wasser entsteigt, ist sie der „Lady Terminator". Naja, genaugenommen ist sie jetzt natürlich vom Geist der Hexe besessen. Schon bald hat sie eine Uzi am Start, und mit der ballert sie alles weg, was nicht schnell genug auf den Bäumen ist ...

Ja, die indonesische Mythenwelt! Wer kennt sie nicht, die Geschichten von den scharfen Discoschnitten mit knackegeiler Ledermontur, die durch Djakarta laufen und ganze Hundertschaften der Polizei auf der Strecke bleiben lassen? Da können wir uns in Deutschland eine Scheibe von abschneiden. Wir haben ja nur unseren doofen Siegfried. Mal im Ernst: Wie man auf den Gedanken kommen kann, ein Low-Low-Budget-Remake von James Camerons TERMINATOR zu machen und das dann mit asiatischen Märchen zu verknüpfen, ist mir ein Mysterium. Das Ergebnis ist aber einer der besten Partyfilme, die ich seit langer Zeit gesehen habe. Fantastisch! Man sollte hier allerdings zu der deutschen Sprachfassung greifen, denn der Film erschien bei uns einst als Video (stark geschnitten) und bekam eine herrliche Billigsynchro verpaßt, wie man sie von Filmen wie AMERICAN KICKBOX INFERNO 3 erwarten würde, mit Jeff Speakman oder Gary Daniels oder wem auch immer. Das Drehbuch stammt von einem Karr Kruinowz, und genauso sieht das auch aus. Wenn die frischgeborene Terrornixe den Fluten entsteigt, läuft sie als erstes zwei heillos betrunkenen Machos über den Weg, die sie sofort verführt und ihnen die Penisse abzwackt. Eingeführt werden diese beiden Hallodris als komische Einlage, wobei hier wieder der sehr eigentümliche Humor der Asiaten auffällt, der ja auf jahrtausendealter Weisheit beruht. Der eine Typ holt sich den Schniedel aus der Hose und pinkelt direkt in die Kamera! Wirklich, der lacht brüllend, strullt dabei knapp am Kameramann vorbei, und dann mitten über ihn drüber! Der Umstand, daß es sich hier (hoffentlich!) um einen Spezialeffekt handelt und nicht um echten Harndrang, ändert nichts daran, daß ich schon bei dieser Szene fast aus dem Sessel gefallen wäre vor Freude. Und ähnlich derb geht das dann auch weiter: Die Urenkelin von Elias, der einst den Fluch der Hex hervorrief, ist eine asiatische Popsängerin namens Erica geworden. Man sollte übrigens anmerken, daß fast alle Figuren amerikanische Namen haben. Djakarta scheint sehr verwestlicht zu sein. Vielleicht wollte man auch mit einem amerikanischen Produkt verwechselt werden. Das wäre schon möglich. Nun ja, Erica ist jedenfalls das primäre Jagdziel der Ballertrulla („Ich bin Anthropologin!"), aber sie findet in dem Polizisten Max einen kompetenten Beschützer. Auch steht ihr ein Tattergreis namens Masabu zur Seite, der aber auch bald unter die Räder kommt. (Dies dürfte der einzige Film sein, den ich jemals gesehen habe, in dem einem Greis die Eier weggeballert werden!) Die Kumpels von Max sind auch absolute Spitze, vor allem Snake. Snake sieht aus wie Ralf Richter mit einer Limahl-Frisur – unfaßbar! Wenn der loslegt, gehen in Bayern die Lichter aus. Der Mann würde von mir eine eigene Filmserie bekommen. Jack Bauer ist gegen den ein Dreck! Die Polizisten haben übrigens tolle Ermittlungsmethoden. Nachdem man die beiden schwanzlosen Hanseln vom Strand gefunden hat („Vermutlich ein Aal!" meinte der eine), lachen sich die Jungs erst einmal schlapp und gehen hübsch einen trinken. Einer der Polizisten heißt Sergeant Porno, aber das nur nebenbei. Nach einem leichenstarrenden Überfall auf eine Disco rettet Max Erica das Leben, geht zu seinem Wagen und holt sich vom Beifahrersitz ein Schnellfeuergewehr, eine M16, wenn mich nicht alles täuscht. Der hat das Ding bei einem normalen Discobesuch auf dem Beifahrersitz liegen – Irrsinn!

Die Ladyterminatorin erweist sich – ähnlich wie das Original – als hartnäckig und praktisch unzerstörbar. Außerdem ballert sie völlig undiskriminierend alles weg, was ihr vor die Flinte kommt. Bei Männern hält sie aber regelmäßig noch mal in die Schrittgegend, die kennt da nix. Einen Wachmann zersägt sie förmlich mit ihrer Uzi und tritt ihm nach erfolgtem Overkill noch einmal hübsch in die Klötze. Man sollte anmerken, daß der Film eigentlich extrem blutrünstig ist, nur ist man die ganze Zeit über so am Lachen, daß man davon kaum etwas mitbekommt. Der Bodycount dürfte sich auf etwa drei Millionen belaufen. Was für ein Film! Angemerkt sei, daß das Werk selbstredend verschiedene Passagen des amerikanischen Vorbildes direkt abklatscht. So muß sich die Ladyterminatorin in einer Szene ein Auge ersetzen, was auch mit durchaus ordentlichen Spezialeffekten geschieht. Allerdings fummelt sie die ganze Zeit über am linken Auge herum, während sie sich in der letzten Einstellung das rechte Auge reindrückt – einer der süßesten Anschlußfehler, die mir auf Anhieb einfallen. Aber rechtes Auge, linkes Auge, man soll kein Pedant sein. Blind eye sees all! LADY TERMINATOR macht richtig Laune. Die deutsche DVD ist selbstredend ungeschnitten. Wenn Bruno Mattei einen indonesischen Verwandten hat, so heißt der H. Tjut Dalil.

10. Teil
Filme, die sonst nirgendwo reinpassen

Stumm wie das Grab

Es hat mich immer fasziniert, daß es viele Blinde gibt, denen es großes Vergnügen bereitet, ins Kino zu gehen. Wie es sein muß, einen Film zu erleben, ohne sich an den visuellen Informationen orientieren zu können, nur an den akustischen, ist für mich schwer vorstellbar. Menschen mit funktionierenden Augen nehmen die Welt als völlig selbstverständlich hin, als einen großen Abenteuerpark, an den man sich eben so gut wie möglich anzupassen hat. Tatsächlich sieht die Welt aber für jeden unterschiedlich aus. Wenn sie nur aus Geräuschen besteht, nehmen diese den Platz der Bilder ein. In der filmischen Illusion sind sie auf einmal Hauptdarsteller, nicht nur Statist. Sind Filme normalerweise sehr darauf angewiesen, daß der Zuschauer in der Lage ist, die simulierte Realität für einen begrenzten Zeitraum zum echten Erleben werden zu lassen, so gibt es für einen Blinden keinen Unterschied mehr zwischen den Geräuschen, die in den Film eingesperrt sind, und den Geräuschen des Alltags.

Aber wie ist das, wenn alles nur noch Bild ist? Kino ist ja – das liest man immer wieder – ein vornehmlich visuelles Medium. Trotzdem tut sich der „normale" Zuschauer schwer, Bilder zu akzeptieren, die nicht an ein konventionelles Handlungsgerüst gebunden sind. Gerade amerikanische Filme haben sich immer sehr konsequent auf die möglichst naturalistische Darbietung von Ursache und Wirkung verlassen. Alles andere ist Kunst, und die darf bekanntlich alles, ist aber kommerziell unerheblich. Bei Gehörlosen muß der kausale Zusammenhang einen deutlich geringeren Stellenwert besitzen. Eines der eindrucksvollsten Erlebnisse meines Lebens war eine Fahrt in einem Nachtbus, der außer mir nur noch etwa 20 Gehörlose beherbergte, die sich mit Gebärdensprache verstän-

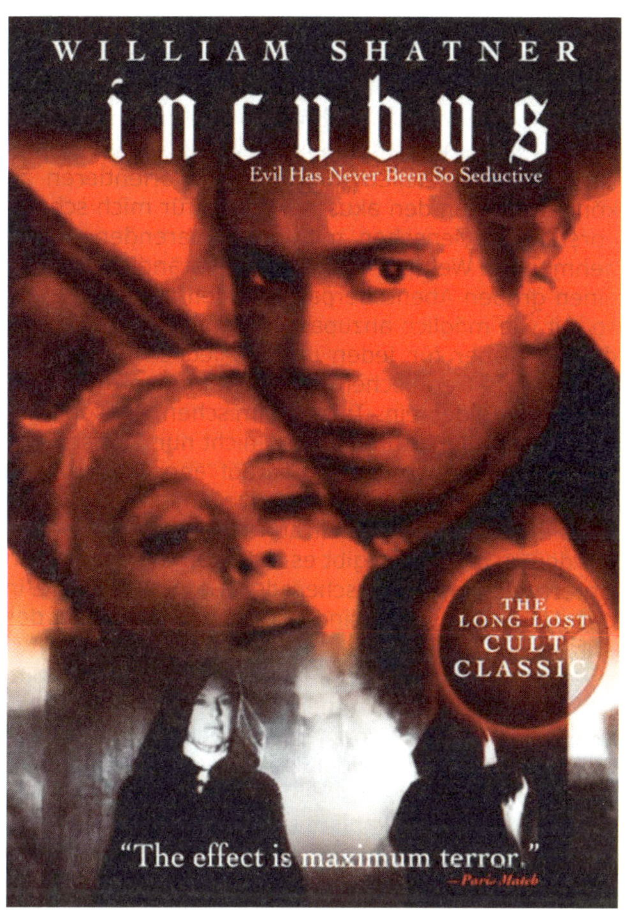
WILLIAM SHATNER
incubus
Evil Has Never Been So Seductive
THE LONG LOST CULT CLASSIC
"The effect is maximum terror."
—Paris Match

digten. Alles war völlig lautlos, trotzdem hatten alle eine gute Zeit. Ich fühlte mich wie in einem Film von David Lynch. Nicht die anderen waren unnormal, ich war es. Das war sehr interessant.

An diese Episode mußte ich denken, als ich nach langen Jahren des Suchens endlich DEAFULA (1975) zu sehen bekam, den einzigen Horrorfilm, der zur Gänze in Gebärdensprache gedreht wird. Die Geschichte, die der Schwarzweißfilm erzählt, ist völlig konventionell. Es geht um eine Mordserie, bei der den Opfern das Blut ausgesaugt worden ist. Die Polizei tappt im Dunkeln. Ein junger Mann namens Steve Adams (gespielt vom Regisseur, Peter Wolf) scheint etwas damit zu tun zu haben. Er leidet an einer seltenen Blutkrankheit, die es nötig macht, daß er monatliche Bluttransfusionen erhält. Doch sein Vater, so findet er heraus, ist nicht der freundliche Priester, der ihn aufgezogen hat, sondern Prominenz aus Osteuropa ...

Ich habe mir bereits in der ersten „Wurmparade" Mühe gegeben, nicht nur Filme zu präsentieren, die dem von mir ohnehin nicht sehr geliebten Trashprinzip entsprechen, also Unterhaltungsfilme, die – und jetzt kommt ein häßliches Wort! – zum Ablachen geeignet sind. Wer sich mit dieser Einstellung an DEAFULA heranwagt, wird maximal 5 Minuten seinen Spaß haben und danach vorwiegend gelangweilt sein. Ich votiere ja schon seit langem dafür, daß man das Lustiggemeinte ernst nehmen und das Ernstgemeinte lustig finden dürfen sollte. DEAFULA versetzt den Zuschauer in eine Welt, die vollständig von Gehörlosen bevölkert ist. Selbst Polizeibeamte und Rocker (!) verständigen sich mit Gebärdensprache. Das ist für jemanden, der dies nicht gewohnt ist, im ersten Moment grotesk, so grotesk wie der tanzende kleine Mann aus „Twin Peaks". Und doch ist es im Kosmos des Filmes die Normalität, und je länger man zuschaut, umso mehr taucht man in diese fremde Realität ein. Irgendwann wundert es einen nicht mehr, wenn Graf Dracula seine Bannsprüche per Gestensprache abfeuert und wenn Leute selbst in Momenten größter Angst oder Freude sich nicht mit Schreien oder Stöhnen artikulieren, sondern gestisch. Es wird normal, das geht verblüffend schnell. Das Kino kann ein guter Lehrmeister sein. Daß das so selten der Fall ist, liegt am Ramsch, der dort häufig die Projektoren verklumpt. Der sich damit zufriedengibt, auf ausgetretenen Pfaden zum hundertsten Mal ein „Malen nach Zahlen" aufzuführen, und wer das erste Risiko eingeht, fliegt raus. Der Hauptdarsteller/Regisseur sieht übrigens aus wie mein Onkel Hans und der Assistent des ermittelnden Inspektors wie der Herr Gleithmann aus den Helge-Schneider-Filmen, aber das nur so nebenbei.

DEAFULA ist ein wirklich einzigartiges Seherlebnis. In der einzigen mir bekannten Fassung wurde noch (zum Glück für mich!) ein Kommentar auf die Tonspur gelegt, der die Dialoge erläutert. Außerdem gibt es eine sehr sparsame musikalische Kommentierung, die weitgehend aus Solopiano und Orgel besteht. Dies unterstützt den stummfilmhaften Charakter und wird gerade Cineasten dazu einladen, über die Wirkungsweise des Kinos der Pionierzeit nachzudenken, das ja auch Geschichten erzählte, in denen nahezu alles Bild war. Dies gilt natürlich vor allem für Stummfilme, die auf Titelkarten weitgehend verzichteten, z.B. F.W. Murnaus DER LETZTE MANN.

Ein ähnlich intensives (und kommerziell verwegenes) Vergnügen bietet der Film INCUBUS (1966). Zwar gab es bei diesem Horrorfilm mit Hexenthematik eine voll ausgebildete Tonspur, aber diese bedient sich der Kunstsprache Esperanto, die nur noch in wenigen Regionen von Sachsen gesprochen und verstanden wird. Und William Shatner spricht sie, denn er spielt in diesem Film die Hauptrolle!

An einem Ort namens Nomen Tuum gibt es eine Quelle, die Heilkräfte besitzen soll. Man tankt allerdings nicht ohne Risiko, zumal dort weibliche Buhldämonen ihr Unwesen treiben, die Männer zum Sündenfall und somit nach Bad Schwefel treiben sollen. Eine dieser losen Metzen ist eine gewisse Kia, und sie gibt sich nicht mehr damit zufrieden, heruntergekommene Sündenseelen abzuschleppen, also sozusagen die Seelen-Müllabfuhr zu betreiben. Sie will einen echten Heiligen verderben, umdrehen, abrocken. Auftritt Captain Kirk: Ex-Soldat Marc (William Shatner) besitzt eine Seele vom strahlendsten Hell, so weiß, weißer geht´s nicht. Kia gibt Vollgas, wird aber selber von der aufrichtigen Liebe des Prachtmannes „befleckt". Um sich zu rächen, ruft sie einen Incubus herbei, einen Waldgeist, der im Mittelalter für die Alpträume verantwortlich war und den ganzen Sündenkram, wenn am Morgen die Bettdecke vollgekleistert ist. Der soll Marc ins Verderben reißen ...

Das größte Mysterium, das INCUBUS umwabert, ist, warum er überhaupt gemacht wurde. Welcher Produzent hielt es für einen pfiffigen Schachzug, einen Horrorfilm komplett in Kauderwelsch zu drehen, das wirklich kein Kinogänger verstehen kann? Nicht mißverstehen, ich finde das großartig, man soll nicht immer nur das Naheliegende tun, sondern auch ruhig mal zigtausend Dollar in einem Film versenken, den nur dem Teufel seine Großmutter und der Keßler sehen wollen. INCUBUS macht den Eindruck, als hätten seine Macher kurz vorher ein Wochenende damit verbracht, eine Bergman-Retrospektive zu sichten. Regisseur Leslie Stevens war eigentlich ein TV-Mann und gehört zu den Schöpfern der immens einflußreichen Science-Fiction-Serie „The Outer Limits". Der Film ist erlesen fotografiert. Kameraveteran Conrad L. Hall (3 Oscars!) leistete ganze Arbeit auf den Spuren von Sven Nykvist. Passagenweise erinnert der Film in seinem Bierernst auch etwas an die besseren Arbeiten von Jean Rollin, wobei er allerdings die launige Groschenroman-Verspieltheit, die Rollin seiner Poesie immer auf den Weg gab, durch schwerfälligen Symbolismus und Bedeutungshuberei ersetzt. Der Film ist ziemlich prätentiös, da gibt es nichts. Ich habe einige Male heftig schmunzeln müssen. Trotzdem, den jungen Shatner in diesem rätselhaften Experimentalhorror zu erleben, ist schon einen Asbach Uralt wert. Es gibt eine amerikanische DVD, deren Untertitel allerdings riesengroß sind und die schöne Fotografie teilweise arg verhunzen. Da geht noch mehr.

Soweit erst einmal die Reise an Orte ohne Sprache. Jetzt geht es nach Transsylvanien, hurra!

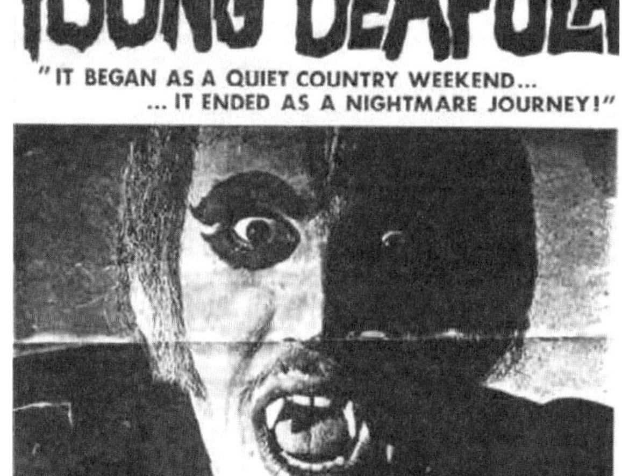

Schmuddelkinder der Nacht

Von den klassischen Hollywoodmonstern ist der Vampir sicherlich das sexuell ergiebigste. Der Werwolf ist zwar ebenfalls überaus sinnlich gepolt, aber er hat seine Beute bereits zerrissen, bevor andere, subtilere Gedanken seinen Tatendrang beherrschen könnten. Der Zombie ist ein Stumpfproll und an geschlechtlichem Hankypanky weitgehend desinteressiert. Frankensteins Monster ist schon einmal abgeblitzt und hat die Schnauze voll mit Rosenkohl. Und die Mumie ist so staubig wie eine Bibliothekarin in einer Charles-Dickens-Novelle. Da regt sich nichts mehr.

Anders der Vampir. Der Vampir trinkt das Blut der Lebenden. Er vergreift sich meistens an den Vertretern des anderen Geschlechts, denn so wollen es die überwiegend heterosexuell gepolten Zuschauer. Er beißt in schwanengleiche Hälse und trinkt den Nektar, wie es ihm beliebt. In gewisser Weise ist er Sternzeichen Löwe, wie ich. Er ist ein Pascha und vertritt einen unbedingten Herrschaftsanspruch. Etwas anderes kommt für ihn gar nicht in Frage. Wenn ihm eine Vampirbraut auf einmal damit kommt, den Müll rauszutragen oder das Klo zu putzen, dann ist Schluß mit lustig. Irgendwo muß es Grenzen geben. Geschirr spülen, okay. Aber den Urinstein von Toten wegkratzen, das geht dann doch zu weit. Ich weiß bis heute noch nicht, wie Vampire es schaffen, immer so gut frisiert zu sein. Schließlich haben die doch kein Spiegelbild. Eine liebe Freundin schlug mir mal vor, daß das die Flitter-Flatter-Fledermäuse erledigen, aber das halte ich für unwahrscheinlich. Fledermäuse als Friseure – das ist doch gar zu weit hergeholt.

Vampire vögeln auch gern. Das weiß ich erst, seitdem ich den Film DRACULA SUCKS (1978) gesehen habe, auch bekannt als LUST AT FIRST BITE. In ihm geben sich die bekanntesten Hardcore-Darsteller der amerikanischen Westküste ein Stelldichein. Ob der Film in seiner integralen Fassung auch in Deutschland herausgekommen ist, weiß ich nicht. Eine Soft-Fassung schaffte es aber immerhin in deutsche Kinos, LIEBLING, DU BEISST SO GUT. Hier kann man Rainer Brandt und anderen Berlinern dabei zuhören, wie sie dem Affen Blutzucker geben. Aus einem Vampirstoff einen Porno zu machen, finde ich gar nicht so weit hergeholt. Selbst Bram Stokers berühmte Novelle handelt ja von der Zerstörung der Unschuld, vom Vordringen des Verderbten in das spätviktorianische Engelland. Sieht man sich DRACULA SUCKS an, dämmert einem, daß Pornesien eigentlich kein schlechter Aufenthaltsort für Vampirjäger gewesen sein muß – angespitzte Pfähle, wohin man blickt. Wenn man eine Frau ist, okay, dann kennt man das Spiel schon zur Genüge – der Morgen graut, der Macker haut ab, denn er möchte in seinem eigenen Sarg schlafen. Wo sind sie nur hin, die Traumprinzen? Sie sind tot. Dracula hingegen ist nicht tot, er ist untot. Das ist ein gewaltiger Unterschied, vor allem für das Finanzamt.

Es gab in den 70ern diverse Vampir-Pornos, die aus Budgetgründen meistens ebenso blutleer gerieten wie die Opfer des berühmten Grafen. Eine klangvolle Ausnahme ist DRACULA SUCKS, der sich direkt an die filmischen Bearbeitungen von Stokers Vorlage anlehnt. Für Regie und Drehbuch zeichnete das Vater-Sohn-Gespann Phillip und Darryl Marshak verantwortlich, die sich in jenen Tagen im Bereich des Low-Budget-Kinos umtaten. Im wesentlichen führte das zu einer Handvoll Hardcorefilme, die zu jener Sorte von Pornos gehören, die ganz offensichtlich lieber etwas anderes wären als das, was sie nun mal sind. Daß DRACULA SUCKS sowohl in einer Soft- wie auch einer Hardcoreversion herausgebracht wurde, ist folgerichtig, denn das Hauptaugenmerk liegt bei dem Film auf der Genrepastiche. Als Background wurde ein recht hübsches kalifornisches Schloß verwendet, dessen Burggraben zumindest in der deftigen Fassung bald mit Flüssigkeiten fröhlicher Art gefüllt ist. Ich nehme an, daß es sowohl für Carfax Abbey als auch für Dr. Sewards Zuhause herhalten muß. Dr. Seward wird übrigens von John Leslie gespielt, der seit Mitte des Jahrzehnts aktiv war und dem Genre über einen Zeitraum von 30 Jahren hinweg als Akteur, Regisseur und Produzent erhalten bleiben sollte. Als seine Schwester fungiert Kay Parker, eine britische Lehrerin, die relativ spät ihr Einreisevisum für Pornesien erhielt und zu einer der berühmtesten „älteren" Darstellerinnen in den Filmen der BOOGIE NIGHTS-Periode wurde. Eine „MILF", so sagt man ja wohl heute dazu. Als Mina ist Annette Haven zu sehen, die mit Leichtigkeit schönste Darstellerin, die jemals in amerikanischen Hardcorefilmen zu sehen war. Ihr Jonathan Harker ist Schwiegermutterschwarm Paul Thomas, der einst als Musicaldarsteller in JESUS CHRIST SUPERSTAR begann. Die weibliche Riege wird von den damaligen Stars Serena und Seka abgerundet. Zu den männlichen Bewohnern des Schlosses zählen noch Bill Margold und John Holmes. Und als Dracula promeniert Jamie Gillis, der wohl der einzige Pornodarsteller war, der diese Rolle angemessen über die Rampe tragen konnte, umwitterte ihn doch immer ein Hauch des Verruchten, mit dem er auch gern kokettierte. In gleich zwei Szenen darf der Graf übrigens gegen das ungeschriebene Gesetz verstoßen, daß männliche Vampire nur weibliche Opfer beißen dürfen. Jonathan Harker geht vor ihm hübsch auf die Knie, wenngleich in beiden Fassungen nur soft. Als Renfield darf sich Charakterdarsteller Richard Bulick so richtig austoben und grimassiert, daß es eine wahre Freude ist. Sogar Dwight Fryes irres Lachen aus Tod Brownings DRACULA von 1930 hat er perfekt drauf. (Lediglich Dialogzeilen wie „Papi, ich habe einen Ständer!" wären von Frye eher nicht zu erwarten gewesen.) Eine faustdicke Überraschung gibt es bei Vampirjäger Van Helsing, denn unter dem Pseudonym „Detlef Van Berg" verbirgt sich der angesehene österreichische Schauspieler Reggie Nalder, dessen beste Rolle vermutlich der Killer in Hitchcocks DER MANN, DER ZUVIEL WUSSTE (THE MAN WHO KNEW TOO MUCH, 1956) war. Nalders verbranntes Gesicht legte ihn zeitlebens auf Schurkenrollen fest, obwohl er privat ein sehr sanfter und kultivierter Mann gewesen sein soll. Als Van Helsing brennt er ein ziemliches Feuerwerk ab und läßt nicht erkennen, daß die Teilnahme an einem Porno unter seiner Würde gewesen wäre. (Warum auch? Selbst Hollywoodstars wie Cameron Mitchell und Aldo Ray wurden bei Seitensprüngen in XXX-Filmen beobachtet, auch wenn sie – wie Nalder – die Hosen anbehielten.)

Die deutsche Fassung weckt in gewisser Weise falsche Erwartungen, denn ein Rainer-Brandt-Sprüchefeuerwerk findet man nicht vor. Dies liegt zum Teil daran, daß auch die Macher des Ursprungsmaterials sich nicht ganz sicher zu sein schienen, was sie denn eigentlich wollten – eine Parodie oder eine Hommage? Einige Passagen sind bemerkenswert ernsthaft geraten, und pornokompatible Schlüpfrigkeit (etwa akzentuiert durch schwüle Funkrhythmen auf dem Soundtrack etc.) bleiben weitgehend aus. Dazu kommen einige Beigaben, die die Marshaks als Genrefans ausweisen, etwa das schon erwähnte Frye-Lachen, Gillis' süffisantes Deklamieren der berühmten „Kinder der Nacht"-Zeile, die Verwendung von Wolfskraut oder der schwarze Chauffeur, der einen erstklassigen Willie Best hinlegt und den Film für Malcolm X mit Sicherheit zu einem „Geht gar nicht" gemacht hätte. Es gibt sogar einige blutige und gänzlich pornountypische Szenen, etwa Mike Rangers Sargszene mit Serena, in der sich die beiden quasi gegenseitig pfählen. Bill Margold (als schnoddriger Krankenpfleger) hat obendrein eine Captain-Queeg-Gedächtnispflaume (oder ist das ein Apfel?), die er andauernd nervös knetet. Der Zuschauer knetet auch, doch die Nervosität wird in seinem Fall bald verfliegen.

Ich zweifele nicht daran, daß mittlerweile auch Zombies und Mumien ihren Weg in das unterleibszentrierte Kino gefunden haben werden. Doch der Vampir macht eindeutig die bessere Figur, in allen Lebenslagen. Bis zum Sonnenaufgang.

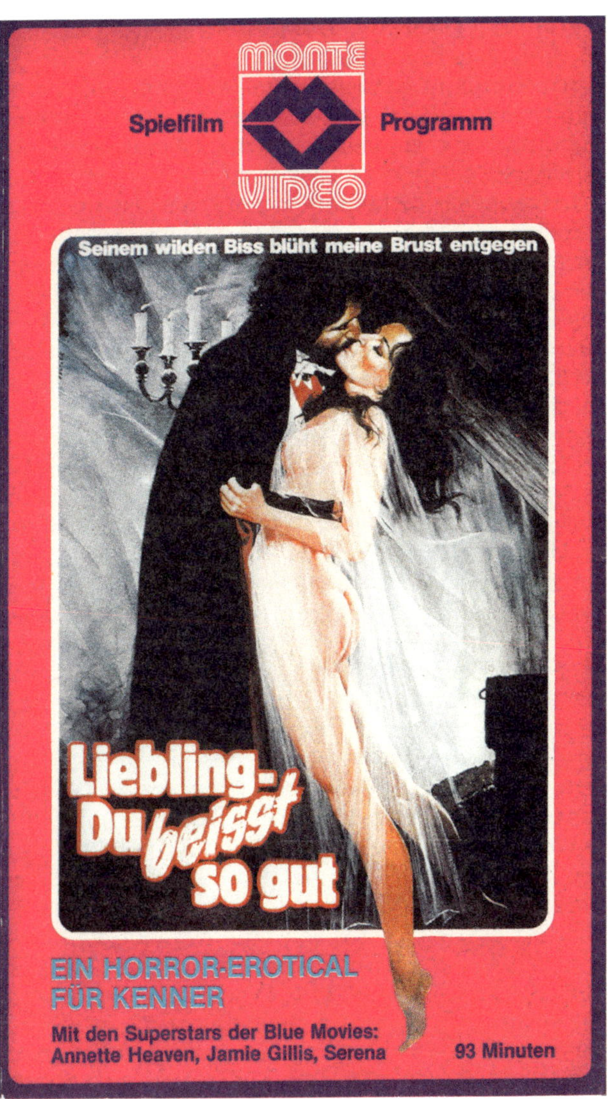
MONTE
Spielfilm
Programm
VIDEO
Seinem wilden Biss blüht meine Brust entgegen
Liebling-
Du beisst
so gut
EIN HORROR-EROTICAL
FÜR KENNER
Mit den Superstars der Blue Movies:
Annette Heaven, Jamie Gillis, Serena
93 Minuten

Hummel Hummel, Mors Mors!

Ich wurde im Norden Deutschlands geboren, und wohin mich das Schicksal in meinem weiteren Lebenslauf auch verschlagen mag, aber ich werde immer ein Nordlicht bleiben, ein Fischkopf.

Dieses etwas pathetische Bekenntnis muß an dieser Stelle erlaubt sein, da ich jetzt über Filme spreche, die meinen geliebten Norden mit Verbrechen überziehen, mit Schmutz und mit Sünde. Die Rede ist natürlich von den St.-Pauli-Filmen, die in den 60ern und frühen 70ern das Kintopp-Gegenstück zu den Sensationsberichten in den weniger gut beleumundeten Regionen der Medienwelt darstellten und die Herzen der gutbürgerlichen Zuschauerschaft vor höchst ambivalenter Erregung vibrieren ließen. Bevor Ernst Hofbauer mit seinem SCHULMÄDCHEN-REPORT (1970) den Hosenstall Deutschlands weit öffnete und die eingesperrten Krokodile herausließ, war das Report-Format mehr als nur ein zunehmend fadenscheiniger werdendes Alibi für die lüsterne Präsentation von Sex & Crime gewesen. Die Kriminalfilme, die Leute wie Jürgen Roland oder Rolf Olsen machten, hatten ihren Ursprung in der Berichterstattung in der Regenbogenpresse, die damals noch nicht mit postmodernem Ironie- und Besserwissergetue kokettierte, erst recht nicht mit dem heutzutage so beliebten „Trash Appeal" - nein, das war damals noch der wahre Jakob, das unbekehrte Wühlen in der Mocke, das kathartische Erlebnis für den kleinen Hunger zwischendurch. So geht´s also zu in der Halbwelt, der Unterwelt, dem Milieu! Wollüstige Schauer des Entsetzens machten sich auf die Reise, und die Kinokassen waren voll. War Rolands POLIZEIREVIER DAVIDSWACHE (1964) noch ein Film, der sich alle Mühe gab, seinen journalistischen Anspruch auf seriöse Weise einzulösen und im Rahmen eines spannenden Kinoreißers die Dinge so zu zeigen, wie sie

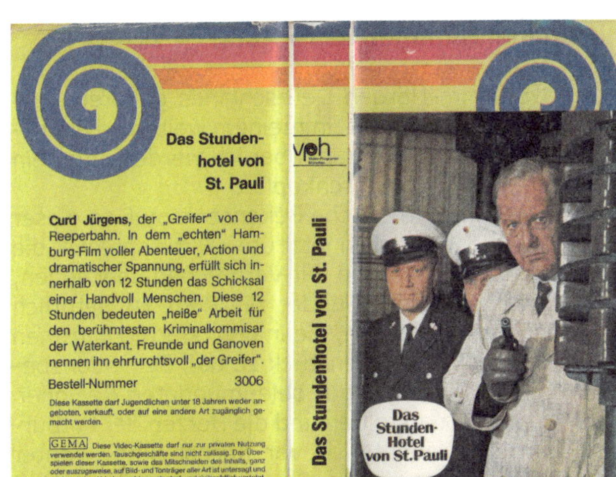

Das Stunden-
hotel von
St. Pauli
Curd Jürgens, der „Greifer" von der Reeperbahn. In dem „echten" Hamburg-Film voller Abenteuer, Action und dramatischer Spannung, erfüllt sich innerhalb von 12 Stunden das Schicksal einer Handvoll Menschen. Diese 12 Stunden bedeuten „heiße" Arbeit für den berühmtesten Kriminalkommisar der Waterkant. Freunde und Ganoven nennen ihn ehrfurchtsvoll „der Greifer".
Bestell-Nummer 3006
Diese Kassette darf Jugendlichen unter 18 Jahren weder angeboten, verkauft, oder auf eine andere Art zugänglich gemacht werden.
GEMA Diese Video-Kassette darf nur zur privaten Nutzung verwendet werden. Tauschgeschäfte sind nicht zulässig. Das Überspielen dieser Kassette, sowie das Mitschneiden des Inhalts, ganz oder auszugsweise, auf Bild- und Tonträger aller Art ist untersagt und wird nach dem Urheberrechtsgesetz straf- und zivilrechtlich verfolgt.
vph
Das Stundenhotel von St. Pauli
Das
Stunden-
Hotel
von St. Pauli

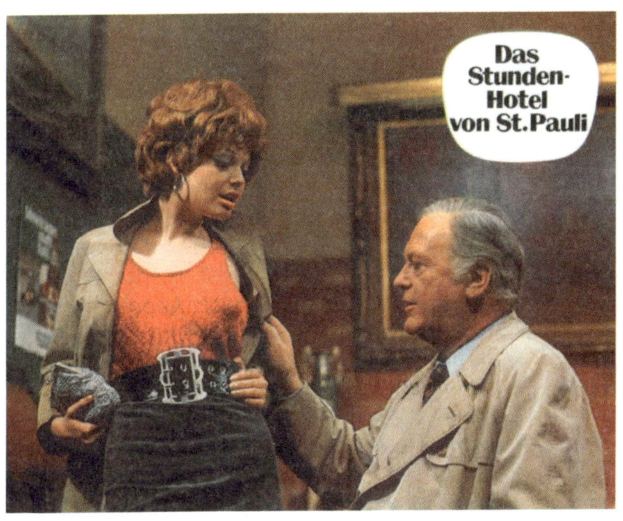

Das
Stunden-
Hotel
von St. Pauli

sind, waren Olsens Filme schon wesentlich mehr an der Darstellung von Melodram und Action interessiert. Bevor sich Filme wie Hofbauers begnadet schmieriger PROSTITUTION HEUTE (1969) endgültig dem pochenden, ähm, Nabel der Straßenkriminalität verschrieben, machte Olsens WENN ES NACHT WIRD AUF DER REEPERBAHN (1967) völlig klar, daß die deutsche Jugend in einem Sumpf steckt, der zwar den Eltern größte Sorgen bereiten muß, uns aber ein glänzendes Kinoerlebnis beschert! 90 Minuten gute Laune, das ist es, was diese Filme uns Zuspätkommern heute liefern, angefüllt mit Sex & Crime, schmissiger Beatmusik und merkwürdigen Frisuren. Bei Olsen hatte man zudem immer eine Prise Rebellentum mit im Paket, sehr im Unterschied zu späteren deutschen Sexfilmen, deren Verklemmtheiten häufig unangenehm ins Dumpf-Brackige spielten.

DAS STUNDENHOTEL VON ST. PAULI (1970) ist vermutlich nicht Rolf Olsens bester St.-Pauli-Film, aber ich mag ihn einfach am liebsten. Er ist obendrein der einzige St.-Pauli-Film, der zum größten Teil in Berlin gedreht wurde. Berlin und St. Pauli liegen ja auch nicht so weit voneinander entfernt, und ein bißchen St. Pauli steckt in uns allen drin. Der große Curd Jürgens durfte bei Olsen noch einige weitere Male ran, u.a. in DER ARZT VON ST. PAULI, DER PFARRER VON ST. PAULI und KÄPT´N RAUHBEIN AUS ST. PAULI, alle davon natürlich uneingeschränkt sehenswert. STUNDENHOTEL aber ist so unfaßbar durchgeknallt, so freiflottierend in seiner Handlungsentwicklung, daß man hier eigentlich fast von einer vorsätzlichen Parodie dieses Subgenres sprechen kann.

Wo beginnen? Kommissar Canisius ist Curd Jürgens, Curd Jürgens ist Canisius. Er schiebt seinen Dienst wie eine Bleiente der Demokratie, humorlos, unentwegt, verläßlich. Sein Sohn ist so´n langhaariger Linker, der für ihn droht, ins „berufsmäßige Rabaukentum" abzudriften. Weil irgendein internationaler Kriegstreiber Deutschland besucht und dort offenbar hofiert wird, nimmt Sohnemann an einer illegalen Demonstration teil, was ihm sein Papa verargt. Bei der Demonstration wird er schwer verletzt, landet auf der Intensivstation, wo er am Herzen operiert werden soll. Papa Canisius will bei ihm sein, muß aber weiter Dienst schieben, der arschige Vorgesetzte Konrad Georg (=festgelegt auf solche Rollen) zwingt ihn dazu. Und es gibt viel zu tun, denn mitten in St. Pauli, in einem Stundenhotel, ist ein Homosexueller umgebracht worden. Wie es scheint, eine Beziehungstat, ein Verbrechen aus Leidenschaft. Putze Brigitte Mira schnoddert nur über „dieses widerwärtige Pack". Kommissar Canisius will sich aber nicht mit dieser leichten Lösung zufriedengeben. Er läßt sich einen Cognac nach dem nächsten servieren, um die Nacht zu überstehen und den Mörder zu stellen. Und hoffentlich überlebt sein Sohn ...

DAS STUNDENHOTEL VON ST. PAULI gibt dem verklemmten Nachkriegsdeutschen all das, was seine Vorbehalte gegen die Demokratie bestätigt: Unrat, wohin man schaut. Menschlicher Abschaum, würmiges Gelichter, ein Pfuhl! Jaja, dahin kommt man, wenn man die Zügel schleifen läßt, Brigitte Mira hat schon recht. Osteuropäische Beischlafdiebe, drogensüchtige Polizistenmörder (=Paul Albert Krumm, der Vampir aus Geißendörfers schönem JONATHAN – VAMPIRE STERBEN NICHT, 1969), Schwuppen mit Familienanhang – Degenerenz, wohin man blickt! Den Kommissar ficht das nicht an. Er ist Schlimmeres gewohnt. Er lebt unter den Menschen, und da er ein Bulle ist, lebt er besonders unter den problematischen von ihnen. Er ist abgehärtet, er ist desillusioniert. Er glaubt nicht mehr an die Ordnung, die er doch vertritt. Als sein Sohn sterbend im Hospital liegt, wirft er seinem Vorgesetzten entgegen, warum denn nur von Ordnung die Rede ist, nicht von Schutz, nicht von Hilfe, von dem, was die Polizei leisten könnte. Aber es geht um Ordnung, um das Aufrollen eines Verbrechens, eines Regelverstoßes. Polizeirat Georg gibt sich zufrieden mit diesem Aufrechterhalten des Status Quo, der will nicht mehr als das. Canisius hat fast aufgehört, mehr zu wollen. Aber dann passiert das mit seinem Sohn. Und er läßt Fünfe gerade sein, wo keine allzu schlimmen Verfehlungen vorliegen. Er vergibt. Er ist ein Mensch. Er lernt, ein Mensch zu sein.

Was sich im Stundenhotel des Filmtitels zuträgt, ist ein Kammerspiel auf Amphetamin. Es gibt einige Außenaufnahmen, die tatsächlich in Hamburg gedreht wurden. Wenn dort gelegentlich ein Berliner Autokennzeichen sichtbar wird, dann ist das bestimmt nur ein Tourist. Der Rest spielt sich innerhalb der Mauern des Stundenhotels ab. Und dort tummelt sich ein derart bizarrer Reigen an verkorksten Privatgeschichten, daß das für mindestens drei AIRPORT-Filme reichen würde. Neben den beiden Schwulen gibt es ein minderjähriges Pärchen, das zum ersten Mal Sex machen will. Es gibt einen schwer russisch klingenden Trunkenbold, der beklaut wird. Es gibt ein gutbürgerliches Muttersöhnchen im vorgerückten Alter, das sich mit einem Nuttchen vergnügt und sich dabei als Teufel verkleidet. (Hoffentlich bekommt seine Tante Esmeralda nichts mit!) Es gibt eine launige Dreiecksgeschichte aus Mann, Frau und Gärtner. Es gibt eine wohlhabende Frau, die von einem Studenten geschwängert wurde. Es gibt eine weitere wohlhabende Frau, die allein im Hotel eincheckt, um sich via Kucklöchern am Sodom und Gomorrha um sich herum aufzugeilen. Das geht da in einer Nacht so zu wie auf allen Hauptbahnhöfen der Welt zusammengenommen! Kein Wunder, daß der Kommissar so viel säuft. („Scheiße im Trompetenrohr!", um ihn zu zitieren.) Kurzum, es ist wirklich absurd, was das Drehbuch da ankarrt. Als Nachtportier mit krimineller Vergangenheit fungiert der fabelhafte Walter Buschhoff. In einer Szene fummelt ihm Kommissar Canisius diverse Pornohefte aus der Jacke, wobei intime Penetrationen vor die Kamera geraten, obwohl so etwas in Deutschland noch fünf Jahre lang streng verboten war. (In Wolfgang Staudtes FLUCHTWEG ST. PAULI gibt es einen ähnlich subversiven Moment.)

Ich habe den Film bereits einmal im Kino bewundern dürfen. Das Publikum war begeistert. Es gibt viele wirklich gute Krimis aus der damaligen Zeit, die dem Liebhaber des psychotronischen Kinos großen Spaß bereiten können, etwa Alfred Vohrers PERRAK oder seinen großartigen SIEBEN TAGE FRIST, aber DAS STUNDENHOTEL VON ST. PAULI ist der große Jahrmarktsschlager des Genres. Da fühle ich mich im Norden zu Hause. Da riecht es nach Fisch, da geht es mir gut. Und dies ist der passende Moment, meinen lieben Freund Ralf zu würdigen, ohne dessen Missionarsarbeit ich solche Krautschätze niemals entdeckt hätte. Er und Kai und Felix und Hagen bastelten auch „Absurd 3000", ein schönes Fanzine, das sich mit solchen Sachen befaßte. Der Begriff „Schmelzmann" hat dort seinen Ursprung. Das von den Jungs ins Leben gerufene „Besonders wertlos"-Festival gibt es noch heute, unter Leitung von Kai und Felix. Dort ist der Kommissar Canisius zu Gast, alle Schulmädchen von Onkel Ernst, das Mädchen Rosemarie und die Todesgöttin des Liebescamps. Ob „Der Geheimnisvolle Filmclub Bulo Omega" in Gelsenkirchen, das „Besonders wertlos"-Festival in Köln oder der „Filmclub Bali" in Hagen – die Kinos, die sich dem Würgegriff des Mainstreams entwinden, werden immer zahlreicher, und ihre Betreiber verrichten diese Liebesarbeit mit beachtlichem Enthusiasmus. Solche Bestrebungen gibt es im ganzen Bundesgebiet, man muß nur nach ihnen suchen. Das Kino ist nicht tot – es lacht ganz breit und treibt es bunt. Gut so!

Hoch auf dem gelben Wagen

Es gibt Filme, die sollte man um Himmels Willen nicht mit der Frau schauen, die man liebt. Es sei denn, man besitzt eine wirklich ausgesprochen eigenwillige Vorstellung vom Liebesbegriff. Filme mit Hugh Grant zähle ich dazu, es sei denn, er wird am Schluß geschlachtet. Eskimomusicals ohne Untertitel sind wohl ebensowenig Selbstläufer wie Tanztheater mit nackten Rentnern.

Was uns zu KARATE, KÜSSE, BLONDE KATZEN (YANG CHI, 1974) bringt. Ein Film wie ein Einlauf mit chinesischem Minzöl. Ein Tritt ins Gesäß des wohlerzogenen Bildungsbürgers, der sich im Kino entweder mit gesitteten und wohlklingenden Bestätigungen seiner selbst versorgen lassen möchte oder mit süßlichem Eskapismus, denn das Leben ist schon hart genug. Hier möchte ich hinzutreten, ihm auf die Schulter klopfen und zu einem Filmabend einladen.

Und ihm Ernst Hofbauer vorstellen. Hofbauer war ein Österreicher, der sich ab Ende der sechziger Jahre um die sexuelle Aufklärung der Piefkes verdient machte. Seine zahlreichen Report-Filme, die sich zunächst mit den extrakurrikularen Aktivitäten von Schulmädchen, später aber auch mit Lehrmädchen, Urlauberinnen, Frühreifen und natürlich MÄDCHEN BEIM FRAUENARZT (1971) befaßten, verschafften unzähligen verklemmten Otto Normalverbrauchern das tröstliche Wissen, daß neben der Realität des Alltages auch noch eine weitere, exotischere Paralleldimension existiert, in der sich fesche Backfische nichts sehnlicher wünschen, als Geschäftsmännern in den „besten Jahren", die „es im Leben zu was gebracht" haben (Helge Schneiders Herr Semmelrogge!), den speckigen Nacken zu massieren. Wenn gerade kein Geschäftsmann mit Plauze zur Hand war, erkundete man eben mit Gleichaltrigen das Wunderland der Lie-

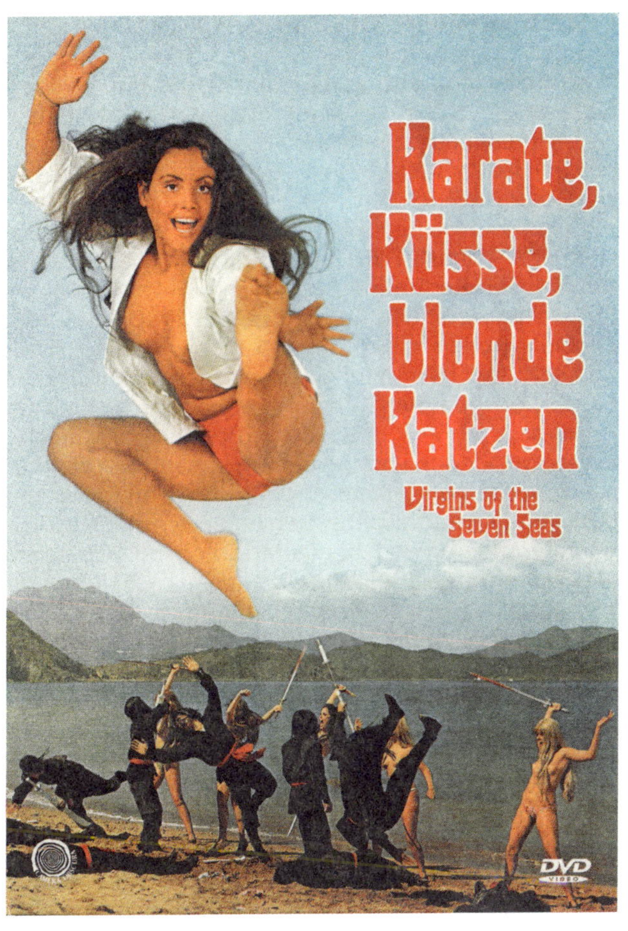
Karate, Küsse, blonde Katzen
Virgins of the Seven Seas
DVD

be. Hofbauers Report-Filme – allesamt handwerklich kompetent gemacht – betätigten sich als große Demokratisierer und soziale Brückenbauer – völlig egal, ob man ein Hausmeister, ein Straßenbahnschaffner oder ein Industriebaron war, die Schulmädchen waren immer da und boten ihre sympathische Unverschrumpeltheit feil.

Kurzum, ein Schmierlappenparadies allererster Güte war es, das Hofbauer anbot, angereichert mit Beatmusik und Themen aus dem Feuilleton. Obendrein war immer eine launige Tendenz zur Selbstveräppelung zugegen. So gibt der Erzähler im ersten Teil zu bedenken: „Wir nennen sie die verlorene Generation. Aber – ist diese Generation wirklich verloren?" Im Simulieren von tiefer Sorge um gesellschaftliche Fehlentwicklungen waren diese Filme ganz groß, und so manches keimende Schauspieltalent lernte dort, daß Lehrjahre durchaus Herrenjahre sein können. Diese Filme werden heutzutage von der jüngeren Generation als unfreiwillige Komödien rezipiert, und recht so, denn ernstnehmen kann man den sumpfigen Taumel bei aller Bedenklichkeit im Umgang mit „heißen Eisen" keine Sekunde.

Da das Schwelgen in Altherrenerotik irgendwann langweilig wird, verlegte sich Hofbauer Mitte der 70er auf Abenteuerfilme, die ihn in entlegene Winkel der Erde führten. Das hübscheste Resultat, das diese Phase seines Schaffens erzeugte, ist zweifellos KARATE, KÜSSE, BLONDE KATZEN, eine Koproduktion von Wolf C. Hartwigs „Rapid Film" und den altehrwürdigen „Shaw Brothers" aus Hongkong. Letztere waren eher auf krachige Kung-Fu-Epen spezialisiert als auf libidinöses Gebalge.

Da Hofbauer seinerseits nicht allzuviel Erfahrung hatte, wenn es um das Inszenieren von durch die Gegend wirbelnden Asiaten ging, stellte man ihm den Shaw-Veteranen Kuei Chih-Hung an die Seite,

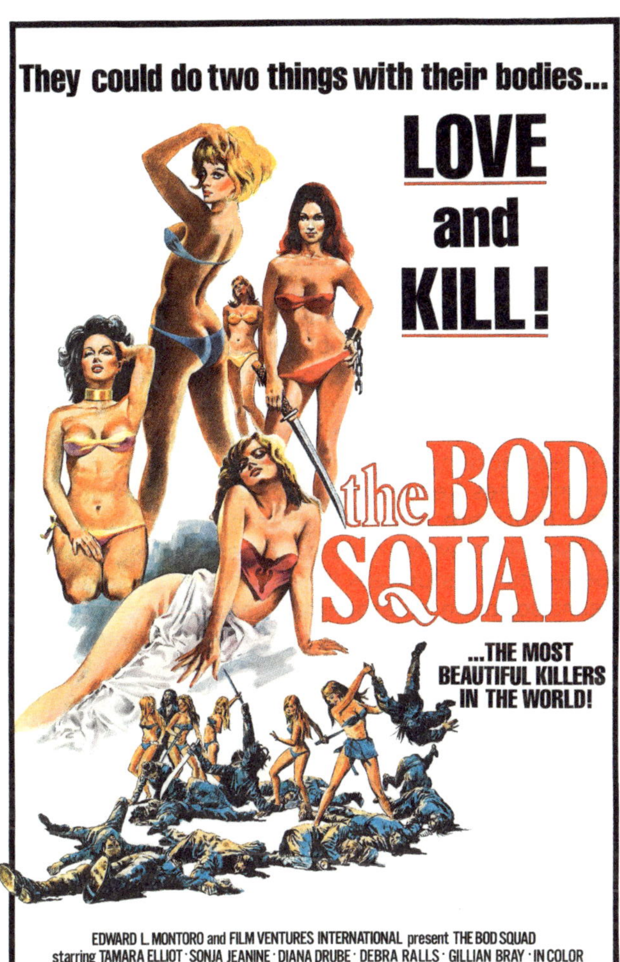
They could do two things with their bodies...
LOVE
and
KILL!
the BOD SQUAD
...THE MOST BEAUTIFUL KILLERS IN THE WORLD!
EDWARD L. MONTORO and FILM VENTURES INTERNATIONAL present THE BOD SQUAD
starring TAMARA ELLIOT · SONJA JEANINE · DIANA DRUBE · DEBRA RALLS · GILLIAN BRAY · IN COLOR
R RESTRICTED

dessen bester Film der überaus psychedelische THE BOXER´S OMEN (1983) ist.

So ganz untreu wurde der Hofbauer seinen Report-Filmen aber nicht. Die Handlung von KARATE, KÜSSE, BLONDE KATZEN dreht sich nämlich um ein Thema, das uns alle angeht: Mädchenhandel im südchinesischen Meer! Agraah! Entmenschte Chinamänner, die in ihren Dschunken durch die Gegend tuckern, um junge Touristinnen abzugreifen und sie einem Leben zwischen Bordell und Opiumpfeife zu überantworten! Solchen Strolchen fällt eine Gruppe junger Schönheiten in die vor Geldgier und Geilheit vibrierenden Finger. Die Damen wissen gar nicht, wie ihnen geschieht. Schutzlos sind sie der sexistischen Willkür der Piraten und der Regie ausgeliefert. Niemand ist da, der sich für sie einsetzen würde. Oder doch? Die schöne Ko Mei Mei arbeitet zwar für die Sklavenhändler, doch in Wirklichkeit bereitet sie die Revolution vor. Zusammen mit einem Mitverschwörer bildet sie die Nixen aus, bis aus ihnen Karategold geworden ist. Als der Tag endlich gekommen ist, schlagen die Frauen zurück ...

Bevor jetzt jemand den Eindruck gewinnt, bei KARATE, KÜSSE, BLONDE KATZEN handele es sich um ein feministisches Traktat, möchte ich hinzufügen, daß dies einer jener Filme ist, bei denen man das Fernsehzimmer nach Ende des Spektakels gut durchlüften sollte. Jeder Raum, in dem dieser Film zur Aufführung gelangt, riecht intensivst nach Fisch, das garantiere ich! Den Eindruck atemberaubender Schmierigkeit, der das Produkt umwabert, hat zu einem gewissen Teil die Münchner Synchronisation zu verantworten. Große Sprachakrobatik von Leuten wie Wolfgang „Bud Spencer" Hess, Christian Marschall und Erich Ebert, die Geräusche von sich geben, die nicht von dieser Welt sind. Die Dialogzeilen, die sowohl den Guten wie den Bösen in den

Mund gelegt werden, wären Herbert Reinecker nie eingefallen, und auch der heutige „Tatort"-Autor müßte wohl lange kämpfen, um solche Satzperlen in die Produktion hineinzuschmuggeln. „Schmeckt wie alter Oppa unterm linken Ei!" ist reinster Rilke, vergleicht man ihn mit einigen der weniger geschliffenen Wortäußerungen, die hier zum Einsatz kommen. Niveau wird hier großgeschrieben, meine Damen und Herren! Wenn schon Bahnhofskino, dann richtig, mag sich Hofbauer gedacht haben oder wer immer für das Dauerfeuerwerk an politisch unkorrekten Sentenzen zuständig war. Mein persönlicher Favorit ist eine Szene, in der eine halbnackte Maid vom chinesischen Piratenboß auf ein Rad geflochten wird, um dann wild im Kreise gedreht zu werden, wozu dieser „Hoch auf dem gelben Wagen!" gröhlt. Das kann man sich nicht einfallen lassen, das muß einem im Schlaf zuwehen. Das Unterbewußtsein greift an!

Ansonsten bin ich mir ziemlich sicher, daß Quentin Tarantino der Film fabelhaft gefallen hätte. Das klassische Frauengefängnis-Holterdipolter (das Kuei Chih-Hung schon einmal ernsthafter in DAS BAMBUSCAMP DER FRAUEN zelebriert hatte) wird verquirlt mit europäischen Nackedeis und Hongkong-Humor der unteren Geschmacksliga, und am Schluß schlagen die Mädels zurück und treten Männerärsche links und rechts. Die Martial-Arts-Sequenzen sind recht eindrucksvoll und werden auch von bewährten „Shaw Brothers"-Fachkräften dargeboten. Der Umstand übrigens, daß die Darstellerinnen dabei weitgehend unbekleidet sind, läßt Männeraugen natürlich glänzen, wirkt aber im Verbund mit den Hundertschaften gestählter Mannsbilder, die von den Miezis auf die Bretter geschickt werden, etwas drollig, denn nein, übermäßig sportlich sehen die Damen nicht aus. Sie werden nur von der Regie begünstigt, uns allen zum Wohle. So kann man das wohl sagen. Warum der

Film seinerzeit bei uns nur in einer leicht gekürzten Fassung herauskommen durfte, weiß ich nicht, denn nach heutigem Maßstab ist das Gezeigte nicht übermäßig happig. Lediglich am Umgangston dürfte man sich stoßen, der – dies sei noch einmal betont – einer Abendgesellschaft von Altphilologinnen nicht gut zu Gesichte stehen würde. Der Film ist eine Partybombe, wenn auch wirklich nur eine für robuste Zeitgenossen. Und wenn ich´s mir so recht überlege: Eigentlich sollte man diesen Film doch mit der Frau kucken, die man liebt. Wenn die nämlich trotzdem zu einem hält, anstatt mit vor Ekel krausgezogener Nase das Weite zu suchen, dann ist das wirklich die große Liebe. Das ist dann eine Union, über die die Feen wachen. Die hält hundert Jahr!

So, hier endet meine zweite Expedition durch das Reich der sonderbaren Filme. Ich hoffe, Dich, liebe Leserin, lieber Leser, gut unterhalten zu haben. Jetzt ist es an Euch. Wohlsein!

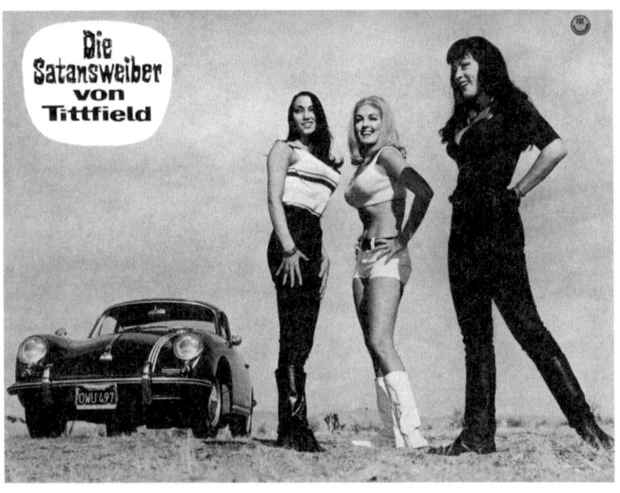

Index